F IREDOM

Afrikai bevándorlók pénzügyi függetlenségi történetei

—◦—

OLUMIDE OGUNSANWO

&

ACHANI SAMON BIAOU

FIREDOM: AFRIKAI BEvándorlók PÉNZÜGYI FÜGGETLENSÉGI TÖRTÉNETEI
Első kiadás.

2023-10-16
Iratkozzon fel hírlevelünkre: firedom.substack.com
Küldjön e-mailt: hel-lo@myfiredom.com
Látogassa meg weboldalunkat: myfiredom.com

Table of Contents

1. Bemutatkozás

Olumide Ogunsanwo: Szeretnék azzal indítani, hogy üdvözlök mindenkit, aki megvásárolta ezt a könyvet. Hálásak vagyunk, és reméljük, hogy a könyv segíteni fog az önfelfedezés, a személyes fejlődés, a függetlenség és a szabadság útján.

Ebben a bevezető fejezetben öt témával foglalkozunk: kik vagyunk, hogyan ismerkedtünk meg, miért döntöttünk úgy, hogy közösen megalkotjuk ezt a könyvet, miért nem jó ötlet ezt a könyvet megalkotni, és mit szeretnénk, hogy az olvasók ebből kihozzák. könyv.

Samon, szeretném kezdeni azzal, hogy többet megtudok rólad és a hátteredről.

Achani Samon Biaou: A nevem Samon Biaou. Beninben születtem, Nyugat-Afrikában, és a világ több mint 20 országában éltem, és körülbelül száz országban jártam. 8 nyelven beszélek. Több életem is volt: mérnökként kezdtem, vezetési tanácsadással foglalkoztam, és most a vállalkozásra és a befektetésre koncentrálok. Legfőbb érdeklődésem a kultúrák megértése, a különböző helyek látása és a problémák megoldása.

Olumide Ogunsanwo: Melyik három nyelvet beszéli a legtöbbet?

Achani Samon Biaou: Leggyakrabban angolul beszélek, ezt követi a francia és a joruba nyelv.

Olumide Ogunsanwo: Várj. Joruba vagyok, és alig beszélek jorubát. Miért gyakorolod annyit a jorubát? A szüleid vagy a családod miatt?

Achani Samon Biaou: Valóban, anyámmal és a családtagjaimmal jorubán beszélek. Íme egy rövid előzmény olvasóink számára: A joruba nemcsak egy etnikai csoport, hanem egy Nyugat-Afrikában beszélt nyelv is. A jorubák más országokban is megtalálhatók, beleértve Brazíliát és Kubát.

Két felelősségkizárást szeretnék megosztani olvasóinkkal. Először is szeretem a jókedvet, mert mellette nőttem fel. Benin gyermekkoromban minden a boldogság és a jószomszédi kapcsolatok körül forgott. Szeretem, ha jókedv vesz körül!

Olumide Ogunsanwo: [Nevetés]

Achani Samon Biaou: Másodszor, gyakran használok internyelvet, ami azt jelenti, hogy amikor beszélek, keverem a másik hét nyelv valamelyikének szintaxisát, amelyeket ismerek. Néha elkezdek egy nyelven gondolkodni, és egy másik nyelven fejezem be. Ezért, ha a mondatok furcsa megfogalmazási módját hallja, az valószínűleg az arab, francia, angol és joruba nyelv keverékének köszönhető.

Olumide Ogunsanwo: Nagyszerű! Javíthatok a francia nyelvemen, ha bedobsz néhány francia szót. Még az is, ahogyan azt a korábbi mondatot fogalmaztad meg, amely arról szól, hogy szereted a "jó hangulatot", eltér attól, ahogy én (angol anyanyelvű) fogalmaznám. Sokat tanulhatok ebből a folyamatból. Alig várom, hogy javíthassam a franciámat.

Achani Samon Biaou: Tudatnod kell velem, hogy milyen típusú franciául szeretnél tanulni: francia francia, elefántcsontparti francia vagy benini francia? Ezek szinte teljesen különböző nyelvek [Nevetés].

Olumide Ogunsanwo: [Mosoly] Mi az érdeklődésed?

Achani Samon Biaou: Átfogó érdeklődésem az emberi tapasztalat mélyebb megértése, amely magában foglalja annak megértését, hogy az emberek miért viselkednek bizonyos módon, és mi motiválja őket. Az emberi állapot megértése iránti érdeklődés váltja ki a különböző kultúrák utazások útján történő felfedezése iránti szenvedélyemet.

Ami ezt az érdeklődést illeti, azt a joruba kultúrában nevelkedésemnek tulajdonítom, ahol a vének közmondásokkal kommunikáltak. A szüleim vagy a nagybátyáim teljes beszélgetést folytathattak pusztán a közmondások cseréjével. Ez megtanított arra, hogy ne csak az emberek által használt szavakra figyeljek, hanem a nonverbális jelzéseikre és viselkedésükre is.

Olumide, miután megosztottam egy kicsit magamról, szeretnék többet megtudni rólad. Ki vagy te?

Olumide Ogunsanwo: Ki vagyok én? Ez egy mély filozófiai kérdésnek hangzik. A nevem Olumide Ogunsanwo.

Általános értékeim a kapcsolatok, az egészség, az autonómia/szabadság, a tanulás, a kivitelezés (a szar megcsinálása), a kaland és a pénzügyi kiválóság.

Ezek az értékek inspirálják sajátos érdeklődési köreimet, amelyek magukban foglalják a technológiát, a személyes pénzügyeket, a személyes fejlődést, a könyveket, a tudományt, a matematikát, a podcastokat, a történelmet, a fúziókat és felvásárlásokat (M&A), a cégtörténeteket, a táplálkozást, az utazást, a táncot és az utazási jutalomprogramokat.

Érdekes módon legalább két közös érdeklődési körünk van: az utazás és a személyes pénzügyek.

Achani Samon Biaou: Igen. Nem tehettem róla, hogy kissé levertnek éreztem magam, miközben beszélsz. Ennyi érdeklődési kör mellett hogyan találhat elegendő órát a napban, hogy mindezt végigcsinálja? Életed különböző szakaszaiban ezekre az értékekre fókuszálsz, vagy egyszerre követed őket?

Olumide Ogunsanwo: Az életemet az értékeimhez igazodva élem, amelyek belém ivódtak. Nem követem őket aktívan, ők irányítanak a döntések meghozatalában, és segítenek priorizálni az időmet, amikor több lehetőségem és versengő lehetőségem van.

Érdeklődéseim gyakran átfedik egymást, és mivel érdekesnek és szórakoztatónak találom őket, úgy helyezem előtérbe őket, hogy mindegyikre legyen időm.

Achani Samon Biaou: Hogyan alakítanak ki új érdeklődési köröket?

Olumide Ogunsanwo: Nagyon szeretem a kísérletezést, és sok érdeklődési köröm múltbeli kísérleteimből fakadt. Minden hónapban kipróbálok egy új kísérletet, egyesek ragaszkodnak, míg mások nem. Emellett az olyan multikulturális városokban élve, mint Lagos, Chicago, London, Boston és Miami, sokféle emberrel találkoztam, akiknek eltérő életstílusa és nézőpontja van.

Ha mindezt összeadjuk, három különböző dolgot csinálok. Befektető, podcaster és tanácsadó vagyok (és a könyv megjelenése után szerző):

1. Befektető: afrikai startupokba fektetek be az Adamantium Fundon keresztül [1].

2. Podcaster: Társházigazdája és társalapítója vagyok az Afrobility podcastnak [2]. Ha tetszik ez a könyv, akkor a podcast is tetszeni fog. Az afrikai technológiai cégek történeteit és elemzéseit tartalmazza.

3. Tanácsadó: Tanácsot adok startupoknak. Pénzügyi függetlenségi tanácsadó vállalkozásom is van; Tanácsot adok az embereknek, hogyan váljanak anyagilag függetlenné (hasonlóan a könyv témájához).

Ez a könyv leginkább a személyes pénzügyekkel és az anyagi független-

---

1. http://adamantiumfund.com

2. http://afrobility.com

séggel kapcsolatos érdeklődési köreimet tárja fel, de sokféle érdeklődési köröm valószínűleg felmerül majd, miközben történeteinket végigmegyünk.

Achani Samon Biaou: Hol élsz?

Olumide Ogunsanwo: Az időmet a különböző városok között osztom fel a geostratégiám alapján:

Miami 50%, Lagos 20%, New York 5%, London 5%, Egyéb városok 20%

Achani Samon Biaou: Nem leszek hanyag, hogy ne említsem meg, hogy a tanácsadód folyamatosan mindent jól felépített. Nagyszerű beszélgetni egy másik tanácsadó kollégával, és felismerni a szerkezetet.

Olumide Ogunsanwo: [Mosoly]. Ez egy kicsit rólam szól. Hogyan találkoztunk?

Achani Samon Biaou: A párom 2022 augusztusában mesélt az Olumide-ról, és azt mondta, hogy szívesen beszélgetnénk egymással. Akkoriban nem sokat gondoltam rá. Gyorsan 2022 októberére, Miamiban jártam, és Olumide neve ismét felmerült, mivel a városban él. Aztán a párom megemlítette, hogy Olumide az anyagi függetlenségre vágyik, és azonnal felkeltette a figyelmemet. Elmentünk Olumide házába, elmentem egy pénzügyi függetlenségi beszélgetésre, és maradtam az emberi hitelesség és őszinteség mellett.

Olumide Ogunsanwo: [Mosolyog] Ó, ez olyan édes.

Achani Samon Biaou: Sok közös dolog van bennünk. Ön valódi és hiteles. Ez az a fajta ember, akivel lógni kell. Rendkívül sok időt töltöttünk azzal, hogy az élményeinkről beszélünk, mint két középiskolás gyerek. Jól éreztük magunkat!

Olumide Ogunsanwo: Igen! Ilyen érzés volt. Ez volt az egyik olyan időszak az életben, amikor az ember azonnal kapcsolatba lép valakivel. Közös érdekünk volt az anyagi függetlenség iránt, és egyre mélyebbre mentünk. Még a táblázatokba és a költségvetésekbe is belevágtunk. Jó volt! Ez az utazás a projekten való közös munka eredője volt, mert úgy gondoltam, hogy Ön egy potenciálisan érdekes ember, aki jobban megismerheti.

Miért akarod megírni ezt a könyvet?

Achani Samon Biaou: Először is, hogy megőrizzük a beszélgetéseink emlékeit és a barátunkkal való beszélgetés örömét.

Olumide Ogunsanwo: 2030-ban és azon túl is elgondolkozhatok ezen a könyvön, és emlékszem arra a csodálatos kapcsolatra, amelyet Samonnal kötöttem. Létrehoztunk valami különlegeset, hogy megosszuk élettörténeteinket, és öröm tudni, hogy ez az élmény örökre megőrződik oldalain. Van valami csodálatos abban, hogy ezt az élményt örökre megörökítjük ezzel a könyvvel.

Achani Samon Biaou: Másodszor, lehetőségnek tartom, hogy tanuljunk és fejlődjünk a beszélgetéseink során.

Olumide Ogunsanwo: Úgy gondolom, hogy sokat tanulhatok a pénzügyi függetlenséghez való hozzáállásodból, mivel más utat választottál. Ez a könyv nagyszerű lehetőség mindkettőnknek, hogy tanuljunk egymás tapasztalataiból.

Achani Samon Biaou: Imádtam a kapcsolatunkat, és azt, hogy mennyire nyitottak voltunk egymásra a kezdetektől fogva. Nagyon erős számomra az, hogy olyan környezetben vagyok, ahol cserbenhagyhatom az őrzőképességemet, és nincs szükség a versengés túlélési ösztöneire. A nagy barátság egy olyan környezet, ahol nem aggódom, nem szorongok, nem szégyellem, hogy ki vagyok és amit tettem. Ez minden pénznél erősebb.

A harmadik okom, hogy megírjam ezt a könyvet, az, hogy megosszam a történeteinket másokkal. Azonban vegyes érzéseim vannak ezzel kapcsolatban, mert nem akarom, hogy az emberek rossz következtetéseket vonjanak le tapasztalatainkból. Jó döntéseket hozni bonyolult, és kockázatos egyszerűen lemásolni, amit mások tettek anélkül, hogy megértenék az általuk használt alapelveket. Ehelyett jobb, ha tanulunk ezekből az elvekből, és alkalmazzuk őket úgy, hogy az megfeleljen a saját helyzetünknek, és valami mást csináljunk, mint amit mi tettünk.

Olumide Ogunsanwo: Egyetértek. A döntések mögött a gondolkodási folyamat áll, nem maguk a döntések.

Megfontoltam az életem minden szakaszában elérhető lehetőségeket, hogy mi illik a személyiségemhez és az érdeklődési körömhöz, és elkészítettem a legjobb limonádét a citromomból. Biztosan nem követtem valaki más tervét.

Miközben történeteinket olvassa, arra biztatjuk, hogy gondolkodjon el azon, hogyan dönthet az élete szempontjából, ahelyett, hogy egyszerűen lemásolná, amit tettünk. Ebből a könyvből a legfontosabb az, hogy szándékosan és céltudatosan élj.

Achani Samon Biaou: Ezek voltak az okaim. Milyen okok miatt írtad ezt a könyvet?

Olumide Ogunsanwo: Az első ok az, hogy szórakozni és valami újat szeretnék megtapasztalni. Bár az Afrobility podcastból több mint 100 órányi felvételt készítettem, még soha nem írtam könyvet, így érdekes lehetőség lesz valami mást tanulni.

Samonnal megbeszéltük, hogyan helyezzük el a könyvet és hogyan mutassuk be magunkat. Megosztottam, hogy a hitelesség a legfontosabb, mivel szívesebben töltök időt olyan emberekkel, akik őszinték, és lehetővé teszik, hogy önmagam legyek. Ellenkezőleg, ha valakinek el kell rejtenie önmagát, az élet kevésbé élvezetessé válik. Remélem, hogy ennek a könyvnek a megalkotásával szabadon beszélhetünk, pihenhetünk, és élvezhetjük az utazást.

A könyv megírásának másik oka a történetmesélés emberi vonatkozása. A történetek arról szólnak, hogyan adják át az emberek a tudást egyik generációról a másikra.

Ebben a könyvben Samon feltesz nekem néhány kérdést az anyagi függetlenség felé vezető utamról, én pedig ugyanezt teszem, és kérdéseket teszek fel neki az utazásával kapcsolatban. Ennek a beszélgetési formátumnak szórakoztatónak kell lennie, és remélem, hogy az olvasók értékes rögöket gyűjthetnek történeteinkből.

Achani Samon Biaou: Miért <u>ne</u> készíthetnénk ezt a könyvet?

Olumide Ogunsanwo: Három ok:

1. Félelem az ismeretlentől: Amikor új dolgokat próbálok ki, gyakran aggódom, hogy hogyan fogadják majd, és hogyan fogom ábrázolni magam. Ezt a könyvet eladásra kínálják, és kritikát is fog kapni. Bár most már kevésbé aggódom, mert már elindítottam egy podcastot és egy kockázatitőke-alapot, a kritikától való félelem még mindig ott lapul a tudatalattimban.

2. A személyes pénzügyekkel kapcsolatos információk széles körű elérhetősége: Már most is rengeteg személyes pénzügyi információ áll rendelkezésre különféle formátumokban, például blogokban, podcastokban és könyvekben, de nem aggódom emiatt, mivel ez a könyv más megközelítést alkalmaz. Könyvünk személyes történeteinkre és tapasztalatainkra összpontosít, és az esélytelenek és a kívülállóknak szól. Míg afrikai bevándorlókként osztozunk pénzügyi utazásainkon, az anyagi függetlenség elvei egyetemesen alkalmazhatók, faji vagy származási hovatartozástól függetlenül.

3. A nyilvánosságra hozatal és az adatvédelem szintje: A könyv jellege magában foglalja a személyes pénzügyi utazásaink megosztását, ami aggályokat vethet fel az adatvédelemmel és a megosztott részletekkel kapcsolatban. Mindazonáltal arra fogunk törekedni, hogy a könyv megvalósíthatóvá és az olvasók számára elérhetővé tegyük azáltal, hogy átfogó elveket és stratégiákat kínálunk, amelyek szinte mindig hasznosak. Konkrét információkat is mellékelünk, ha szükséges, hogy segítsünk az olvasóknak megérteni a stratégiák végrehajtását és a kompromisszumos megfontolásokat.

Ezek a fenntartásaim, de mindenképpen folytatni fogom. Pontosan pillanatnyilag kicsit félek attól, hogy tudom, hogy folyamatosan előre kell nyomulnom.

Achani Samon Biaou: Én is el vagyok szakadva. Egyrészt szeretném, ha a könyvet a lehető legkézzelfoghatóbbá tennénk az emberek számára. Másrészt ez ahhoz vezethet, hogy túl sok figyelmet fordítanak a nettó vagyonra és más adatvédelmi kérdésekre.

Olumide Ogunsanwo: Mit szeretnénk, ha az olvasók kihoznának ebből a könyvből?

Achani Samon Biaou: Azt akarom, hogy az olvasók úgy érezzék, el tudják mesélni a történetüket. Történetük fontos megosztása, és potenciálisan inspirálhat másokat.

Olumide Ogunsanwo: Az én filozófiám ezzel kapcsolatban egyszerű: "Csak csináld!" mint a Nike mottója. Néha úgy érzed, hogy a kapuőrök visszatartanak attól, hogy azt tedd, amit szeretnél, vagy hogy nem vagy felkészült vagy kész valamire. De a legtöbb ilyen akadály a fejünkben van. A valóság az, hogy az emberi lények rendkívül erősek, és bármit elérhetünk, amit csak akarsz. Csak bátorság kell hozzá. A legtöbb dolog könnyebb, mint amilyennek látszik, különösen azután, hogy a kudarcot az új dolgok kipróbálásának természetes következményeként kezeled. A kényelem növelése ismételt kísérletezéssel és az esetleges kudarcokkal olyan izom, amelyet fel lehet építeni.

Lehet, hogy ezt a könyvet olvassa, és azt gondolja: "Samon és Olumide hét hónapot töltött a tervezéssel, volt kiadójuk és szerkesztőjük. Jogi megállapodást kellett kötniük." Valójában találkoztam Samonnal, és úgy döntöttem, hogy kibaszottul szeretem ezt a srácot, és írnunk kell egy könyvet az anyagi függetlenségről. Kidolgoztunk egy tervet, és nagyon gyorsan elkezdtük a kivitelezést, és a kész termék az, ami a kezedben van.

Céljaink elérésének legnagyobb akadálya gyakran saját félelmeink és kételyeink. Víziókat készítünk minden olyan dologról, ami elromolhat, és soha nem tesszük meg az első lépést. „Csak csináld" Nike-stílusra van szükségük.

Az ember nem a legjobb indítógép, de mi kiváló befejező gépek vagyunk. Ha egyszer elkezdesz egy feladatot, sokkal valószínűbb, hogy befejezed. Hagyd magad fejlődni és felfedezni. Fejlesszen felfedező és kísérletező gondolkodásmódot a dolgok elvégzéséhez.

Hálás vagyok, hogy Samon és én összejöttünk, hogy megírjuk ezt a könyvet, és remélem, ez arra ösztönzi az olvasókat, hogy pozitív változásokat hajtsanak végre az életükben, és hozzanak létre dolgokat. Legyen szó termékről, könyvről, podcastról, hírlevélről vagy valami egészen másról, csinálj valamit, amit TE szeretnél, ne azt, amit a társadalom mond. Van valaki, aki hallani akarja a történetét. Az emberek is különlegesek és különbözőek. Mindenkinek egyedi története van. Általában van valaki, aki értékeli mindazt, amin keresztülment. Ez volt az én kis beszédem, és ne feledd: "Csak csináld!"

Achani Samon Biaou: Ez az egyik oka annak, hogy szeretek Olumiddal beszélgetni. Már most sok pozitív érzést kapok. Annyira visszhangzik bennem, amit mondtál. Az életem tele van sok olyan dologgal, amit meg akartam csinálni. Van ~10 cikkem, amit szerettem volna közzétenni, de folyamatosan azon gondolkodtam, vajon érdekelnének-e valakit.

Néha felmegyek az internetre, és olyan cikkeket látok, amelyek nem tűnnek érdekesnek, és arra gondolok, hogy ez az ember miért vette a fáradságot, hogy ezt írja. Aztán látom a kommenteket, ahol egyesek inspirálónak találják a cikkeket. Rájössz, hogy a világ nem őrült, és talán őrült vagy, amiért azt gondolod, hogy globális egyformaság van. A világ elképesztően sokszínű. Az egyik ember számára érdekes termék nem biztos, hogy a másik számára érdekes.

Olumide Ogunsanwo: Helyes. Ha Ön kívülálló, kisebbséghez tartozó vagy bevándorló, akkor úgy nőtt fel, hogy úgy érezte, szüksége van a szülők, a tanárok vagy a vezetők engedélyére, hogy tegyen dolgokat. Idővel ez az érzés beépül a tudatalattidba, és továbbra is kapuőröket keresel még olyan területeken is, ahol nincsenek. De nem kellenek kapuőrök. Meg tudod csinálni. Az internet tele van hatalmas erőforrásokkal, és csak egy kis kockázati étvágyra van szükséged, valamint annak megértésére, hogy a potenciális lefelé mutató kockázat általában minimális.

Vegyük ezt a könyvet példaként. Mi a legrosszabb forgatókönyv? Lehet, hogy senki nem olvassa, de nem baj, mert nem azért írtuk, hogy pénzt keressünk. Még mindig elképesztő időm lett volna felvenni és történeteket cserélni Samonnal.

Sokan túlbecsülik a lefelé mutató kockázatokat, de jobb, ha megfelelően megértjük és számszerűsítjük őket, hogy kezelni tudjuk őket, ahelyett, hogy csak képzelnénk őket. Kezdj el kísérletezni, és tedd azt, amit tudod, hogy szeretnél, de félsz elkezdeni. Nem kell engedély senkitől. Különleges vagy a magad módján, és azt kell tenned az életben, amit akarsz. Menj és tedd meg!

Achani Samon Biaou: Olumide, valahányszor beszélsz, úgy érzem, közvetlenül a lelkemhez beszélsz. Két szempontot szeretnék hozzáfűzni ahhoz, amit mondtál.

Először is teljesen egyetértek azzal, hogy sok akadály, amivel szembe kell néznünk, lelki eredetű. Olyan akadályokat állítunk magunk elé, amelyek valójában nem is léteznek.

Másodszor, bár igaz, hogy sok akadály van a fejünkben, néha vannak igazi kapuőrök, akik megpróbálnak megakadályozni, hogy elérjük céljainkat. Valahányszor sikerült áttörni egy kaput, nem azért, mert a kapusokra koncentráltam. Ehelyett azért, mert nem is tudtam, hogy ott vannak, vagy megláttam őket, és azt gondoltam: "Baszd meg. Egyébként ezt csinálom."

Ha meg akarsz tenni valamit, csak menj előre és tedd meg. Menet közben megtanulja a potenciálisan összetett részeket. Az egyik dolog, amit szeretek az Egyesült Államokban, az az, hogy itt többen hajlandóak kockázatot vállalni és új dolgokat kipróbálni. Ezzel szemben néhány más országban, ahol éltem, olyan érzés lehet, hogy valaki mindig figyel téged és ítélkezik feletted.

Egyetemista koromban sokat aggódtam amiatt, hogy megengednek-e bizonyos dolgokat, vagy törvénybe ütközik-e, vagy furcsának tartják-e. De most rájöttem, hogy ezek az aggodalmak visszatartottak. Azt tanácsolom mindenkinek, aki valami újat szeretne kipróbálni, hogy hagyja figyelmen kívül a kapuőröket és az ellenzőket, és csak tegye!

Olumide Ogunsanwo: A személyes fejlődés folyamata és néhány korai tapasztalat elsajátítása különösen fontos. A látókör bővítésének egyik legjobb módja az, ha új ötleteknek, kultúráknak és tapasztalatoknak teszed ki magad. Ha nem teszed kihívás elé magad, és nem keresel új ismereteket, nehéz lehet a növekedés és a fejlődés.

Achani Samon Biaou: Úgy gondolom, hogy mindannyiunkban két rész létezik egymás mellett. Engedélykérés a dolgok közvetlen megtételével szemben.

Szeretnék megosztani egy élményemet, amit Miamiban éltem át Olumiddal, hogy példát mondjak. Egyik nap azt javasolta, hogy lazítsunk és üljünk le a víz mellett, mivel ő a víz mellett él. Sétáltunk egy rövid utat egy kanyargós sétányon az épülete előtt, amíg találtunk egy helyet, ahol leülhetünk és élvezhetjük a kilátást. Miközben beszélgettünk, az emberek elmentek mellettünk, és kezdtem kényelmetlenül érezni magam, azon tűnődtem, hogy mi vagyunk az útban, vagy szabad-e ott ülni.

Néztem Olumide-ot némi megnyugtatás céljából, de úgy tűnt, hogy nem vette észre az egészet, csak pihen, és élvezi a pillanatot, anélkül, hogy a világgal foglalkozna. Eleinte kételkedni kezdtem benne és laza hozzáállásában, azon gondolkodtam, hogy "ki ül így a járdán?" Az első percekben kényelmetlenül éreztem magam.

Hamar rájöttem azonban, hogy a belső monológommal én okoztam a kellemetlenséget. Olumide-nak az volt a helyes ötlete, hogy egyszerűen élvezze a pillanatot anélkül, hogy aggódna mások véleményén vagy a körülöttünk lévő szabályokon. Megkérdőjelezte a saját gondolkodásmódomat, és azt, hogy milyen gyakran hagyom, hogy saját gondolataim és észleléseim korlátozzák az élet élvezetét.

Olumide Ogunsanwo: Haha! Ez vicces. nyugodt voltam.

Achani Samon Biaou: Rájöttem, hogy néha visszafogom magam, mert vannak bizonyos gátlásaim és elképzeléseim arról, hogy mi a helyes és megengedett. Bár jó figyelmesnek lenni, a határok feszegetése az emberi faj evolúciójának hajtóereje.

Ez az egyik dolog, amit szeretek Amerikában. Arra ösztönzi az embereket, hogy legyenek fantáziadúsak, próbáljanak ki új dolgokat, és feszegessék a határokat. Ki tudja, lehet, hogy valaki valami szokatlant csinál, és új üzlet vagy ötlet születik.

A gátlásoktól mentesnek lenni hatalmas dolog, az anyagi függetlenség elérése pedig hasznos eszköz lehet az eléréshez. Nem ez az egyetlen eszköz, és egyesek azt mondanák, hogy nem is ez a fő eszköz. Az anyagi függetlenség azonban megadhatja a szabadságot, hogy saját dolgait végezze az életben, és új lehetőségeket fedezzen fel.

Olumide Ogunsanwo: Ez egy életmóddizájn. Tervezz olyan életet, ami neked működik. Nem kell a hagyományos utat követni. Bármilyen utat választhatsz, de ehhez szándék, cél és tervezés kell. Nem csak arra az életre ébredsz, amire vágysz. Ha követi a status quo-t, akkor a status quo élete lesz, ami nem biztos, hogy az lesz, amit akar.

Achani Samon Biaou: Sokkal jobban mondtad, mint ahogy ki tudtam volna fogalmazni. Ez a könyv azoknak szól, akik kíváncsiak valami másra az életben, mint amit „kell" tenniük. Reméljük, hogy az olvasók elveszik a meta betekintést ebből a könyvből: hogy a status quo-n túl más utakat is kell követni.

A könyv megpróbál új lehetőségeket érzékeltetni. Nem kell a hagyományos utat követnie. Remélem, az olvasók megértik, hogy ennek a történetnek valójában nagyon kevés köze van a pénzhez.

Olumide Ogunsanwo: A könyv határozottan <u>nem </u>a pénzről szól. Az anyagi függetlenség azt jelenti, hogy elegendő anyagi forrással rendelkezel életed hátralévő részében, de ez a könyv ennél többről szól.

Achani Samon Biaou: Az anyagi függetlenség nagy lehetőség volt számunkra. Ez a könyv megvitatja, hogyan indultunk el ezen az úton, és hogyan tett lehetővé ez álmaink megvalósítását.

Olumide Ogunsanwo: Könyvünk szlogenje: "Afrikai bevándorlók pénzügyi függetlenségi történetei". A könyv szerkezete kronologikus, miközben visszatekintünk és átgondoljuk azokat a döntéseinket, amelyeket a harmincas éveink közepén hozott pénzügyi függetlenségünkhöz vezettek.

A személyes történeteink megosztása mellett megvitatjuk azokat az alapelveket is, amelyek kritikusak voltak az utazásaink során. Ezek az alapelvek egyaránt tartalmaznak átfogó stratégiákat és konkrét intézkedéseket, amelyeket az olvasók megtehetnek a pénzügyi függetlenség elérése érdekében. Hiszünk abban, hogy ezeknek az elveknek az életstílusának részeként való ápolása elengedhetetlen a hosszú távú pénzügyi siker eléréséhez.

Annak érdekében, hogy az olvasók gyakorolhassák és beépítsék ezeket az alapelveket az életükbe, olyan könyvajánlásokat is mellékelünk, amelyek összhangban állnak az egyes alapelvekkel. Reméljük, hogy történeteink és alapelveink megosztásával másokat inspirálhatunk és felhatalmazhatunk arra, hogy átvegyék pénzügyi jövőjük irányítását.

Achani Samon Biaou: Olumide, mit szeretnél, hogy az olvasók elvegyenek ebből a könyvből?

Olumide Ogunsanwo: Ezzel a könyvvel az a célom, hogy az olvasókat arra ösztönözzem, hogy éljék legjobb életüket, kényelmesen érezzék magukat hiteles énjükként, és ne érezzék úgy, hogy meg kell felelniük a társadalom elvárásainak. Remélem, hogy az olvasók átveszik a könyvből azt, ami hasznos, és figyelmen kívül hagyják azt, ami számukra nem releváns.

Mindenekelőtt arra szeretném ösztönözni az olvasókat, hogy találják meg a szabadulás módjait. Ez nem csak a pénzügyi szabadságot jelenti, bár ez fontos téma ebben a könyvben. Társadalmi szabadságot, időszabadságot és földrajzi szabadságot is jelent. Szeretném, ha az olvasók felhatalmazást kapnának arra, hogy kockázatot vállaljanak és olyan döntéseket hozzanak, amelyek segítik őket abban, hogy életük minden területén szabadabbá váljanak.

Achani Samon Biaou: Ön szerint hol található a pénzügyi szabadság a többi szabadság között?

Olumide Ogunsanwo: Az élet két legfontosabb aspektusa valószínűleg a kapcsolatokhoz és az egészséghez kapcsolódó szabadságjogok. Egyesek azzal érvelhetnek, hogy a jó egészség a legfontosabb, mert enélkül nehéz bármit is elérni, míg mások azt mondják, hogy a családdal és a barátokkal való szoros kapcsolat a kulcs a teljes élethez.

E kettő után valószínűleg a pénzügyi szabadság a harmadik vagy negyedik legfontosabb szempont. Bár fontos, nem ugyanolyan súlyú, mint a kapcsolatok és az egészség. Ha valaki azzal érvelne, hogy az anyagi szabadság a legfontosabb, azt tanácsolom, hogy először az egészségét és a kapcsolatait vegye figyelembe.

Achani Samon Biaou: A pénzügyi szabadságot más szabadságjogok lehetővé tételének tekintem. Például egy stresszes munka kihat az egészségére. De ha olyan helyzetben van, hogy eldöntheti, mit csinál, vagy egyáltalán nem, akkor az anyagi szabadság segíthet az egészségében.

Olumide Ogunsanwo: Az anyagi szabadság lehetővé teszi, hogy az élet fontos dolgaira összpontosítson, mint például a kapcsolataira (legyen az romantikus partnerrel, családdal vagy barátokkal) és az egészségére. Ha anyagilag szabad vagy, megvalósíthatod vállalkozói álmaidat, és annyi időt tölthetsz, amennyit csak akarsz, különféle ötletek kidolgozásával. Ha pedig értékeli a tapasztalatokat és a kalandokat, az anyagi függetlenség rugalmasságot biztosít, hogy annyi időt töltsön ezekre a tevékenységekre, amennyit csak akar.

Lényegében az anyagi függetlenség egy olyan eszköz, amely támogatja a két nagy szempontot (kapcsolatok és egészség), és minden mást is, ami érdekelhet, mivel ezekhez a dolgokhoz vagy élvezetéhez gyakran pénz kell.

Samon, a barátom, a bátyám. Mit szeretnénk, ha az olvasók elvennének ettől a könyvtől?

Achani Samon Biaou: Tekintsd ezt a könyvet egy útmutatónak ahhoz, hogy saját feltételeid szerint élj életet, és érd el a lehetőségeidet. A mai társadalomban számtalan sikerélmény és példakép található körülöttünk. Vállalkozási tanácsadóként sok olyan helyiségben jártam, ahol rájöttem, hogy ezek a példaképek többsége csak rendes, átlagos ember. Lehet, hogy bizonyos dolgokban nagyszerűek, de más területeken is folyamatban lévő munka. Hiszem, hogy többen érezhetik magukat felhatalmazva arra, hogy megtalálják saját válaszaikat és felvázolják saját útjukat a sikerhez.

Olumide Ogunsanwo: Abszolút! Lehet, hogy a példaképek keresése nem a legjobb módja a dolgok megközelítésének. Minden embernek egyedi értékei, erősségei és preferenciái vannak. Ahelyett, hogy keresne valakit, aki után modellezze magát, fontos kitalálnia saját hiteles énjét, és azt, hogy mit is szeretne igazán az életben. Bár potenciálisan tanulhatsz másoktól, az igazi éned felfedezéséhez vezető út mindig belülről indul.

A példaképnek megvan az a hátránya, hogy túlságosan valaki más életére összpontosít. Az egyetlen ember, akire nézhet, az önmaga.

Achani Samon Biaou: Nagyon megrendítő. A világ párhuzamos pályákon halad. Az első lépés az, hogy az egyéneknek azt mondják, hogy legyenek önmaguk. De lehet, hogy nem vagy elég, mint ma. Mindenkinek folyamatosan fejlődnie kell.

Olumide Ogunsanwo: Hú. A megjegyzéseid gonoszak [Smile].

Achani Samon Biaou: A második szám az, hogy azt mondják nekünk, hogy utánozzuk egy példakép életét. Sajnos ez a megközelítés korlátozhatja saját gondolkodásunk képességét, mert túlságosan mások másolására koncentrálunk, nem pedig saját egyedi perspektívánk kialakítására.

Ezt a két pályát ("elég vagy" és "másolj példaképet") gyakran felerősítik a közösségi média, és úgy érzik az emberek, hogy választaniuk kell közöttük. Amit azonban gyakran figyelmen kívül hagynak, az a folyamatos önfejlesztés és növekedés fontossága, miközben mások tapasztalataiból is tanulhatunk anélkül, hogy feltétlenül lemásolnánk azokat.

Olumide Ogunsanwo: Első pillantásra a FIREDOM a pénzügyi függetlenség könyvének tűnhet. A valóságban azonban inkább önmagad fejlesztéséről van szó, hogy elérd a szabadságot, hogy olyan életet élhess, amilyet igazán szeretnél.

Achani Samon Biaou: Fontos felismerni, hogy történeteink nem tökéletesek, és lesznek olyan szempontok, amelyekben kimagaslóan teljesítettünk, és vannak olyan szempontok, amelyekben jobban járhattunk volna.

Nem tartom magam figyelemre méltónak, de hiszek abban, hogy mindenkiben megvan a lehetőség, hogy elérje céljait. Kulcsfontosságú, hogy célokat tűzz ki magad elé, és megtedd az eléréshez szükséges lépéseket. Nem kell kivételesnek lenned a sikerhez, de hajlandónak kell lenned belefektetni a munkába.

Olumide Ogunsanwo: FIREDOM = FI (pénzügyi függetlenség) + RE (korai nyugdíjba vonulás) + szabadság. Miért akarsz szabadságot és függetlenséget? Függetlenséget akarsz, hogy a saját feltételeid szerint élhesd az életed. A várható élettartam attól függően, hogy melyik országban tartózkodik, 50 és 80 között van. A Földön eltöltött idő korlátozott, ezért miért ne hozná ki a legtöbbet azzal, hogy tartalmas és élvezetes életet él?

Ez a történet pontosan erről szól – éld azt az életet, amilyet szeretnél, gyakorolj hatást, szórakozz és változtass. A pénz nem az egyetlen dolog, ami számít, de fontos, mert lehetővé teszi, hogy nagyobb és jobb dolgokat csinálj. Pénzügyi stabilitás nélkül a pénz állandó stresszforrás lesz az életében.

Örülünk, hogy megoszthatjuk veled történeteinket ebben a könyvben. Ez a szeretet munkája, és reméljük, hogy inspirál és motivál az életed megváltoztatására. Üdvözöljük az utazáson velünk!

2: Gyermekkori történetek és az önbizalom és az önellátás alapelvei

Olumide Ogunsanwo: A könyv minden fejezete egy életszakaszról szól, és személyes történeteinket, majd a vonatkozó pénzügyi függetlenségi elvek mélyreható feltárását tartalmazza.

Felfedezésünk a gyermekkori élményekkel kezdődik, amelyek jelentősen alakítják személyiségünket, önfelfogásunkat, önértékelésünket, és azt, hogy miről hisszük, hogy elérhetjük az életben.

Achani Samon Biaou: Szeretem, hogy gyerekkori történetekkel kezdjük. A szülők olvasói hasznosnak találhatják ezeket a történeteket gyermekeik számára.

Olumide Ogunsanwo: A gyermekkori hatások feltárása mindenki számára hasznos, hogy megértse, mi hozta őt jelenlegi helyzetébe, és hogy ezek a korai tapasztalatok hogyan hatnak rá még ma is. A múlt megértése és elfogadása fontos lépés minden utazás megkezdéséhez, nem csak az anyagi függetlenséghez.

Szó lesz az önbizalom és az önbizalom alapelveiről is. Ezek alapvető elvek a pénzügyi függetlenség felé vezető úton. Mi lehet jobb hely a könyv elindításához, mint az emberi pszichológia és gondolkodásmód elmélyülése?

2A : Olumide gyermekkori története

Achani Samon Biaou: Olumide, kezdjük a gyerekkoroddal. Mesélj a legkorábbi emlékeidről.

Olumide Ogunsanwo: A nyolcvanas évek közepén születtem Lagosban, Nigériában, Nyugat-Afrikában. Közepes családba születtem négy másik testvérrel. Van két nővérem és két öcsém. Én pont a közepén vagyok.

Apám vállalkozó volt. Több bérlemény tulajdonosa volt, papírnyomtató üzletet, pénzügyi hitelezési vállalkozást és számos egyéb vállalkozást vezetett. Politikus is volt, és időnként indult a tisztségért. Sokféle dolgot csinált, és fiatalabb korában újságírónak képezték ki.

Anyám háziasszony volt. De érdekes módon 14 vagy 15 éves koromban visszament az iskolába, hogy jogot tanuljon, és most a Lagos állam kormányának ügyvédje. Lenyűgöző a története, hogyan lett ügyvéd. Éjszakai órákra járt, amikor középiskolás voltam, és nem egészen értettem, miért kell ennyi baja. Megkérdeztem tőle, és azt mondta, otthagyta a banki állását, hogy felneveljen minket, és arra gondolt, mi lett volna, ha nem hagyja el a munkáját. Azt mondta, látott ügyvédeket a tévében, és úgy gondolta, hogy megteheti. És megtette!

Achani Samon Biaou: Mik voltak az első tapasztalatai a pénzügyekkel vagy a szabadsággal?

Olumide Ogunsanwo: Apám volt a család eltartója. Megvolt az a bevétel, amit a családnak biztosított, és anyám volt a háziasszony. Apám a pénzügyekért volt felelős, és pénzt adott anyámnak, hogy különböző dolgokat csináljon a ház körül, ami azt jelentette, hogy anyám pénzt kért apámtól különböző dolgokra.

Észrevettem, hogy furcsa hatással volt a kapcsolatra. Emlékszem, néztem az interakciókat, és arra gondoltam, hogy ez nem jó, és meg kell győződnem arról, hogy soha nem kerülök olyan helyzetbe, amikor rendszeresen el kell mennem valakihez pénzért. Furcsa kapcsolati dinamikát hoz létre, ami szerintem nem a legjobb.

Elültette a megértés magját, milyen kényelmetlen, ha valakitől rendszeresen pénzt kell kérni. Biztosan tudtam, hogy ez egy olyan helyzet, amibe soha nem akartam kerülni.

Achani Samon Biaou: Megpróbálom elképzelni, hogy gyermekkoromban tisztában voltam-e ezzel a dinamikával, mert gyerekként pénzt kérsz az emberektől. Mindent kérsz az emberektől.

Olumide Ogunsanwo: Azt hittem, hogy ez egy szuboptimális helyzet a kapcsolatok számára, mert az egyik partnert kiszolgáltatott helyzetbe hozza. Szinte az ellenkezője az anyagi függetlenségnek. Ez egy-egy függőség. Legalább a munkád attól függ, hogy szeret-e a főnököd, tetszenek-e a jelentéseid stb. A szüleim helyzete más volt, mert egy embertől függött pénzért.

Amikor észrevettem a dinamikát a szüleim kapcsolatában, azonnal tudtam, hogy ezt el kell kerülnöm a saját életemben. Ez nagyszerű kiindulópont volt ahhoz, hogy a pénzről gondolkodj, és arról, hogy mit ad az életben.

Achani Samon Biaou: Értem. Mennyi idő múlva tette meg az első lépéseket az anyagi függetlenség felé? El tudom képzelni, hogy megfigyelted ezt a dinamikát, és rájöttél, hogy a jövőben nem akarsz ebben a pozícióban lenni. De nem feltétlenül volt képes cselekedni az elhatározása szerint. Mikor érezted először, hogy független vagy?

Olumide Ogunsanwo: Kicsit szűk volt a nyílásom, a függetlenségről kifejezetten az volt, hogy minél több pénzt kapjak. Azt hittem, ha jól teljesítek az iskolában, később jól fizető állást kapok. Közvetett volt. Az akadémikusokra való összpontosításról volt szó.

Nem mondanám, hogy szegények vagy gazdagok voltunk. Nigériai mércével mérve valószínűleg közepes vagy magas jövedelműek voltunk. Például, ha apámtól vagy anyámtól kérnék valamit, nem mondanak automatikusan igent. Nemet mondtak, vagy megkérdezték, miért volt szükségem rá. Ez olyan helyzetekhez vezetett, amikor elkezdtem egy kicsit a személyes pénzügyeken és a pénzen gondolkodni.

Samonhoz hasonlóan én is joruba vagyok (Nigéria egyik legnagyobb etnikai csoportja). Gyerekkoromban néha elvittek joruba rendezvényekre (születésnapok, esküvők, temetések), és pénzt adtak, amikor táncoltam. Ha emlékszel ennek a könyvnek az első fejezetére, az egyik fő érdeklődési köröm a tánc. Régen táncoltam, és kaptam (kis mennyiségű) pénzt. Tudom, hogy furcsán hangzik, de így volt. Hozzáfértem ehhez a pénzhez, és azon kezdtem gondolkodni, hogy mit kezdhetnék vele.

Emlékszem, megkérdeztem anyámat a bankszámlanyitásról. Anyám bevitt a bankba, és kapott egy bankszámlát egy kis sárga betétkönyvvel. A rendezvényeken táncolással megkeresett pénzt letétbe helyezném. Megtanultam az érdeklődésről. Noha csekély összegről volt szó, értékes bemutatást nyújtott.

Achani Samon Biaou: Hány éves volt?

Olumide Ogunsanwo: Bárcsak emlékeznék a pontos életkoromra. Mondjuk valahol 7 és 11 között.

Volt egy kis betétkönyvem, amiben megnéztem és elolvastam a benne lassan felhalmozódó betét- és kamatösszegeket. Anyám néha megtagadta, hogy elvigyen a bankba pénzt befizetni, mert zavarba jött az apró pénzösszegek miatt, amelyeket be akartam helyezni.

Lehet, hogy innen eredt az érdeklődésem a személyes pénzügyek iránt. Vagy talán csak veleszületett érdekel a pénzügy és a közgazdaságtan. Csak annyit tudok, hogy lassan elkezdett érdekelni, hogy a jövőben is legyen pénzem.

Achani Samon Biaou: Két kérdés:

1. Hogyan ismerkedtél meg a bank fogalmával, és hogyan jöttél rá, hogy ez a gyerekekre vonatkozik?

2. Milyen tapasztalatai voltak a pénzfelvétellel és a pénz elköltésével? Szüksége volt arra, hogy a szüleid bankba menjenek?

Olumide Ogunsanwo: Valószínűleg egy letéti számla volt, mert csak anyámmal tudtam bankba menni. A bankpénztárosok minden alkalommal beírtak a betétkönyvbe, amikor befizettem vagy kivettem. Lenyűgözött az a koncepció, hogy pénzt kell számlára tenni, és kamatoztatni kell.

Hozzád hasonlóan én is kiváló voltam tanulmányilag, ami azt jelentette, hogy sok mindent megúszhattam. Emlékszem, a biológiatanárom megkérdezte, miért vagyok olyan arrogáns és túlzottan magabiztos. Nem tetszett neki a hozzáállásom. Kezdtem úgy érezni, hogy mivel jól teljesítek tanulmányilag, többet megúszhatok. Az, hogy azt csinálom, amit akarok, negatívan hangzik, de valójában hasonló a független gondolkodáshoz, mert az ember elkezd gondolkodni a kereteken kívül és távol a társadalom főáramától. Kicsit bajkeverő voltam, de jó értelemben. Soha nem csináltam semmi túl őrültet.

Achani Samon Biaou: Érdekes. Végigvezetné velünk általános és középiskolai tapasztalatait? Hogyan jöttél ki a barátaiddal? Mit mondtak rólad a barátaid?

Olumide Ogunsanwo: Először a Grace's Children's Schoolban jártam általános iskolába nullától öt-hat éves korig. Nem sokra emlékszem erre. Aztán 5-6 éves koromtól 10 éves koromig a Corona Általános Iskolába költöztem. Emlékszem, sokat sportoltam. A szüleim minden nap elvittek iskolába és onnan haza. Ettől eltekintve, nem voltak lényeges tanulságok abból az időszakból.

10-től 13 éves koromig a King's College-ban (KC) jártam középiskolába (más néven középiskolába), amely egy fiúiskola volt.

Achani Samon Biaou: Mesélj egy kicsit a KC-ről, mit kell tudni róla az olvasónak?

Olumide Ogunsanwo: A szövegkörnyezet szempontjából apám a 60-as és 70-es években járt a KC-be, amikor Nigéria egyik legjobb iskolája volt. Most a kormány irányítja, és egyfajta szar. A tantermek eredetileg 20 fősek voltak, de az osztályomban 80-100 ember járt, így a jelenet a következő volt: fiúk, ameddig a szem ellát, volt, aki durva volt, volt, aki koszos, éhes volt. Olyan volt, mint a vadnyugat.

Az infrastrukturális problémák ellenére KC-nek voltak okos gyerekei. A Corona Elementary-ben általában első vagy második voltam az osztályban, mielőtt továbbléptem volna a KC-re. A KC-n azonban általában harmadik vagy negyedik lettem.

Emlékszem erre a srácra, aki általában az első helyen állt. Figyelemre méltó volt, soha nem kérdezett és nem vett részt az órán. Ezt lenyűgözőnek találtam. Az élete irányításának kézbe vétele és az egyéni célok elérése sikerre vezethet, függetlenül az akadályoktól. Ez a lecke a tapasztalataim során vált világossá, amikor megtanultam, hogy a külső tényezőktől függetlenül a személyes elhatározás minden körülményt legyőz. Ez volt a legértékesebb elvitel az ott töltött időmből.

Achani Samon Biaou: Milyenek voltak az osztálytársaid?

Olumide Ogunsanwo: Ezekkel a különböző emberekkel való beszélgetés segített ráébrednem, hogy diáktársaim eltérő gazdasági háttérrel érkeztek. A KC-ben magas volt az alacsony jövedelmű családokból származó tanulók aránya. A KC után átmentem a második középiskolámba, az Atlantic Hallba (AHall), amely egy közös iskola volt, ahol középiskolai tanulmányaim második részét töltöttem (13 és 16 éves kor között).

Az AHallban nagyobb arányban voltak jómódú hallgatók, mint a KC-ben. Az AHallnál az akadémikusokra koncentráltam, mert úgy gondoltam, hogy ez segítene abban, hogy a jövőben jó állást kapjak, ami több pénzhez vezet.

Achani Samon Biaou: Hogyan játszik mindez a szabadságban vagy a pénzügyi függetlenségben?

Olumide Ogunsanwo: Kezdtem nonkonformabb lenni. Önállóan csináltam a dolgokat, mert olyan jól teljesítettem tanulmányilag. Volt autóm, és szabadon vezethettem és mozoghattam.

Achani Samon Biaou: Hány évesen volt autód?

Olumide Ogunsanwo: 15 éves koromban tanultam meg vezetni, ami a középiskola végén volt. A szüleim autója volt [Smile]. A szüleim nem törődtek vele. Leginkább hagyták, hogy azt tegyem, amit akarok. Amikor akartam, kimehettem. Úgy éreztem, teljes szabadságom van arra, hogy azt csináljak, amit csak akarok, és a szüleim nem korlátoztak.

Nem tudom, hogy a szüleim miért neveltek így, őszintén szólva, de egyértelmű volt, hogy azt csinálhatok, amit akarok, és ez így tetszett.

Achani Samon Biaou: Szép. Olumide gyerekkori barátaitól hallottam, hogy nagyon keményen dolgozik, és nagyon koncentrált és intenzív ember.

Olumide Ogunsanwo: Lenyűgöző! Igaz, keményen dolgoztam, és tetszett. Sokat tanultam és nagyon élveztem. Általában első voltam a matek és az emelt szintű matematika órán. Nagyon jó volt. Néhány embert a szüleik kényszerítettek arra, hogy az akadémikusokra összpontosítsanak. Tudományos ember voltam. Imádtam azt a szart. Még mindig szeretem azt a szart. Az akadémikusok iránti érdeklődésem napjainkban átfolyt különféle érdeklődési köreimbe. A motivációm belső és belső volt.

Achani Samon Biaou: Az Olumidet intenzívnek írták le nekem. Valaki, aki valamire ráirányítaná a tekintetét, és rendkívül keményen dolgozik, hogy elérje. Ez a lézeres célokra való összpontosítás története.

Olumide Ogunsanwo: Igen, nagyon fegyelmezettnek, rendkívül szervezettnek, rendkívül motiváltnak és koncentráltnak írnám le magam.

Intenzívnek írnám le magam? Nem tudom. A legtöbb emberhez képest igen. De nem tudom, használnám-e az intenzív szót – emlékszem, hogy tanulmányilag koncentráltam, a legjobb akartam lenni. Alapvetően, ha valóban a legjobb akarsz lenni, akkor szinte mindig te leszel a legjobb.

Sok embert nem érdekelt annyira, mint engem. Gyerekként más prioritásaik voltak. Gyerekként tudtam, hogy mit akarok, és kimentem, és megkaptam. Ugyanaz, mint egy felnőttnél.

Achani Samon Biaou: Mi volt az, amit szerette volna, ha megtanult volna a pénzügyekről vagy a szabadságról ezekben az években?

Olumide Ogunsanwo: Nagyon jó lett volna, ha a szüleim kifejezetten a személyes pénzügyekről beszéltek volna velem. Nem tudom, hogy hallgattam volna, nem tudom, hogy változott volna, de jó lett volna. Ahogy később hallani fogja a történetemet, szinte minden, amit a személyes pénzügyekről tudok, autodidakta volt.

Az alapokkal kellett kezdenem: Hogyan készítsek költségvetést? Hogyan növelhetem a jövedelmem? Hogyan számolhatom ki a kiadásaimat? Hogyan működik a tőzsde? Hogyan fektessek be? Kicsit egyszerűbb lett volna, ha a szüleim tanítottak volna erre, de nem hibáztatom őket, mert ők sem tudtak sokat ezekről a dolgokról.

Habozva mondom, mert nem vagyok benne biztos, hogy megtanulsz valamit, ha nem vagy hajlandó megszerezni az információkat. Vannak, akik információt kapnak, de nem fogadják el, mert nem állnak készen és nem hajlandóak változtatni. Nem tudom, hogy elfogadtam volna-e bármit is a szüleimtől kapott tanítások közül.

Achani Samon Biaou: Talán az önálló tudáskeresés az, ami valóban lehetővé teszi a tanulást. A neveléselmélet szerint a tapasztalati tanulás a tanulás leghatékonyabb módja. Ezért nem mindig hatékony hosszú távon, ha egyszerűen csak mondanak valamit. Emberként aktívan építjük fel a tudást, nem pedig passzívan magunkba szívjuk.

Olumide Ogunsanwo: Érdekes. Valójában soha nem voltak példaképeim. Általában én voltam a példakép, ami azt jelenti, hogy magamnak kellett rájönnöm a dolgokra.

Hadd mondjak egy példát. A középiskolában a legtöbb matematika és természettudományos kurzuson a legmagasabb osztályzatokat értem el. Nem volt más, akire felnézhetnék, magamra kellett hagyatkoznom a siker érdekében. Ez az önálló gondolkodásmód gyermekkorom óta velem van, mivel mindig is jobban szerettem önállóan kitalálni a dolgokat, nem pedig másoktól kérni az útmutatást.

Achani Samon Biaou: Hogyan változtatott volna meg egy példakép?

Olumide Ogunsanwo: A valakivel való találkozás hatása attól függ, hogyan találkoztam vele. Ha valaki más mutatna be minket, vagy ha bemutatkozna nekem, annak valószínűleg nem lenne nagy hatása. Ha azonban kutatással és feltárással fedezném fel őket, szívesen beszélgetnék velük.

Nem azért, mert követőként a nyomdokaiba akarok lépni, hanem azért, hogy megértsem a döntéshozatali folyamatukat és az életválasztásukban rejlő árnyalatokat és kompromisszumokat.

A példaképezés baromság. A beteljesülés nem abból fakad, hogy más emberek életét másoljuk, hanem abból, ha a saját életünkre összpontosítunk. Mások másolása alapvetően hibás, mert nem veszi figyelembe saját értékeit, céljait, preferenciáit és érdeklődési körét, ami rosszabbul járhat, mintha saját maga próbálná kitalálni a dolgokat.

Achani Samon Biaou: Érdekes. Ez visszatérő téma lesz: ne próbálj másokat utánozni, még akkor sem, ha nagyszerűek. Nem vagy az ő helyükben. Ehelyett próbáld meg felfedezni, mit jelenthet számodra a nagyszerűség. Ennek során tanuljon meg minél többet a világról, azzal a konkrét céllal, hogy jobban megértse önmagát. Ezt két tanácsban tudnám összefoglalni:

Először is ápolja a kíváncsiságot a közvetlen hatókörén kívül eső dolgok iránt.

Másodszor, szánja rá magát, hogy tudatos gyakorlással folyamatosan fejlessze mesterségét.

Olumide Ogunsanwo: Jim Rohn, a híres személyes fejlesztési vezető bölcsen azt mondta: "Ne légy követő. Legyél diák." Más szóval, tanulj az emberektől, ne csak kövesd őket. Diáknak lenni magában foglalja az élettel való aktív elköteleződést, valamint a feltételezések megkérdőjelezésére és megkérdőjelezésére való hajlandóságot.

Achani Samon Biaou: Imádom.

Olumide Ogunsanwo: Ezek a szavak erősek. A tanulói gondolkodásmód erősebb, mint a követő gondolkodásmód. A tanulói gondolkodásmód tanul, a követő gondolkodásmód pedig másol. Imádom ezt az idézetet.

2B: Samon gyermekkori története

Olumide Ogunsanwo: Ideje többet megtudni Samon gyermekkoráról. Samon, tudnál nekünk valami kontextust adni a környezetről, amelyben felnőttél?

Achani Samon Biaou: Nagyon eklektikus környezetben nőttem fel. Vidéki területen születtem felső középosztálybeli családban. Szülővárosom Kandi a kis nyugat-afrikai országban, Beninben. Kandi lakossága akkoriban nem érte el a 100 000 főt. Apám számos vállalkozást vezetett, és megbecsült államférfi volt az országban.

Gyerekkoromban Benin legszegényebb embereivel kerültem kapcsolatba. A porban játszottunk, néha egészen messze a szüleim házától. Nem volt távolság köztem és a város legszegényebb gyerekei között. Nem akartam semmit, de nem is nőttem fel elkényeztetetten.

Olumide Ogunsanwo: Miért kezdted a történetnek ezzel a részével? Azért, mert úgy érzed, hogy édesapád és az a bizonyos környezet is hatással volt rád?

Achani Samon Biaou: Igen, a különböző társadalmi-gazdasági osztályok körüli felnőtté válás kontrasztja kényelmessé tette, hogy az élet minden területéről érkező emberekkel kommunikáljak. Valószínűleg ez alakította az anyagi függetlenségről alkotott elképzelésemet későbbi életem során. Tudtam, milyen szegénynek lenni, mert a legtöbb barátom szegény volt.

Nem volt ritka, hogy néhány gyerek néhány napig hiányzott a játszótérről, mert szüleik betegek voltak, és gondoskodniuk kellett róluk. Először nem értettem, miért nem mennek be a kórházba. Később azonban megtudtam, hogy sok barátom szülei nem engedhetik meg maguknak az orvosi kezelést, és házi gyógymódokra hagyatkoztak a súlyos betegségek kezelésére. Bár ez a fajta helyzet ismeretlen volt a saját családomban, rájöttem, hogy ez sok más család számára is valóság volt. Megértettem, hogy egyesek anyagilag annyira nehézségekbe ütköztek, hogy a túlélésük veszélybe került, mégis mindent megtettek, hogy megbirkózzanak a körülményekkel.

Olumide Ogunsanwo: Az érdekes. Lehetőséged volt ezt megtapasztalni anélkül, hogy közvetlenül érintettek volna.

Achani Samon Biaou: Igen, a barátaim családjával megértettem, hogy a pénzhiány mennyire korlátozza az embereket. A saját családommal megértettem, hogy a gazdagság nem kell, hogy többletet jelentsen.

Az egyik legkorábbi emlékem a szabadság erős érzése gyermekkoromban. Kitűnő voltam az iskolában, és sok szabadságot élveztem, így már fiatalon tudtam, mit jelent szabadnak lenni. Kilenc éves koromban kifejeztem a szüleimnek, hogy Cotonouban, Benini Köztársaság de facto fővárosában szeretnék tanulni. A szüleim kíváncsiak és aggódóak voltak, és megkérdezték, miért akarok ott tanulni. Nem ellenálltak azonnal az ötletnek annyira, mint várni lehetett. Végül is milyen gyakran kér egy kilencéves, hogy másik városban tanuljon?

Olumide Ogunsanwo: Említette, hogy gyermekkorában mélységes szabadságérzete volt. Azért akartál Cotonou-ba menni, mert több szabadságra vágytál?

Achani Samon Biaou: Nem azért mentem el otthonról, hogy nagyobb szabadságot keressek; Már szabadnak éreztem magam, ezért is hittem, hogy meghozhatom a saját döntéseimet. Érdekelt Cotonou, a főváros, miután legjobb kandi barátom éves nyári látogatásai során mesélt róla. Én magam szerettem volna megtapasztalni az ottani életet.

Kezdetben a szüleim nem tiltakoztak az ötlet ellen, de azt javasolták, várjak, amíg egy kicsit idősebb leszek. Bántott a válaszuk, mert úgy éreztem, nem tekintenek felelősségteljes vagy érett egyéniségnek. Visszatekintve érthető volt, hogy tétováztak egy kisgyermekre bízni egy ilyen nagy döntést.

A szüleim vonakodása attól, hogy jóváhagyják a lépésemet, felbőszített, és elhatároztam, hogy belátják, hogy komolyan gondolom. Végül apám, aki mindkét szülő nevében döntött, engedélyt adott nekem, miután egynapos éhségsztrájkot tartottam.

Olumide Ogunsanwo: Egy napra szóló éhségsztrájk hatástalannak hangzik [Nevetés].

Achani Samon Biaou: Az eset után a szüleim rájöttek, hogy már nem vagyok gyerek. Könnyedén megkérdeztem tőlük, hogy költözhetek-e másik városba, mint ahogy egy 18 éves engedélyt kérhet, hogy elmenjen a könyvtárba. Tisztában voltam a szegénység, a takarékosság fogalmával és a nem szegénység kontrasztjával. Erősen éreztem a saját szabadságomat, és nem emlékszem olyan időszakra az életemben, amikor ne éreztem volna szabadnak magam.

Olumide Ogunsanwo: A családtagjai közvetlenül beszéltek a pénzről vagy a szabadságról?

Achani Samon Biaou: Nem volt beszélgetés a nyugdíjról és a pénzügyi függetlenségről. A szüleim vállalkozók voltak; önmagában nem volt nyugdíj.

Olumide Ogunsanwo: Értem. Volt-e más kora gyermekkori tapasztalat, amely befolyásolta a szabadságról és/vagy az anyagi függetlenségről alkotott képét?

Achani Samon Biaou: Két másik történetet szeretnék megosztani veletek a határtalan kíváncsiságról, és egy másikat arról, hogy apám könyvelője vagyok. Kezdjük a határtalan kíváncsisággal. Pajkos gyerek voltam.

Olumide Ogunsanwo: Ez azért volt, mert jól teljesített az iskolában?

Achani Samon Biaou: Igen, "szemtelen" gyereknek számítottam, mert kíváncsi voltam, és vágyam arra, hogy olyan dolgokat fedezzek fel, amelyeket tiltottak vagy nem megfelelőnek ítéltek. Ennek ellenére kiválóan teljesítettem az iskolában, és a tanulmányi teljesítményem némi engedékenységet szerzett. Például míg a nővéreimnek megtiltották, hogy férfi látogatókat fogadjanak, érdekelt, hogy megértsem ennek okát. Fiúként, aki a nővéreimmel éltem, nem tudtam felfogni, miért nem tekintenek más fiúkra nemkívánatosnak. Talán azért, mert nem teljesítettek jól tanulmányilag? Hasonlóképpen lopakodtam és olvasgattam apám újságait a távollétében, hogy megértsem, miért fontosak számára.

Olumide Ogunsanwo: Honnan ez a természetes kíváncsiság?

Achani Samon Biaou: Szerintem két helyről származik.

Először is a szabadság fogalmához kapcsolódik. Nem voltam gátolva, amikor új dolgok felfedezéséről volt szó; ha meg akartam tanulni valamit, habozás nélkül folytattam. Egészen fiatal korom óta soha nem éreztem szükségét, hogy megfeleljek vagy cenzúrázzam magam. Ha valamire a kíváncsiságom vezetne, azt követném.

Másodszor, az unalom szerepet játszott a viselkedésemben. Mivel az iskolai feladatok könnyen jöttek, több szabadidőm van és vágyam arra, hogy a határokig feszegessem magam. Ahelyett, hogy pazaroltam volna az időmet, olyan új kihívásokat kerestem, amelyek serkentik az elmémet, és segítenek új készségek kifejlesztésében.

Olumide Ogunsanwo: A kíváncsiság, a nonkonformitás, a független gondolkodás és a különböző utak felfedezésére való hajlandóság jellemzői gyakran vezetnek nagyobb érdeklődéshez az anyagi függetlenség és szabadság elérése iránt. Ha valaki a dobozon kívül gondolkodik, nyitott az új tapasztalatokra, és nem felel meg a hagyományos normáknak, akkor nagyobb valószínűséggel keres alternatív utakat. Az anyagi függetlenség az egyik ilyen alternatíva a hagyományos 9-5 éves, 60-70 éves nyugdíjazásig végzett munka helyett. A történetedből úgy tűnik, hogy ezek a tulajdonságok szerepet játszhattak abban, hogy nem szokványos lehetőségeket akarsz keresni.

Achani Samon Biaou: Egyetértek észrevételével. Kilenc évesen teljesítettem azt a vágyam, hogy Cotonouba, a fővárosba költözzek, ahol az egyik nagynénémnél szálltam meg. Gyakran volt távol, így engem és a két fiatal nagybátyámat nagyrészt magunkra hagytuk. Ez a tapasztalat lehetőséget adott mindannyiunknak, hogy függetlenek legyünk, és átvegyük a saját életünket. Cotonouban éltem pénzügyi oktatást. Ellentétben azzal, amikor a szüleimmel éltem, és nem kellett pénzzel gazdálkodnom, most olyan kiadásokat kellett beterveznem, mint például az étkezés, mivel a saját pénzemet kezeltem (az „P&L").

Olumide Ogunsanwo: Nem volt nyereséged. Csak veszteségei voltak [Nevetés].

Achani Samon Biaou: [Smile] Voltak kiadásaim. Amikor 11 évesen Cotonouba költöztem, a szüleim pénzt küldtek nekem a kiadásaim fedezésére. Azt kértem, hogy a pénzt közvetlenül nekem küldjék a nagynéném helyett, aki általában távol volt. Mivel kiskorú voltam és nem tudtam egyedül elmenni a bankba, inkább készpénzben kaptam meg a pénzt. Megtanultam egy egész hónapra szóló költségvetést tervezni, gondosan megtervezni, mikor költek túl és mikor spórolok. Erős felelősségérzet alakult ki bennem, és megértettem annak fontosságát, hogy ne fogyjon ki a pénzből.

Olumide Ogunsanwo: Ez 11 és 14 éves kor között történt?

Achani Samon Biaou: Helyes.

Olumide Ogunsanwo: Hihetetlen ilyen fiatalon átélni ezt az élményt. Általában az emberek nem rendelkeznek ezzel a tapasztalattal, amíg egyetemre nem mennek. Ez viszonylag fiatal. Milyen egyéb gyermekkori élmények készítettek fel az anyagi függetlenségre?

Achani Samon Biaou: Hét éves koromban apám könyvelője lettem.

Olumide Ogunsanwo: Ez vicces. Már ismerte a haladó matematikát.

Achani Samon Biaou: Négy évesen kezdtem általános iskolába járni, bár ez nem volt megengedett. Nem emlékszem, hogyan sikerült kijátszani a korhatárt.

Olumide Ogunsanwo: Elmondhatom, hogyan csináltad. Apád ismert egy srácot, aki ismert egy srácot, aki ismert egy srácot. Ez így működött.

Achani Samon Biaou: [Mosoly] Talán. Akkoriban valószínűleg nem voltam tisztában ezzel a dinamikával. Volt egy nagy pékségünk, amely az egész várost ellátta. Feladataim részeként a legtöbb éjszaka könyvelését végezném. Több tucat kiskereskedőnk volt, akik kora reggel érkeztek, hogy felvegyék a néhány száz bagettből álló készletüket. Miután eladták termékeiket, éjszaka visszatértek, hogy kiegyenlítsék a számláikat. A bevitt mennyiségeink (liszt, élesztő, benzin stb.) és kibocsátásaink (az egyes kiskereskedőknek kiszállított bagettek száma) nyomon követésére apám egy papírfüzetet használt, amelynek szerkezete nyereség-veszteség-kimutatás volt. Meg kellett szoroznunk a mennyiségeket az egyes kiskereskedők egységárával, és mindent össze kellett adni. Alkalmanként a kiskereskedőknek hátralékai voltak, amelyeket figyelembe kellett venni a végső esedékes összeg megállapításához.

Hogy kiegyensúlyozza a könyveket, apám a számológépével összeadta a bejegyzéseket. Viszont mivel jó voltam matekból, azt javasoltam, hogy fejben kiszámoljak mindent. Azzal kezdtem, hogy felajánlottam, hogy apám számológépe leszek, és olyan egyenleteket dolgozok ki, mint a 75-ször 1243 és 75-ször 419. Az iskolában még tanultam az alapvető szorzást, például 5-ször 5-öt és 4-szer 9-et. Végül felajánlottam, hogy átveszem a P&L-t. menedzsment teljes egészében. Apám először szkeptikus volt, de végül beleegyezett, hogy megpróbáljam.

Hirtelen olyan helyzetbe kerültem, ahol idősebb, tapasztalt kereskedők jönnek, és rendezik az egyenlegüket. Megkérdezném tőlük, hány darabot adtak el aznap, és gyorsan összevetném a számukat a saját rekordjainkkal. Némi mentális matematikával ki tudtam számítani a végső esedékes egyenlegüket.

Olumide Ogunsanwo: [Nevetés] Fenyegettél maffiózó stílusban, hogy eltörik a lábukat, ha nem fizetnek? Így működött?

Achani Samon Biaou: [Nevetés] Nos, nem egészen, de sok érzelmi intelligencia volt benne. Tanulmányoztam, hogyan kommunikált apám a kiskereskedőkkel. Például volt egy hölgy, aki gyakran küszködött a pénzügyei kezelésével, és mindig kifogásokat kínált a fizetési késedelemre vagy az eladósodásra. Olyan dolgokat hibáztatott, mint például, ha egy elhaladó autó vizet fröcsköl a kenyérkosarára, ami romlott árukat eredményezett, amelyeket nem tudott eladni, és kis részletekben, több hónapon keresztül fizetést kért. Bár ezek a dolgok bárkivel megtörténhetnek, vele úgy tűnt, hogy valami vagy a másik mindig nincs rendben. Amikor megérkezett, tudtam, hogy az a legjobb, ha kihagyom a kedveskedéseket, és a számokra koncentrálok: "80 750 CFA-val tartozol nekünk." Ez a megközelítés kiküszöböli panaszait és kifogásait.

Idővel kialakult bennem az érzék, hogy olvassam a kereskedők hangulatát, és megtanultam, hogyan kezeljem a nehéz beszélgetéseket a megfelelő üdvözlések és kis beszélgetések használatával a konfliktusok előrejelzésére és szétoszlatására. 7-8 éves koromban már beszedtem a kifizetéseket, nyomon követtem, hogy ki tartozik nekünk, és a készlethasználat figyelésével irányítottam a vállalkozás kínálati oldalát.

Olumide Ogunsanwo: Igen, fiatalon sokat foglalkozott a gazdasággal, a pénzgazdálkodással és minden mással. Ez ritka.

Achani Samon Biaou: Tisztán értettem, mit jelent többletet birtokolni és üzletet vezetni. Már gyerekkoromban is akkor fogtam fel az infláció fogalmát, amikor édesapám megemelte a bagett árát, hiszen éreztem a liszt áremelkedésének hatását. Fiatal koromban magas szinten ismertem és értettem ezeket a fogalmakat.

Olumide Ogunsanwo: Érdekes megjegyezni, hogy fiatalon tapasztalatot szerzett mind az üzleti, mind a személyes pénzügyek terén. Az előző történetből származó saját P&L kezelésében szerzett tapasztalatai, valamint édesapja kiskereskedőkkel való interakcióira vonatkozó megfigyelései, átfogó pénzérzéket biztosítottak a kapcsolódó, de különálló területeken. Bár az üzleti pénzügyek és a személyes pénzügyek nem ugyanazok, vannak értékes tanulságok, amelyeket át lehet vinni köztük. Figyelemre méltó, hogy 13 éves korod előtt volt lehetőséged mindkét tapasztalatot megszerezni.

Achani Samon Biaou: Az üzleti pénzügyi tapasztalatok már fiatalon megismerkedtem az ingatlanok világával. Családi házunk a piac főutcáján volt, és üzleteket adtunk ki kiskereskedőknek. Tudva, hogy havonta fizetik a bérleti díjat, és alkalmanként felmerültek javítási költségek, a pékségből származó nyereség és veszteség elveit alkalmaztam bérbeadásunk jövedelmezőségének kiszámításához. Kíváncsi voltam, hogy megtudjam, mekkora profitot termelnek a bolti kiskereskedők, és ebből mennyit szereztünk abból, hogy az üzleteket bérbe adjuk nekik.

Emlékszem, piackutatási eredményeimet megbeszéltem édesapámmal. "Kutatást végeztem a városban, és rájöttem, hogy az utcával két háztömbbel feljebb lévő földesurak hasonló bérleti díjat kérnek, mint mi. A mi elhelyezkedésünk azonban sokkal jobb, ezért többet kellene fizetnünk." Apám megkérdezte, honnan szereztem az információkat, és elmagyaráztam, hogy barátságot kötöttem a többi tulajdonos fiával vagy lányával, vagy kihallgattam egy beszélgetést.

Apám néha további információkat osztott meg: "Ez a boltos kevesebbet fizet, mert jó bérlő volt, de a vállalkozása nem megy jól, és nem engedheti meg magának, hogy többet fizessen." Ezeknek a beszélgetéseknek köszönhetően már fiatalon megismerkedtem az üzleti élettel kapcsolatos témák széles skálájával.

Olumide Ogunsanwo: Ez fantasztikus volt! Melyek azok a fő leckék, amelyeket kisgyermekkorod során tanultál, és amelyeket szeretnél összefoglalni?

Achani Samon Biaou: Van néhány tanulság:

1. Az alacsony jövedelmű családokból származó barátaimmal való interakcióból tanultam meg a pénz hiányának korlátait.

2. Korán megismerkedtem a pénzügyekkel és az üzlettel, mert apám könyvelője voltam.

3. Úgy kerültem ki a személyes pénzügyeknek, az önmenedzselésnek, hogy 11 évesen alapvetően a saját pénzügyeimet futottam el a szüleimtől.

Érdekes módon a fejlettebbek korábban jöttek, mert én támogattam a vállalkozást, mielőtt megismertem volna a személyes pénzügyeket.

Olumide Ogunsanwo: Mit szeretnél, ha gyerekként másként tudtál volna vagy csináltál volna másként, mielőtt egyetemre mentél?

Achani Samon Biaou: Bárcsak egy olyan nagy teljesítményű környezetnek lettem volna kitéve, ahol nem mindig én voltam az, akit legyőzni. Álláspontom illusztrálására álljon itt egy példa. Szülővárosomban akadémiailag kifogástalanul és folyamatosan az első helyen álltam az osztályomban. Amikor megérkeztem Cotonouba, egy másik fiú – aki később jó barátom lett – volt a domináns diák. Intenzív és koncentrált volt, míg én az idő nagy részében játékos voltam.

Olumide Ogunsanwo: [Mosolyog] Szereted a jókedélyt.

Achani Samon Biaou: [Smile] Igen, szerettem a jókedv, míg ő intenzív volt.

Egy vidéki területről származtam, ahol korlátozott volt az irodalom, ő pedig hozzáférhetett az irodalom széles skálájához, köztük Voltaire, egy híres francia író műveihez.

Édesapja kormányminiszter volt, míg édesapám vállalkozó volt, aki erősen elkötelezett a közösségi szerepvállalás iránt.

Életmódunk nagyon eltérő volt: neki autóhoz és sofőrhöz férhetett a városban, míg nekem a motoromra kellett hagyatkoznom, és magamnak kellett navigálnia az utakon.

Az összesített osztályzatai és az egyéni nagyérdeműi sok tárgyból magasabbak voltak, mint az enyém. A legtöbb dologban nagyon jó volt, és összességében nagyszerű volt.

Matematikában és fizikában kiváló voltam és felette álltam, de jobban teljesített olyan tárgyakból, mint a francia és a történelem. Mindenféle kifinomult szót tudott, és kiváló eredményeket ért el a francia vizsgákon. Nem sok ilyennek voltam kitéve, amikor vidéken nőttem fel.

Olumide Ogunsanwo: Bizonyos típusú kurzusok teljesítménye erősen korrelál az expozícióval.

Achani Samon Biaou: Valóban. Ez volt az első alkalom, amikor tudatosult bennem értelmetlenség.

Olumide Ogunsanwo: Ó, hú. Miért használsz ilyen erős szót: „értelmetlenség"?

Achani Samon Biaou: Csak egyszer lettem második, amikor vidéken voltam, ezért annyira haragudtam magamra. Megkérdőjeleztem, hogy kezdek-e csúszni, és miért nem tudtam megőrizni a felső pozíciót.

Olumide Ogunsanwo: Gyerekként sok egot fektettél abba, hogy a legjobb legyél. Az egód ehhez kötődött. Ezt mondod?

Achani Samon Biaou: Nem tudom, hogy így nevezném-e.

Olumide Ogunsanwo: Nem akarja beismerni, de így hangzik. Ezért megsérültél.

Achani Samon Biaou: Úgy éreztem, hogy előre kellett volna számolnom, és mindent meg kellett volna tennem, hogy az első helyre kerüljek. Az első helyre való törekvésemet nem az fűtötte, hogy összehasonlítottam magam másokkal, hanem a személyes kitűnési vágyam.

Olumide Ogunsanwo: Értem. Nem volt másokhoz viszonyítva. Belső motivációm is volt, hogy mások teljesítményétől függetlenül kitűnjek. Ez nem annak az eredménye, hogy összehasonlítottam magam másokkal.

Achani Samon Biaou: Az első vizsgasorozat után. Második lettem. Mindent uralt, ami nem matematika és fizika. Ez egy ébresztő volt számomra, mert rájöttem, hogy a francia nyelv sikere nem csak akaraterő kérdése; Több erőfeszítést kellett tennem a felkészüléshez. Ez a másik diák felfedte hiányosságaimat és tökéletlenségeimet, és egy ideig dühös voltam. A gyengébb teljesítményemet mindenféle kifogással próbáltam racionalizálni, például "egy államminiszter fia, így természetesen ingyen kapja ezeket a plusz forrásokat".

Egy ideig nem szerettem őt, és túlságosan hevesnek és feszültnek találtam.

Olumide Ogunsanwo: Nem volt elég játékos.

Achani Samon Biaou: Igen, egyáltalán nem volt játékos. Azt mondanám a barátaimnak: "Nem jó gyerek."

Végül rájöttem, hogy egy seggfej vagyok. A helyzet volt az összes motiváció, amire szükségem volt. Elmentem egy könyvesboltba, és a havi juttatásom felét arra használtam, hogy megvásároljam az összes klasszikus francia irodalmi könyvet, amit csak találtam. Hogy megengedhessem magamnak, kihagytam egy étkezést naponta, és nem szóltam a szüleimnek.

Olumide Ogunsanwo: Új éhező diétát kezdtél? [Nevetés]

Achani Samon Biaou: Igen. Arra a következtetésre jutottam, hogy nem kell annyira matematikát és fizikát tanulnom. Ehelyett irodalmi könyveket olvastam és új szavakat tanultam. Egy év alatt az irodalomban lemaradóból szinte versenyképessé váltam. Ugyanez a történelemmel. Az első év előtti teljes szabadságomat a tanulásnak szenteltem. Keményen dolgoztam, és kész voltam összetörni, amikor visszatértem Cotonouba.

Olumide Ogunsanwo: Intenzív voltál.

Achani Samon Biaou: Az intenzitásomat a tehetetlenség érzése váltotta ki. Nem tudtam nem elgondolkodni azon, hogy képes vagyok-e többre, mint amit jelenleg csinálok. Amikor a nyári szünet után visszatértem az iskolába, megdöbbenve vettem tudomásul, hogy a legnagyobb versenytársam egy francia iskolába igazolt Beninbe, ami megkönnyíti számára a későbbi franciaországi egyetemre való átállást. Számomra olyan érzés volt, mintha megszökött volna.

Azért osztom meg ezt a történetet, hogy rávilágítsak arra a vágyamra, hogy olyan emberek vegyenek körül, akik kiválóak voltak, még akkor is, ha nem ugyanazok a tantárgyak, amelyekben én jól teljesítettem. Bárcsak korábbi életkoromban megismerkedtem volna ilyen emberekkel. Visszatekintve úgy látom, hogy a vidéken eltöltött éveim egy része potenciálisan elvesztegetett, mert csak átlagos osztálytársak vettek körül, és nem voltam kitéve a legjobban teljesítő diákoknak.

Képzeld csak el, ha fiatalon lehetőségem lenne kapcsolatba lépni valakivel, mint Bill Gates.

Olumide Ogunsanwo: A különbség most az internet. Az emberek azonnal megismerkedhetnek, még akkor is, ha te vagy a legjobb a világon. Azelőtt nőttünk fel, hogy a számítógépek és az internet valóban létezett. Ha most olvassa ezt, könnyebb lesz.

Achani Samon Biaou: Értékes leckét tanultam, amely bizonyos fokú fájdalommal járt. Sajnálom, hogy nem találkoztam korábban a barátommal, talán még az északon töltött idő alatt. Ha hamarabb találkoztam volna vele, életemben korábban felkeltettem volna érdeklődésemet a francia és a földrajz iránt.

Most már értem, hogy amikor jártas leszek egy adott területen, könnyen szem elől tévesztem a még előttem álló növekedést és fejlődést. Ebből következően tudatosan törekedtem arra, hogy új tapasztalatokat szerezzek, és szélesítsem kitekintésemet. Gyakran utazom, új barátokat szerzek, és aktívan igyekszem megérteni a legfrissebb ötleteket és trendeket különböző területeken.

Találkozunk a következő fejezetben!

2C: Az önbizalom és az önellátás alapelvei

Olumide Ogunsanwo: A könyv minden fejezetében az élettörténetünkről beszélünk, majd a pénzügyi függetlenség konkrét alapelveiről beszélünk, amelyek szerintünk a leginkább relevánsak a történetek szempontjából. Ebben a fejezetben az önbizalom és az önbizalom elveiről fogunk beszélni. Kezdjük az önbizalommal.

Az önbizalom az egyénnek abban a hitében, hogy képes elérni a célokat és leküzdeni az akadályokat. Az anyagi függetlenséghez cselekvésre van szükség, és ezek a tettek az Ön gondolkodásmódján alapulnak. Ezért az önmagunkba vetett hit, amely magában foglalja az önértékelést, az önértékelést és az információfeldolgozás módját, az egyik első lépés az anyagi függetlenség elérése felé.

Achani Samon Biaou: Ha utasként éli végig az életét, és azt csinálja, amit mindenki más, akkor nehéz lehet elérni az anyagi függetlenséget. Ez cselekvést igényel. Ahhoz, hogy cselekedni tudj, hinned kell benne, mert a társadalom azt mondja, hogy csak 70 évesen mehetsz nyugdíjba. Kezdhetsz azt gondolni, hogy az anyagi függetlenné válás rendkívüli erőfeszítést vagy készségeket igényel, amelyekkel nem rendelkezel. Le kell küzdened ezen, és el kell hinned, hogy megvan a képességed az anyagi függetlenség elérésére, és ez az, amire igazán vágysz.

Olumide Ogunsanwo: Az önbizalom ereje nem az anyagi függetlenségből fakad, hanem abból, ha valami értelmeset teszünk az életben.

A legtöbb önéletrajzban fordulópont az, amikor az ember rájön, hogy valóban képes változtatni a világon. Valójában megtehetnek valamit, ami számít. Az emberi lények rendkívül tehetséges lények, de csak akkor, ha elhiszik, hogy megvan a hatalom. Ha nem hiszed el, hogy megvan a hatalom, nem teszel semmit.

Például azok, akik azt hiszik, hogy elnökké válhatnak, nagyobb valószínűséggel tesznek lépéseket e cél felé, mint azok, akik ezt nem tudják felfogni. Míg ez a fejezet a gyermekkori élményekre összpontosít, tanulságai minden korosztályra vonatkoznak.

Nem kell ugyanazon az úton maradnod, amely elvezetett idáig az életedben. Lehet, hogy más módokon is elérheti az élettől, amit akar, anélkül, hogy folytatná jelenlegi tervét. A tanulás arról szól, hogy megváltoztasd a gondolkodásmódodat, és kitedd magad a különböző gondolkodásmódoknak.

Ha ezt a könyvet olvassa, valószínűleg Európában vagy Amerikában, vagy a fejlődő világ gazdagabb részén él. Ez valószínűleg azt jelenti, hogy számos olyan előnnyel rendelkezik, amelyeket mások a világon el sem tudnak képzelni (tiszta elme, egészséges test, és bármikor hozzáférhet az interneten keresztül minden kívánt információhoz). A kiindulópont az, hogy megváltoztasd a gondolkodásmódodat, és elhiggyed, hogy bármi lehetséges az életedben. Ez a perspektíva növeli a tudatosságot az olyan erőforrások megtalálásával és felhasználásával kapcsolatban, amelyek mindig is rendelkezésére álltak.

Achani Samon Biaou: Lendületet kell tudni teremteni. Mit jelent ez az önbizalom szempontjából? Először is olyan dolgokkal és emberekkel kell benépesíteni a környezetedet, amelyek elhitetik veled, hogy meg tudod csinálni, és el kell távolítanod azokat a dolgokat és embereket, akik az ellenkezőjét hitetik veled.

Olumide Ogunsanwo: Még akkor is, ha ők a családod és a barátaid. Egyes embereknek részben azért van negatív énképe, mert negatív dolgokat mondtak nekik partnerük, férjük, feleségük, barátnőjük, nővérük, apjuk, anyjuk, tanáruk, főnökük stb. El kell különülnie ezektől az emberektől, és el kell jutnia egy olyan helyre, ahol úgy gondolja, hogy méltó.

Ellenkező esetben ezek a negatív hatások visszahúzzák. Minél idősebb leszel, annál könnyebb. Úgy tűnik, hogy az idősek meg vannak békülve önmagukkal, és kevésbé fontosnak tartják azt, hogy mások hogyan vélekednek róluk, mert megszerezték azt a tudást, hogy az önértékelés belülről fakad, és mások nem foglalkoznak velük úgy, mint gondolnák. Ha Ön fiatalabb, elkezdheti ezt művelni, és megértheti, hogy mások sokkal többet törődnek magukkal, és nem töltenek időt azzal, hogy rád gondoljanak. Ezért senki sem tudja meghatározni, hogy ki vagy. Te határozod meg az értékedet az életben.

Achani Samon Biaou: Ahhoz, hogy higgyen önmagában, edzeni kell az elméjét, hogy bízzon a képességeiben. Az egyik hatékony módszer a kis lépések megtétele céljai felé, ami idővel a sikerélményt építi. Ahogy a hobbikban, sportban vagy akadémiában kiskoruktól kezdve kiemelkedően teljesítő gyerekek erősebben hisznek a képességeikben, úgy Ön is kifejlesztheti azt a szokást, hogy következetes gyakorlással higgyen önmagában. Például a rendszeresen teniszező gyerekek rendszeres gyakorlással csiszolják tudásukat, ami nagyobb bizalomhoz vezet abban, hogy nem csak a teniszben, hanem más sportágakban is kiválóan teljesítenek.

Aktívan távolítsd el azokat az embereket, akik elhitetik veled, hogy nem tudsz megtenni dolgokat, és adj hozzá olyan pozitív hatásokat, amelyek miatt úgy érzed, képes leszel elérni életcéljaidat.

Olumide Ogunsanwo: Ez a könyv az alsóbbrendűek, a kívülállók, a kisebbségek és a bevándorlók számára vonzó lesz. Természetesen a könyv mindenkinek szól, mert a pénzügyi függetlenség elvei egyetemesek.

Ha alávalóként, kívülállóként, kisebbségként vagy bevándorlóként azonosítja magát, fontos felismernie, hogy az új helyzetek próbára tehetik önbizalmát és önbizalmát. Ha előre felkészül, rugalmas és koncentrált maradhat, miközben ismeretlen területen navigál. Például, ha Ön egy ugandai bevándorló, aki Dél-Dakotába költözik, akkor olyan új környezetbe kerül, ahol az emberek több mint 90%-a nem úgy néz ki, vagy nem úgy viselkedik, mint te. Dupláznia kell az önegyüttérzés és az öngondoskodás gyakorlatát, hogy megőrizze önbizalmát és önképét, miközben eligazod az új környezet kihívásai között.

Achani Samon Biaou: Szeretnék hangsúlyozni egy kapcsolódó pontot az identitásról. A bevándorló családok gyakran szembesülnek azzal a kihívással, hogy olyan gyerekeket neveljenek, akik elszakadtak kulturális gyökereiktől, és identitásválsággal küzdenek.

Ennek egyik hatékony módja az, ha arra bátorítjuk a gyerekeket, hogy teljes mértékben magukévá tegyék kulturális örökségüket, például anyanyelvükön beszélve vagy hazájukba látogatva. Ez segít a gyerekeknek jobban érezni magukat, és erősebb identitástudathoz és önbizalomhoz vezethet. Ebben a megközelítésben a gyerekek teljes mértékben magukhoz ölelhetik gyökereiket, és elmondhatják például, hogy nigériai származású amerikaiak. Teljesen magukévá teszik ezt az identitást anélkül, hogy szégyellnék azt.

Alternatív megoldásként egyes bevándorló családok dönthetnek úgy, hogy teljesen felveszik annak az országnak az identitását, ahová költöztek, például arra ösztönzik gyermekeiket, hogy magukévá tegyék amerikai identitásukat. Fontos, hogy teljes mértékben elkötelezzük magunkat egy megközelítés mellett, ahelyett, hogy félig-meddig megközelítést alkalmaznánk, ami zavartsághoz és az én önérzetének tisztázatlanságához vezethet.

Olumide Ogunsanwo: Az önbizalmat belső és külső tényezők egyaránt alakítják, beleértve a környezetet is. Míg az életkor előrehaladtával Ön jobban irányítja környezetét, a gyerekek nagymértékben függenek szüleiktől és tanáraitól, hogy alakítsák környezetüket. Ezért kulcsfontosságú, hogy a szülők és a tanárok pozitív önképre, önértékelésre és önbizalomra ösztönözzék a gyerekeket. Erős önbizalomhiány nélkül a gyermekek jelentős pszichológiai akadályokkal szembesülhetnek az énképük felfogásának javítása és a negatív minták megtörése terén későbbi életük során, amikor végül elindulnak a személyes fejlődés és az anyagi függetlenség útján.

Néhány könyvajánlás az önbizalom gyakorlásának és életmódjának ápolásához:

Victor Frankl „ Az ember értelme keresése ”. [1]Egy holokauszt-túlélő története, aki annak ellenére, hogy hihetetlen kihívásokkal néz szembe egy náci koncentrációs táborban, még mindig hitt abban, hogy képes megtalálni a célját.

Brian Tracy „ Maximális teljesítménye ”. [2]Annak ellenére, hogy jelentős nehézségekkel kellett szembenéznie, beleértve a napszámos munkát, az iskolából való kihagyást, és a családja támogatásának hiányát, Brianben végül erős önbizalma alakult ki. Ez az önmagába vetett hit segített neki abban, hogy beindítsa személyes fejlődését, és egy teljes életet teremtsen magának.

Ez a két könyv segíthet az embereknek fejleszteni önmagukba vetett hitüket és megérteni korlátlan lehetőségeiket. Az igazi változás a gondolkodásmódon, a filozófián, a hozzáálláson és a belső párbeszéden való munkával kezdődik. Csak akkor tehet lépéseket a személyes fejlődés és az anyagi függetlenség érdekében.

Most, hogy lezártuk az önmagunkba vetett hitet, továbblépjünk az önellátás kapcsolódó fogalmára?

Achani Samon Biaou: Igen. Az önellátás a saját erőfeszítéseire és

1. https://www.amazon.com/Mans-Search-Meaning-Viktor-Frankl-ebook/dp/B009U9S6FI

2. https://www.amazon.com/Maximum-Achievement-Strategies-Skills-Succeed-ebook/dp/B004PY-DB1C

képességeire való támaszkodás. Képzelj el két gyereket, akiket megkérnek, hogy vegyenek egy poharat egy magasan álló fiókból. Az egyik gyerek kereshet valamit, amire felmászhat, hogy megszerezze, a másik pedig felhívhatja a szülőt, és kérheti, hogy emeljék fel. Az első gyermek önálló. A második még mindig támogatási rendszeren gondolkodik.

Olumide Ogunsanwo: Kétféleképpen lehet gondolkodni a problémamegoldásról. Vagy (1) kreatívan gondolkodhat azon, hogyan oldhatja meg a problémát egyedül, vagy (2) gondolkodhat azon, hogy ki tud segíteni a probléma megoldásában.

Az önellátás hiányával az a probléma, hogy a többi emberre való támaszkodás csak egy részhalmaza a teljes megoldási térnek. Az ember természetesen közösségi faj, ezért természetes, hogy találunk embereket, akik segítenek a megoldások megalkotásában. Ha azonban alapértelmezés szerint azt választja, hogy mások hogyan tudnak neked segíteni, akkor valószínűleg nem igazán gondolkozol a benne rejlő lehetőségekre. Néha csak te tudod megoldani a problémát.

Achani Samon Biaou: Ha választanod kell a teljes függetlenség szélsősége és a másoktól való teljes függés között, jobb a függetlenség szélsőségével kezdeni. Ha egész életedben arra kérsz embereket, hogy tegyenek meg valamit helyetted, soha nem fogod megtanulni, hogyan kell csinálni. És amikor ezek az emberek elmennek, be fogsz csapni.

Az önellátással való kezdés segít megérteni a probléma természetét. Ha saját maga próbálja megoldani a problémákat, jobban meg tudja ítélni bárki más munkájának minőségét, akivel esetleg partnere lesz.

Az önellátás elengedhetetlen az anyagi függetlenség eléréséhez is. A kíváncsiság érzését ébreszti, amely arra késztet, hogy megtanulja, hogyan kell megoldani a problémákat, és az ebből eredő sikerélmény mélyen kifizetődő lehet. Ha önállóan teljesítesz egy feladatot, büszke vagy magadra, és ez a pozitív visszajelzés új kihívások elfogadására ösztönöz.

Az önellátás egy erényes körforgás, amely nagyobb függetlenséghez, sikerhez és személyes elégedettséghez vezethet.

Olumide Ogunsanwo: Samon és én azt fontolgattuk, hogy a korai felelősség elvét is beépítjük a fejezet koncepcióinak ötletelésébe. Ezt az ötletet Samon gyermekkori élményei ihlették, amikor már egészen kicsi korától lehetőséget kapott különféle dolgok kipróbálására és felelősségvállalásra. A korai felelősségvállalás és a függetlenség szorosan összefügg.

Szülőként érdemes átgondolni, hogyan működik együtt ez a két fogalom. Ha felelősséget ruház gyermekére, és képességei határáig szorítja, az előnyös lehet a fejlődése szempontjából. Ha látja, hogy rájuk bízza a feladatokat, függetlenebbé válnak, ami felnőttként értékes tulajdonság.

Az önellátás ellentéte, hogy mindenki másban bízik, hogy segít megoldani élete problémáit. Az anyagi függetlenség azonban megköveteli, hogy olyan döntéseket hozzon és tegyen lépéseket, amelyek megváltoztatják jelenlegi pályáját, és jobb személyes pénzügyi pályára állítanak. Hogyan támaszkodhat másokra, ha Ön felelős a tettekért? Nem teheted, tanulj meg magadra hagyatkozni.

Tegyük fel például, hogy csökkentenie kell a lakhatási költségeit, mert ezzel egy bizonyos életkorig anyagilag függetlenné válhat. Jobb először megkérdezni az embereket, hogyan csökkentették lakhatási költségeiket? Hogyan vonatkozna Önre a válaszuk, ha csak Ön tudja, hogy milyen típusú lakáshelyzet felel meg egyedi ízlésének, preferenciáinak és vágyainak? Bizonyára jobb belülről kezdeni, mielőtt külső segítséget kérne.

Achani Samon Biaou: Mit tehetnek az emberek az önellátás fejlesztéséért? Ne csak videojátékokat vagy pénzkezelést szimuláló játékokat vásároljon gyermekeinek, hanem bátorítsa őket valódi pénz kezelésére.

Nem kell vállalkozást vezetnie ahhoz, hogy megtanítsa őket a pénzügyi felelősségvállalásra – a háztartás költségvetésének kezelése nagyszerű módja a kezdésnek. Például megadhat nekik egy költségvetést a háztartási kiadásokra, és megkérheti őket, hogy segítsenek kezelni és jóváhagyni a kiadásokat. Ez tulajdonosi érzést ad bennük, és értékes készségekre tanítja őket. Ezenkívül átadhatja nekik a bevásárlási utakról szóló nyugtákat, hogy gyakorolhassák a fejszámolást, és megértsék a dolgok költségeit, valamint azt, hogy ez hogyan befolyásolja a háztartás költségvetését. Az ilyen típusú valós tanulási lehetőségek biztosításával elősegítheti, hogy gyermekei önállósodjanak, és felelősségteljesebb felnőttekké váljanak.

Olumide Ogunsanwo: Magyarázza el, hogyan működnek az adók. Ha azt kérdezik, hogy miért fizetett 42 dollárt, amikor az összes vásárolt cikk összege 40 dollár volt, mondd el nekik, mert 2 dollár jár a kormánynak forgalmi adóként.

Achani Samon Biaou: Pontosan, az egyik módja annak, hogy segítsük a gyerekeket problémamegoldó készség fejlesztésében, ha megbirkózunk a kiadások kezelésével kapcsolatos egyszerű problémákkal. Például feltehet nekik olyan kérdéseket, mint "Mit kell csökkentenünk vagy növelnünk a kiadásaink optimalizálása érdekében?" Ez segíthet bennük a kritikus gondolkodási készségek és a felelősségérzet fejlesztésében. Amikor a szülők azt mondják, hogy a gyerekek túl kicsik bizonyos dolgok elvégzéséhez, az gyakran azért van, mert a szülők nem tudják, hogyan csinálják ezt megfelelően. Egyes szülők azt mondják: „hagyd, hogy a gyerekek gyerekek legyenek". Vigyáznunk kell, nehogy összekeverjük a dolgokat. Nem azt mondom, hogy írasd be a gyerekeidet gyerekmunkára.

Olumide Ogunsanwo: Vagy küldje el őket katonai iskolába [Nevetés]

Achani Samon Biaou: Nem szabad lelassítania gyermeke növekedését. Úgy gondolom, hogy ha gyermeke nem intézi otthon az Ön pénzügyeit, valószínűleg már le van maradva az életben. Édesapám vállalkozásának könyvelését végeztem 7 éves koromban. Megkérheti a gyermekét, hogy könyvelje el a háztartását 10 éves kora előtt, és egészen biztos vagyok benne, hogy a háztartás könyvelése kevésbé bonyolult, mint az üzleti könyvelés.

Olumide Ogunsanwo: Ez nagyon szorosan összefügg az önbizalommal. Ha felnőttként, szülőként magas az önbecsülése, és bízik önmagában, nagyobb valószínűséggel ruházza át gyermekét a felelősséggel. Ha kételkedsz magadban, alacsony az önbecsülésed, előfordulhat, hogy nem vagy hajlandó felelősséget vállalni gyermekedre. Ezért egyesítettük ezeket a fogalmakat – az önbizalom, az önellátás és a kisgyermekkori felelősség.

Ahogy öregszel, felelősséget kell vállalnod saját életedért. Furcsának tartom, hogy egyes emberek, akik már nem gyerekek, és a 20-as vagy 30-as éveikben járhatnak, még mindig arról beszélnek, mit tettek velük a szüleik, amikor gyerek voltak. Sajnálom, hogy ezt mondom, de ha elmúltál 18, akkor felelősséget kell vállalnod az életedért.

Arra buzdítom az embereket, hogy értsék meg, fogadják el, tanuljanak, és lépjenek tovább abból, ami gyermekként történt velük. A felelősségvállalás és az életed irányításának része a múlt elengedése, megbocsátás azoknak, akik megbántottak, és nem váltották be az elvárásaidat.

Tudom, hogy könnyű kimondani, és nem ismerem mindenki konkrét helyzetét. Tudomásul veszem, hogy. Biztos vagyok benne, hogy mindenki átesik a dolgokon, de felnőttként jobb, ha megtanulod, amire szükséged van a múltból, és továbblépsz. Bocsáss meg mindenkinek, aki csalódást okozott neked, és lépj tovább, és vállald a felelősséget saját életedért. Ne keress kifogásokat. Higgy magadban, támaszkodj magadra, és várd, hogy mindent megkapj az élettől, amit csak akarsz.

Ne hagyd, hogy a tegnapod emberei befolyásolják a mai napot. Ne hagyd, hogy múltad szellemei kísértsék jelen valóságodat. Még előtted van az egész életed, hogy úgy élvezd, ahogy szeretnéd. Az ellenük tartott haragok olyan láncok, amelyeket közvetve önmagad ellen tartasz. Nehéz hinni magadban vagy magas önbecsülésed van, ha még mindig kötözködsz gyermekkorod haragjához. Az önmegbocsátás egy olyan utazás, amelyre mindannyian elindulhatunk, felszabadítva magunkat a múlt szorításából, és felhatalmazva magunkat arra, hogy megteremtsük a vágyott jövőt.

Achani Samon Biaou: Olyan megjegyzéseket fogok tenni, amelyek ellentmondásosnak tűnnek, de nem szabad, hogy azok legyenek. Ha a vagyonát arra használja, hogy gyermeke ne legyen önálló, akkor rossz szolgálatot tesz neki. Például, ha üzleti osztályon repül, és gyermekével van, helyezze őt turistaosztályra a világ többi részével. Egy gyereknek nincs dolga üzleti osztályon ülni. Időszak.

Másodszor, ha a gyermekével kapcsolatos tapasztalatai között szerepel, hogy állandóan divatos éttermekbe jár, próbálja meg egyszerű éttermekbe is elvinni, hogy változatos látásmódot kaphasson.

Olumide Ogunsanwo: Mint a McDonald's [Nevetés]

Achani Samon Biaou: Ha a gyermeke pénzt kér, hogy valami luxust vásároljon, adjon neki a pénz egyharmadát. Kérd meg őket, hogy találják meg a módját, hogyan szerezzenek egy harmadikat, jöjjenek vissza, és talán odaadod nekik a maradék harmadikat. Állítsa gyermekét az önellátás útjára.

És ahogy Olumide korábban mondta, egyesek idősebbek, házasok stb., és mégis arról beszélnek, mit tettek értük a szüleik gyerekként. Nem csak valószínűleg tönkreteszi a kapcsolatát, de fel sem fog nőni. Találja meg a módját, hogyan kezelje egyedül a dolgokat. Addig nem nőttél fel, amíg meg nem találtad a módját, hogy egyedül intézd el a dolgokat, függetlenül attól, hogy szüleid, barátaid vagy családod mit tettek veled.

Továbbá, ha 18 éves vagy, és főiskolára készülsz, ne menj a családod közelében lévő főiskolára. Menj messzire, ahol a szüleid nem érnek el könnyen. Kezdje el félretenni a szülei pénzét, és dolgozzon azon, hogy növelje.

Ne kérd a szüleidet, hogy adjanak neked dolgokat, kérj tőlük kölcsön. Helyezze magát olyan helyzetbe, ahol teljes felelősséget kell vállalnia az életét mozgató dolgokért.

Olumide Ogunsanwo: Van egy szorosan összefüggő koncepció a fix versus növekedés gondolkodásmódról. A rögzített gondolkodásmód azt jelenti, hogy készségekkel, képességekkel, tudással, intellektussal jövök erre a világra, és ezek életem hátralévő részében rögzülnek.

A növekedési gondolkodásmód ennek az ellenkezője. Készségek, tudás, értelem, képességek halmazával jövök erre a világra, és ezeket idővel fejleszthetem és fejleszthetem. Megdöbbentett, hogy bárki hinni fog a rögzült gondolkodásmódban, mert egyértelműen tanulunk és folyamatosan fejlődünk. Folyamatosan fejlődsz, fejlődsz, tanulsz és új dolgokat próbálsz ki, és fontos, hogy az emberek ezt a lehető legkorábban beépítsék a gondolkodásmódjukba.

Bármit megtanulhatsz, amit csak akarsz. Jelenleg 38 éves vagyok, dönthetnék úgy, hogy űrhajós leszek, részt veszek néhány kurzusban, diplomát szerezhetek, és űrhajós leszek. Hogyan hiheti el valaki, hogy ez nem lehetséges számodra, ha mások csinálják? Természetesen megteheti. Ember vagy korlátlan lehetőségekkel, és bármit megtehetsz, amit akarsz.

Elhiheted, hogy mások jobbak, okosabbak, vonzóbbak nálad, és ezért többet érdemelnek az élettől, mint te. Nos, azért vagyok itt, hogy elmondjam, ez nem igaz. Kialakult benned egy kisebbrendűségi komplexus, amiből ki tudsz szabadulni. Az a tény, hogy ezt még el is hiszed, visszaköszön az önbizalmadhoz. Ezért olyan fontos ez a fejezet.

Az önbecsülés szintje elhiteti veled, hogy rosszabb vagy másoknál. Te nem. Az emberi lények rendkívül erősek. Ha időt szán új készségek elsajátítására, információk megszerzésére, emberekkel való találkozásra, bármit tanulhat és megtehet. A növekedési gondolkodásmód rendkívül fontos, és fontos, hogy ezt a lehető legkorábban művelje, mert önmagára épül. Így indult ez a könyv. 2020-ban azt hittem, hogy tudok podcastot csinálni, és találkoztam Bankole-lal, és elkezdtük az Afrobility-t. És a podcast miatt Samonnal létrehoztuk ezt a FIREDOM könyvet.

Achani Samon Biaou: Mielőtt a gyerekei elég okosak lennének a lázadáshoz, készítsenek interjút a barátaikkal, és ne lássák azokat, akik nem mennek át az interjún. Adok egy mintainterjúkérdést, kérdezze meg gyermeke leendő barátját, hogy mennyire jó matekból. Ha azt válaszolják, hogy egyszerűen nem jó matekból, azonnal akadályozza meg gyermekét abban, hogy találkozzon ezekkel a barátokkal.

Egy másik fontos szempont, amit figyelembe kell venni, hogy a drága iskolák nem feltétlenül egyenlőek a jó iskolákkal. Amikor a gyerekek iskolába adásáról van szó, két fő oka van: a szocializáció és a tanulás. Szülőként alaposan meg kell fontolnia, mit remél elérni a szocializációval. Ha van olyan iskola, ahol a tanulók többsége pozitív hozzáállással rendelkezik: "Bármit meg tudok csinálni", akkor jó ötlet lehet gyermekét abba az iskolába beíratni. Ennek az az oka, hogy a gyerekek, mivel erősen befolyásolhatók, hajlamosak átvenni a körülöttük élők gondolkodásmódját és viselkedését.

A franciaországi oktatói pályafutásom során megfigyeltem, hogy sok gyerek a „matematika nehéz" gondolkodásmódjáról a tekintélyes előkészítő iskolákba való felvételre vált. Segíthettem nekik, hogy megkérdőjelezhessék azokat a negatív narratívákat, amelyeknek ki voltak téve, és megváltoztassák a nézőpontjukat, ami végül sikerükhöz vezetett.

Olumide Ogunsanwo: A „nem vagyok jó X-ben" kijelentés nem építő jellegű, mivel önkorlátozó hitet képvisel. Például soha nem mondanám, hogy valamiben nem vagyok jó, például főzök, mert tudom, hogy ahhoz, hogy jobban tudjak főzni, nem kell mást tennem, mint felmenni az internetre, letölteni néhány receptet, gyakorolni, ismételni, és jobb leszek. Ha azt mondod, hogy nem vagyok jó X-ben, az önkorlátozó hiedelem, mert az önbizalmad és az önértékelésed nincs ott, ahol lennie kellene. Ismerd fel, hogy ha egy másik személy meg tud tenni valamit, akkor te is meg tudod csinálni. Szakítottak időt, hogy megtanulják. Ez azt jelenti, hogy te is megtanulhatod.

Összefoglalva, az önellátás elősegítése érdekében elengedhetetlen az önkorlátozó hiedelmek feladása és a növekedést elősegítő gondolkodásmód elfogadása. Ha olyan forrásokat keres, amelyek segíthetik ezt a folyamatot, íme néhány ajánlott könyv az önellátásról:

Az első könyv a „ Me, Inc ³", Gene Simmonstól. Ez elképesztő! Egy Amerikába költözött bevándorló történetét meséli el, aki alkalmazkodott az amerikai rendszerhez, megtanult angolul beszélni, és a világtörténelem egyik legnagyobb rockbandája, a Kiss énekese lett. Elképesztő! Imádom ezt a könyvet. A valaha írt egyik leginkább alulértékelt könyv.

---

3.   https://www.amazon.com/Me-Inc-Build-Unleash-Business-ebook/dp/B00I2PG3TW

Ayn Rand két könyve: „ A szökőkútfej [4]” és „ Atlas vállat vont [5]”. Ayn Rand hihetetlen író, mert könyvei arról szólnak, hogy megértsék az emberekben rejlő potenciált, hogy nagy dolgokat tegyenek, ha hisznek magukban a külső körülményektől függetlenül.

Végül Mitch Albom „ Kedd Morrie-vel [6]” című része. A könyv az élet mélyreható aspektusaiba ásva megtanít bennünket az együttérzés, a szeretet és az elfogadás értékére. Az egyik leghatásosabb lecke, amit levontam belőle, hogy ha elfogadjuk halandóságunkat, és elismerjük, hogy a halál vár mindannyiunkra, egyedülálló perspektívát nyerünk az önbizalom, az önmegbocsátás és az önszeretet gyakorlásában. Erőteljes emlékeztetőül szolgál, hogy az élet törékeny és véges, és arra ösztönöz bennünket, hogy hitelesen, kedvesen és hálával éljünk.

Fantasztikus! Ezzel ezt a fejezetet lezárjuk, és találkozunk a következőben.

---

4.   https://www.amazon.com/Fountainhead-Ayn-Rand-ebook/dp/B002OSXDAU

5.   https://www.amazon.com/Atlas-Shrugged-Ayn-Rand-ebook/dp/B003V8B5XO

6.   https://www.amazon.com/Tuesdays-Morrie-Greatest-Lesson-Anniversary/dp/076790592X

3: Egyetemi történetek és az önálló gondolkodás és kíváncsiság elvei

Olumide Ogunsanwo: Ez a fejezet arról szól, hogy Samon és én új országokba költözünk, és fiatal felnőttként elkezdjük az egyetemet. Ez minden kívülálló vagy esélytelen számára releváns, aki újonc a környezetben. Kíváncsian várom a beszélgetést, Samon európai egyetemi kalandjait, és amerikai egyetemi kalandjaim felidézését.

Achani Samon Biaou: Alig várom, hogy feltárjam azokat az elveket, amelyek a legrelevánsabbak voltak azokban az egyetemi években:

Kíváncsiság, ami azt jelenti, hogy minden érzékszervedet nyitva tartod, mindent magadba veszel, és azon tűnődsz, amik esetleg nem állnak előtted

Független gondolkodás, amely megköveteli, hogy saját ítéletet hozzon, ahogyan a világban él, a FOMO (Fear Of Missing Out) állandó veszélye miatt.

Olumide Ogunsanwo: Légy kíváncsi, és gondold át magad, mi lehet ennél a két dolognál fontosabb?

Achani Samon Biaou: Izgatottan várom, hogy megvitassuk, hogyan tudtuk kitenni magunkat új környezeteknek, és fenntartani a jogot, hogy életünk egyedüli szuverén döntéshozói legyünk.

3A: Olumide Egyetem története

Achani Samon Biaou: Hol és mikor kezdődött és fejeződött be az egyetemi tapasztalata?

Olumide Ogunsanwo: Az egyetemi tapasztalataim 16 éves koromban kezdődtek (2001-ben), és 21 éves koromban (2006-ban) ért véget.

Achani Samon Biaou: Ugyanabban az országban volt a tapasztalata?

Olumide Ogunsanwo: Két különböző egyetemre jártam. Elsődleges egyetemi tapasztalatom Amerikában volt 17 és 21 éves korom között. Ezt megelőzően azonban egy nigériai egyetemre is jártam egy rövid ideig, 16 és 17 éves korom között. Ebben a beszélgetésben mind a kettőről fogok beszélni. ezeket a tapasztalatokat.

A nigériai University of Lagos-on (UNILAG) kezdtem 2001-ben. Először is 2001-ben a nigériai University of Lagos-on (UNILAG) kezdtem egyetemi utam. Az ott töltött idő alatt meg kellett tanulnom, hogyan kell eligazodni az élményben. . Minden nap autóval jártam iskolába, mivel nemrég tanultam meg vezetni néhány hónappal az egyetem megkezdése előtt. Ez a családomtól való újonnan felfedezett függetlenség felszabadító volt, és úgy éreztem, hogy nagyobb irányítás és hatalmam van az életem felett. Most már függetlenebb lettem a családomtól.

Egy évvel később, 17 évesen az Illinois Institute of Technology-ba (IIT) költöztem Amerikába, hogy folytassam egyetemi tanulmányaimat. Vegyészmérnöknek végeztem, mert szerettem a matematikát, a fizikát és a kémiát. Emlékszem, amikor először leszálltam Chicagóba, a környezet szebbnek és tisztábbnak tűnt Lagoshoz képest. Ez volt az első tapasztalatom mosógéppel, vegytisztítóval, automatával, és ételrendeléssel egy étteremből.

Most összpontosítsunk tapasztalataim pénzügyi vonatkozására. Ez egy lehetőség volt a költségvetésem kezelésére. A szüleim biztosítottak nekem egy pénzösszeget, és azt mondták, hogy találjam ki, hogyan kezelhetem Amerikában.

Achani Samon Biaou: Gyakori, hogy a nigériai szülők ezt teszik?

Olumide Ogunsanwo: Nem tudom, mit csinálnak más szülők. Ez egy

17 éves fiú számára erőt adott, úgy éreztem, hogy van egy korlátozott mennyiségű pénzem, amit meg kell keresnem. A szüleim egyértelművé tették, hogy nem tudják, mi lesz, ha elfogy a pénzem. Ha előtte megadatott volna a választásnak, valószínűleg több felügyeletet kértem volna. Visszatekintve azonban rájöttem, hogy a nagyobb felelősségvállalás pozitív élmény volt számomra.

Achani Samon Biaou: [Smile] Ön kezelte saját eredmény-kimutatásait (Profit & Loss kimutatások).

Olumide Ogunsanwo: Szórakoztató volt. Emlékszem, amikor először rendeltem ételt. A Kung Pao csirke volt a kedvencem. Úgy éreztem, jobban irányítom az életemet.

Achani Samon Biaou: Érdekes. Hogyan befolyásolta ez az anyagi függetlenségről alkotott gondolkodását?

Olumide Ogunsanwo: Nem gondoltam rá. Soha nem hallottam az anyagi függetlenség fogalmáról. Csak arról volt szó, hogy a pénzemmel gazdálkodjak, hogy tovább tartson. Én találtam ki a saját szaromat. Például kihagyhattam volna az órákat és megbukhattam volna. Az amerikai egyetemeken senkit nem érdekel, hogy mit kezdesz az időddel, ezért a rendszer úgy van beállítva, hogy nagyobb autonómiát kapj. A helyzet egyértelmű volt: bevándorló voltam, Chicagóban élő nigériai. El kellett készítenem és működni kellett. És megtettem – osztályomban megszereztem a legmagasabb érettségit, és élveztem az utazást. Elég jól sikerült, és élveztem az egyetemi tapasztalataimat.

Megtanítottam magam néhány alapvető személyes pénzügyi készségre is, elsősorban a kiadások csökkentésére összpontosítva, nem pedig a bevételem növelésére. A főiskolai tapasztalataimból azonban az volt a legjelentősebb, hogy megtanultam kezelni magam.

Achani Samon Biaou: Amikor az egyének olyan országokból költöznek Amerikába, amelyek kevésbé koncentrálnak a fogyasztásra, hirtelen izgalmat és késztetést tapasztalhatnak, hogy többet költsenek. Érezted a kísértést, hogy túl sokat költs? Ha igen, hogyan kezelted? Másrészt, ha nem érezte a kísértést, mi akadályozta meg, hogy engedjen neki?

Olumide Ogunsanwo: Az agyam úgy van bekötve, hogy szeretek pénzem lenni. Inkább legyen pénzem, minthogy elköltsem. Például az egyik első félévemben kalkuláltam, és kellett a tankönyv. A kibaszott tankönyv 175 dollárba került. Ennek semmi értelme nem volt, így megtanultam használt tankönyveket vásárolni. Felfedeztem, hogy vásárolhatok egy használt tankönyvet 100 dollárért az iskolai portálon keresztül, vagy 80 dollárért közvetlenül olyan tanulóktól, akik korábban elvégezték a számítástechnikai tanfolyamot.

Szeretem a hatékonyságot. Lehet, hogy ez egy pszichológiai bekötés, vagy azért, mert egy fejlődő országból származom. Nem tudom a pontos okát. Számomra sokkal értelmesebb volt pénzt megtakarítani és magamnak tartani, mint dolgokra költeni.

Achani Samon Biaou: Van egy idézhető pillanat. Az agyam arra volt bekötve, hogy legyen pénzem, nem pedig arra, hogy elköltsem.

Olumide Ogunsanwo: Igen, lélektanilag jobb volt látni, hogy pénz gyűlik a bankomban, mint elkölteni.

Achani Samon Biaou: Volt más, az anyagi függetlenséggel kapcsolatos tapasztalata diákként?

Olumide Ogunsanwo: Két célom volt az egyetemen: Szerezd meg az összes A-t, és ne menj tönkre. Az egyetemen a pénzem kezelésére koncentráltam. Soha nem fogyott ki a pénzem, és soha nem törődtem azzal, hogy hitelkártyát vegyek.

Diákként viszonylag könnyűnek találtam pénzt megtakarítani, mivel minimálisak voltak a kiadásaim. Az egyetemen élve alacsonyak voltak a költségek, és nem volt szükségem autóra, mivel a chicagói vonatrendszer jól működött. Megtanultam, hol vásárolhatok szép, jól illeszkedő ruhákat elfogadható áron, és nem foglalkoztam drága márkanevek vásárlásával.

Achani Samon Biaou: Van még valami, amit szeretnél megosztani, ami releváns a pénzügyi függetlenség felé vezető úton?

Olumide Ogunsanwo: Igen, el akarom mesélni azt a történetet, hogyan hagytam abba az alkoholfogyasztást, hogy megmutassam a gondolkodásmódomat és a döntéseket. A történetben vannak az önálló gondolkodás elemei, ami kritikus fontosságú a pénzügyi függetlenség szempontjából.

Amikor az IIT-n tanultam, alkoholt ittam, mint mindenki más, egészen addig, amíg egy adott incidens rá nem ébredt, hogy nem nagyon gondolkodtam rajta. Amíg meglátogattuk a nővéreimet Londonban, elmentünk egy buliba, ahol mindannyian ittunk. Azonban hirtelen megszédültem, kimentem a mosdóba, és arra gondoltam: "Mi a fenét keresek én itt? Mi történik? Kicsit furcsán érzem magam. Nem is élvezem annyira ezt a bulit."

Amikor visszatértem Chicagóba, azon kezdtem töprengeni, hogy miért is ittam először, és mit hozott az életembe. Rájöttem, hogy vakon követtem a normát anélkül, hogy figyelembe vettem volna az ivás előnyeit és hátrányait. Néhány perces gondolkodás után tudatosan arra a döntésre jutottam, hogy 17 vagy 18 évesen abbahagyom az ivást. Elképesztő, min változtathatsz, ha leülsz és tényleg kritikusan gondolkodsz a dolgokon.

Ez az első azon döntések sorában, amelyek miatt különböztem a társaimtól, mert addig a pontig nem különböztem annyira más nigériaiaktól, akik Amerikába költöztek. Valószínűleg ez lesz életem egyik legjobb döntése. Fiatalon abbahagyva számos, az ivásból eredő buktatót elkerültem, és racionálisabban és logikusabban tudtam megközelíteni a helyzeteket.

Ez a történet arról szól, hogyan hagytam abba az ivást.

Achani Samon Biaou: Ez lenyűgöző. Említetted, hogy ettől különböztél másoktól. A különbözőség lehetővé teheti, mert nem a megfelelőséget keresed. Beszélhetsz arról, milyen érzés volt másnak lenni?

Olumide Ogunsanwo: Igen, beszélhetek erről úgy, hogy elmesélek egy másik kapcsolódó történetet. 12 és 14 éves korom között olyan sérülést szenvedtem, ami miatt több hónapig nagy duzzanat volt a homlokomon. Gyerekként kínosan éreztem magam, mert az emberek azonnal észrevették. Ez a tapasztalat azonban megtanított arra, hogy kevésbé törődjek azzal, hogy mások mit gondolnak rólam, és jól érezzem magam, ha elkülönülök a társadalmi csoportoktól. Soha nem éreztem szükségét, hogy megfeleljek a csoport elvárásainak, ami az IIT egyetem megkezdése után is folytatódott.

Emlékszem, amikor hallottam valakit, aki azt mondja: "Olumide magányos", és bóknak vettem, pedig lekicsinylően mondták. Nem tartoztam semmilyen társadalmi csoporthoz, amely erős elvárásokat támasztott volna, és a gyermekkori sérülésem hozzászoktatott ahhoz, hogy egyedül legyek és egyedül gondolkodjak. Nem voltak előítéleteim arról, hogy mit kell tennem vagy mit nem.

Nem terhelt az, hogy mások mit gondolnak arról a döntésemről, hogy abbahagyom az ivást. A harmincas éveim végén járó tendenciát vettem észre, hogy egyáltalán nem/alacsony alkoholt fogyasztok, és az emberek megkérdezték tőlem, hogy miért nem iszom. Érdekes módon gyakran azt feltételezik, hogy ez vallási okokra vezethető vissza, mintha csoportkonformitás eredménye lenne. Amikor elmagyarázom, hogy 17 évesen magam hoztam meg a döntést a haszon és a költségek elemzése után, nehezen fogadják el.

Néha másképp kell gondolkodnod, hogy más eredményt érj el az életben. Ha követi a status quót, akkor a status quo életébe kerül.

Achani Samon Biaou: Köszönjük, hogy megosztotta ezt a történetet. Az anyagi függetlenség eléréséhez másként kell cselekedni, mint a világ többsége, akik pénzügyileg nem függetlenek. A különbözőségekkel járó kényelem kialakítása kulcsfontosságú tényező az FI felé vezető úton való eljutásban és a tartásban.

Olumide Ogunsanwo: A növekedéshez gyakran kockázatot kell vállalnia. Jeff Bezosnak van egy kerete erre: egyirányú ajtók (visszafordíthatatlan döntések) szemben a kétirányú ajtókkal (visszafordítható döntések).

Fontos, hogy gondosan értékelje a döntést, hogy megállapítsa, visszafordítható-e vagy visszafordíthatatlan. Ez segít meghatározni, milyen gyorsan kell továbblépni. Egyes döntések visszafordíthatatlan egyirányú ajtók, amelyeket nem lehet könnyen megváltoztatni, például ha úgy döntesz, hogy gyereket vállalsz, az örökre szól, és ezzel együtt kell élned. Lassan és óvatosan mozogjon az egyirányú ajtókkal.

A legtöbb döntés azonban visszafordítható. A lefelé mutató kockázatok megértése és számszerűsítése után arra biztatom az embereket, hogy legyenek bátrak és „csak tegyék" ezekkel a döntésekkel. Ezekkel a döntésekkel gyorsan kényelmesebben mozoghat, ha többszörös kísérletezéssel, kudarccal, és nem törődik mások véleményével. Ha szükséges, később visszavonhatja ezeket a döntéseket.

Emellett van egy másik egyetemi történetem is.

Achani Samon Biaou: Még egy! Remek, halljuk.

Olumide Ogunsanwo: A második döntés a vallásra vonatkozott. Gyermekként Nigériában nevelkedtem kereszténynek.

Achani Samon Biaou: Kifejtenéd ezt? A nigériai vallási táj összetett és árnyalt lehet, és nem mindenki ismeri annak dinamikáját.

Olumide Ogunsanwo: Igen, hadd adjak néhány történelmi információt a nigériai vallásról. Nigériában a vallási demográfia meglehetősen kiegyensúlyozott, a lakosság körülbelül 40-50%-a vallja magát muszlimnak és 40-50%-a kereszténynek. A vallási hovatartozás megoszlása azonban nem egységes, és földrajzi hovatartozásonként változó. Például, ha Nigéria északi részén él, nagyobb valószínűséggel muszlim (pl. Kaduna több mint 90%-a muszlim); fordítva, ha délen élsz, nagyobb valószínűséggel vagy keresztény (pl. Lagos bizonyos részei többségben keresztények). Ezenkívül a nigériaiak egy kis százaléka hagyományos afrikai vallásokat gyakorol.

Ami a vallással kapcsolatos személyes tapasztalataimat illeti, kereszténynek nevelkedtem, bár nem jámbornak. Anyám vallásos volt, és talán kéthetente elvitt a testvéreimmel és engem a templomba, míg apám vallásos volt, de nem érdekelte, és nem foglalkozott vele.

Achani Samon Biaou: Az átlagos nigériai keresztény olyan, mint te, vagy jámborabb?

Olumide Ogunsanwo: A tipikus nigériaiak jámborak, ami azt jelenti, hogy szinte minden héten járnak templomba, hetente többször is részt vesznek a bibliatanulmányozásban, és gyakran szolgálnak egyházi szerepekben, például ajtónállókban. Ezenkívül a vallási meggyőződésük megvitatása identitásuk fontos része. Amikor Nigériában nőttem fel, a vallás nem volt nagy része az életemnek, ezért nem beszéltem róla másokkal.

Nem emlékszem, mi késztette erre, de az egyetemen elkezdtem kutatni és mindent megtanulni a vallásról, amit csak tudtam. Sokat kutatni kezdtem. Én voltam, a YouTube, a Wikipédia, a Reddit és a világháló, és azon voltunk, hogy megtaláljuk az igazságot.

Végül rájöttem, hogy a vallás mind kitalált – emberi találmány volt, amit az emberiség által nem értett dolgok megmagyarázására és az emberek viselkedésének irányítására hoztak létre. Az ókorban az embereknek nem volt tudományos megértése az olyan természeti jelenségekről, mint az eső, a tűz és a nap. Hogy megmagyarázzuk ezeket a dolgokat, eső-, tűz- és napisteneket hoztunk létre. Úgy gondolták, hogy ezek az istenek irányítják ezeket a természeti elemeket, és imával és áldozatokkal megnyugtathatók. Ahogy az emberek továbbra is választ kerestek a világ titkaira, a vallás úgy fejlődött, hogy magyarázatokat kínáljon és biztonságérzetet nyújtson. Idővel a vallási intézmények hatalomra és befolyásra tettek szert azáltal, hogy ellenőrizték az emberek hitét és viselkedését. Ez lehetővé tette számukra, hogy fenntartsák tekintélyük egy részét, és értékeik és érdekeik szerint alakítsák a társadalmakat.

19 vagy 20 éves koromban nagyon hamar nem vallásos (más néven

ateista) lettem. Ez a döntés hasonló volt ahhoz a döntésemhez, hogy nem iszom alkoholt, és ettől még jobban különböztem a családomtól és a barátaimtól. Érdekes volt, hogy az emberek ennyire negatívan reagáltak rá. A vallástalanságomra adott reakció még az alkoholnál is negatívabb volt, valószínűleg azért, mert az alkohol nem része az emberek identitásának. Ezek a reakciók megerősítették, hogy nagy bátorság kell ahhoz, hogy elkülönüljünk és különbözzünk a tömegtől.

Hihetetlen volt felfedezni, hogy a vallás mennyire bolyhos, és hogy alapvetően az egészet kitalálták. Ez volt az élet egyik pillanata, amikor sokat tanultam.

Mindent elolvasok – a Biblia, a Korán, a kereszténység történetét – újra és újra, a dokumentumfilmektől a cikkekig, blogokig és könyvekig. Az egyik leglenyűgözőbb dolog, amit felfedeztem, az volt, hogy folyamatos megbeszélések zajlottak, hogy megegyezzenek arról, hogy mi legyen a Bibliában. A Biblia valójában változott az idők során, és fejezeteket adtak hozzá és távolítottak el, hogy elérjük azt, ami ma van. Folyamatos viták folytak azokról a részekről, amelyeknek nem volt értelme, vagy túl őrültek ahhoz, hogy megtartsák. Ezt soha nem tudtam, mert soha senki nem említette a templomban. Azt hittem, a Biblia mindig is olyan volt, mint most.

Lenyűgöző volt kutatni és olyan kérdéseket feltenni, mint például: „Igaz ez? Miért nem igaz ez? ez honnan jött? Milyen ösztönzők vannak ezekben az emberekben? Miért tartott ez ilyen sokáig?

Összefoglalva, a két döntés mögött meghúzódó döntési keret – 17/18 évesen az alkoholmentesség és 19/20 évesen az ateizmus – alakította életem hátralévő részét. Ma még mindig nem iszom alkoholt, és még mindig ateista vagyok.

Hajlandónak kell lenned olyan dolgokra, amelyek nagyon különböznek attól, amit a legtöbb ember csinál. Úgy tűnik, hogy ez a pénzügyi függetlenség alapvető jellemzője.

Achani Samon Biaou: Ez annyira lenyűgöző. Beszélhetnénk erről egy kicsit bővebben? Két kapcsolódó gondolatom van. Először is, hogyan befolyásolta a nem-konformizmusa a családjával és barátaival fennálló személyes kapcsolatait?

Másodszor, el tudom képzelni, hogy egy olvasót, aki erősen azonosul vallásával, elriaszthatja, amit mond. Függetlenné válhat-e valaki, aki vallásos?

Lehet, hogy valaki elveszi azt, hogy fel kell adnia vallását, hogy anyagi függetlenségre törekedjen, ahogy te is tetted.

Olumide Ogunsanwo: Remek kérdések. Az első kérdés a következő volt: Hogyan befolyásolta a meg nem felelésem a másokkal való kapcsolatomat?

Valójában ez nem befolyásolta a kapcsolataim 99%-át. Annak ellenére, hogy a legtöbb ember még mindig vallásos, valójában intuitív módon tudja, hogy ez nem valóságos, még ha nem is mondják ki. Ritkán fordul elő, hogy az emberek racionális, logikus vitát kívánnak folytatni a vallásról, mert a vallás nagyrészt érzelmi és közösségi élmény, amely nem tényeken alapul.

A tudomány az igazság feltárásának szisztematikus folyamata kísérletezésen, tanuláson és empirikus bizonyítékokon alapuló alkalmazkodáson keresztül. Másrészt a vallás inkább az érzelmekkel és a szubjektivitással foglalkozik, és hajlamos a megváltoztathatatlan eszmékre és a pangásra összpontosítani. A tudománytól eltérően, amely nyitott az új bizonyítékok alapján történő alkalmazkodásra és változásra, a vallás gyakran a hagyományokra és a kialakult hiedelmekre támaszkodik, amelyek nem változhatnak.

Általában nem ajánlott vallásos emberekkel folytatott beszélgetések vagy viták folytatása. Ennek az az oka, hogy vallási meggyőződésük gyakran szorosan kötődik közösségi érzésükhöz és neveltetésükhöz. Nem valószínű, hogy ha megpróbálják meggyőzni őket az ellenkezőjéről, az eredményes beszélgetéshez vezet, mivel meggyőződésük gyakran mélyen rögzült. Nem produktív azon vitatkozni, hogy szüleik vagy gyülekezetük tévednek, mert ez csak feszültséget és ellenségeskedést szül a kapcsolatban. Ha valaha olyan helyzetbe kerülök, amikor valaki konkrét vitát akar folytatni ezzel kapcsolatban, általában témát váltok. Ezért sok kapcsolatomra nem volt hatással, mert a személyiségtípusom nem vitázó. Ennek ellenére a vallási odaadásom hiánya hatással lehetett néhány romantikus kapcsolatomra, ahol a partnerek jobban kedveltek valakit, aki jámborabb. Én azonban soha nem kötöttem ki így valakivel.

Továbblépve a második kérdésre, amely a következő volt: Lehetnek-e az emberek vallásosak és pénzügyileg függetlenek?

Ha ezt olvasod, és elriasztasz, először is ne csüggedj. Megtanultam, hogy ha olyan dolgokat hallasz, amelyek nem egyeznek a világnézeteddel, akkor nincs itt az ideje dühösnek vagy idegesnek lenni. Ehelyett ez egy lehetőség, hogy elgondolkodj és megértsd, miért reagálsz egy bizonyos módon.

Ha jámbor muszlim vagy keresztény, ne sértődj meg. Ne tekintse ezt a vallás elleni támadásnak. Gondolj arra, hogy mások más döntéseket hoztak, mint te, és mit tanulhatsz a döntéseikből. A tanulás nem azt jelenti, hogy változnod kell.

Könnyebb jól érezni magunkat a Földön, ha elfogadunk olyan embereket, akik különböznek tőled. Ellenkező esetben valószínűleg vitatkozni fog, és felborítja kapcsolatait. A könyv olvasása közben rájöhetsz, hogy én más vagyok, mint te. Ez teljesen rendben van. Különböző döntéseket hoztam az életben, de ezeknek nem kell rád hatniuk. Nem kell idegeskedned, nem kell visszaadnod a könyvet [Smile].

Mindannyian különbözőek vagyunk, és hasznos az elfogadás gyakorlása. A legtöbb vallásos könyv az elfogadást hirdeti. Az én nézőpontom nem támadás ön ellen. Elmagyarázom az általam hozott döntéseket, és nem baj, ha másképp döntöttél. Nekünk, emberiségnek fontosabb, hogy megértsük és elfogadjuk egymást, mint hogy harcoljunk egymással.

Achani Samon Biaou: Úgy beszél, mint egy prédikátor, egy nem vallásos ember számára. A másokkal szembeni tolerancia fontos, ahogy a világ változatosabbá válik. Bűnös voltam a múltban, mert nem fogadtam el vagy utasítottam el az emberek véleményét, különösen azokat, akik nem rendelkeznek hivatalosan képzettséggel. Idővel megváltozott a nézőpontom, hogy kíváncsi legyek rájuk, próbáljam megérteni, hogyan gondolkodnak, ahelyett, hogy az én gondolkodásom alapján ítélkeznék. Ezáltal jobban megérthetem az emberi állapotot, láthatom a vakfoltjaimat, és végül tanulhatok másoktól.

Olumide Ogunsanwo: A növekedés nagyobb valószínűséggel származik abból, ha új, váratlan megközelítési módokat tanulsz az élethez, mint attól, hogy a dolgokat úgy csinálod, ahogyan eddig is tetted. Amikor meghallod a történetemet a kereszténnyé válásról és az ateistává válásról, ne reagálj automatikusan azzal, hogy az ateisták gonoszak, a keresztények pedig jók. Ehelyett gondolja át, mit tanulhat ebből a történetből. Még két keresztény is különbözhet egymástól. A fontos a tolerancia, az elfogadás, és annak kiderítése, hogy mit tanulhattok egymás döntési folyamatából. Valószínűleg ezért vetted ezt a könyvet. Érdekel az anyagi függetlenség, a személyes pénzügyek vagy az afrikai bevándorlók történetei.

Lehet, hogy a mi életünk különbözik a tiédtől, de az a tény, hogy megvásároltad ezt a könyvet, azt jelenti, hogy érdekel téged, hogyan hoztunk döntéseket, hogy eljussunk oda, ahol tartunk. Használja ki, mint lehetőséget a kíváncsiságra és a tanulásra.

Achani Samon Biaou: Fontos a független döntéshozatal mintája és a döntések felelősségvállalása. Nem várhatja el, hogy döntéseket hozzon, és ne vállaljon teljes felelősséget értük. Például, ha le akarsz futni egy maratont, akkor a te felelősséged lesz kitalálni, hogy mi történhet rosszul, és hogy elégedett vagy-e ezekkel a kockázatokkal. Néha az emberek úgy érzik, hogy döntést szeretnének hozni, vagy változtatni szeretnének valamit az életükben. Azt azonban nem tudják teljesen magukévá tenni, hogy felelősséget kell vállalniuk ezért a döntésért, így amikor a szar eléri a rajongót, azonnal elkezdenek másokat keresni, hogy megosszák velük a felelősséget.

Olumide Ogunsanwo: A teljes tulajdon és felelősség vezetett ennek a könyvnek a megalkotásához. Dolgozhattunk volna kiadókkal, szerkesztőkkel és sok más emberrel, de Samon és én úgy döntöttünk, hogy maximális felelősséget vállalunk a könyv átadásáért. Sőt, ha Samont nem kedvelném annyira, akkor egyedül készítettem volna ezt a könyvet. Így senki mást nem lehet hibáztatni, nem közvetítőt, csak én. Azt akarom, hogy a jutalmaim arányosak legyenek az erőfeszítéseimmel, és hogy közvetlen lineáris utat lássak a ráfordított erőfeszítés mennyisége és az eredmény között. Az egyetemi történetemet néhány ponttal zárom:

Ha főiskolai korú gyermekei vannak, tegye lehetővé számukra, hogy megtanulják a költségvetés és a hitelkártya kezelésének alapjait. Korábban beszéltem a pénzkezelésről, de a hitelkezelés is fontos. Utólag visszagondolva, jobb lett volna, ha korábban kinyitottam volna egy hitelkártyát, hogy felállítsam a hitelképességemet, és megértsem, hogyan kell kezelni a kis összegű hiteleket. Ezt úgy tanulhattam volna meg, hogy teljes mértékben kifizettem a kártyákat, pontokat gyűjtöttem és magasabb hitelpontszámmal rendelkeztem.

Ha főiskolai hallgató vagy, törekedj arra, hogy tanulj és fejlődj az alapvető osztályokon túl. Amikor diák voltam, 99%-ban az akadémikusokra koncentráltam. A diploma megszerzése után rájöttem, hogy jobb, ha egy kicsit tanulok, sportolok, egy kicsit társasági életet élek, és egy kicsit személyesen fejlődök. Jobb kiegyensúlyozottabbnak lenni, még akkor is, ha az akadémikusok rosszabbak.

Az érdeklődési körök szélesebb köre szórakoztatóbbá teszi az életet, és ez nemcsak a diákokra és a fiatalokra vonatkozik, hanem a legtöbb felnőttre is.

Achani Samon Biaou: Remek! Köszönet a megosztásért.

3B: Samon Egyetem története

Olumide Ogunsanwo: Gyerünk! Samon, milyen pénzügyi függetlenségi leckéket tanultál az egyetemen?

Achani Samon Biaou: Az egyetemi időszak alatt két értékes leckét tanultam: a bevétel- és költségoptimalizálást. Ezek a fogalmak központi szerepet töltenek be a pénzügyi függetlenség elérésében, és a könyv későbbi részében részletesebben foglalkozunk velük.

Ami a bevételt illeti, megismerkedtem azzal az ötlettel, hogy az iskolán kívül dolgozzak, hogy pénzt keressek. Optimalizálási technikák segítségével sikerült azonosítanom a legjobb munkalehetőségeket, amelyek lehetővé teszik a bevételem maximalizálását.

A költségoldalon betekintést nyertem a költségvetés optimalizálásába, és felfedeztem a takarékosan, életminőségem feláldozása nélkül való élet lehetséges előnyeit. Ezek a tapasztalatok megtanítottak arra, hogyan kezeljem hatékonyan a kiadásaimat, és hogyan hozzam ki a legtöbbet az erőforrásaimból.

Olumide Ogunsanwo: Az optimalizálás néhány embernek örömet okoz, beleértve engem is. A vásárlás vagy döntés optimalizálásának módjainak megtalálása, például: "Kerülhetek-e hasonló terméket alacsonyabb áron? Mi a kompromisszum a minőségben? Mit áldozok fel azzal, hogy az olcsóbb megoldást választom? Bölcsen töltöm az időmet erre egyáltalán gondolni?" mosolyt csal az arcomra.

Bár a könyvnek ez az aspektusa nem mindenkit rabul ejt, Samont és engem izgat. Ha Ön is tudja ezt az izgalmat művelni, akkor az anyagi függetlenség elérése felé támaszkodhat.

Achani Samon Biaou: Egyetemi éveim megerősítettek néhány olyan vonást, amit felnőtt koromban tanultam, például annak fontosságát, hogy független gondolkodó legyek, és ne kövessem vakon a tömeget. Ezenkívül megtanultam, hogy mennyire értékes a "gyilkos mentalitás" – a késztetés arra, hogy mindent megtegyek a céljaim elérése érdekében. A következő történetekben elmondom, hogyan erősítettem meg önálló gondolkodásomat, hogyan alakítottam ki gyilkos mentalitásomat, optimalizáltam a bevételt és optimalizáltam a költségeket.

Beszéljünk az önálló gondolkodásról. Amikor elkezdtem az egyetemet, azt tanácsolták, hogy kizárólag az akadémikusokra koncentráljak. Bár kezdetben beleegyeztem, hamar rájöttem, hogy az iskola viszonylag könnyű számomra, és minimális erőfeszítéssel is jól teljesíthetek. Ahelyett, hogy vakon követtem volna a hagyományos utat, megkérdőjeleztem, mit tehetnék még. A legtöbb diák olyan munkát keres, amely minimális fizikai erőfeszítést igényel, de én nem korlátoztam magam ezekre a lehetőségekre. Felfedeztem például egy állatrakodó munkát a farmokon, amely során csirkéket, pulykákat és libákat raktak fel a vágóhidakra tartó teherautókra. A páratlan órák ellenére (jellemzően éjfél és hajnali 4 óra között) ez a munka kétszer annyit fizetett, mint a szokásos diákmunkák.

Olumide Ogunsanwo: Honnan hallott először erről a munkáról?

Achani Samon Biaou: Sikerem az állatrakodó állás megtalálásában részben annak köszönhető, hogy képes voltam átvizsgálni és megérteni a környezetemet, de részben a szerencsének is tulajdonítok. Véletlenül megkérdeztem egy barátomat, akinek diákmunkája volt, tud-e más olyan lehetőségeket, amelyek jól vagy jobban fizetnek, és megemlített egy olyan munkát, amely óránként 15-20 dollárt fizet, és az iskolai órákon kívül van. Ez a javaslat felkeltette a kíváncsiságomat, és elkezdtem aktívan keresni más lehetséges lehetőségeket.

Az állatrakodó munkához este 23 óra körül el kellett indulnunk, és több mint egy órát kell autóznunk egy farmra, amely Bretagne-ban, Nyugat-Franciaországban található egy kis faluban. A farmon végzett munka lehetőséget biztosított számomra, hogy megfigyeljem és megértsem a francia vidéki emberek életmódját, ami bizonyos tekintetben hasonlított ahhoz, amit Benin farmjain láttam felnőni.

Olumide Ogunsanwo: Hú.

Achani Samon Biaou: Pulykákat vagy csirkéket rakok teherautókra három órára, mielőtt visszatérnék Brestbe, egy északnyugat-franciaországi városba. Meglepő módon többet kereshettem ezzel a munkával, mint az ösztöndíjamból és a szüleim által az egyetemi diplomám befejezése közben kapott pénzösszegből. Ez a tapasztalat megtanított a bevétel optimalizálásának fontosságára.

Olumide Ogunsanwo: Nagyon nagyra értékelem a történetét, mert rávilágít egy fontos tanulságra. Emlékeim szerint egyetemista történetemben azt mondtam, bárcsak az akadémikusokon túl is felfedeztem volna, és más lehetőségeket fontolgattam volna. Úgy gondolom, hogy ez értékes lecke bárki számára, akár 27 éves, akár 38 éves vállalkozó. Elengedhetetlen, hogy az előtted álló lehetőségeken túl nézz, és új utakat fedezz fel. A személyes fejlődés általános alapelve az, hogy rendszeresen találj olyan élményeket és lehetőségeket, amelyek megijesztenek, és alkalmazz velük. Ha ismételten túllépi magát a komfortzónáján, kihívást jelenthet önmagának és elősegítheti a személyes fejlődést. Bármi lehet a nyilvános beszédtől az ejtőernyős ugrásig, mindaddig, amíg tágítja a határait és ösztönzi a személyes fejlődést.

Érdemes megjegyezni, hogy ezek a lehetőségek nem feltétlenül helyettesítik a karriert, és nem is kell azonnal bevételt generálniuk. Például egy átlagos amerikai körülbelül három órát tölt naponta tévézéssel. Ha van ennyi szabadidőd a Seinfelden és a Game of Throneson, felhasználhatod új lehetőségek felfedezésére és önmagad fejlesztésére.

Végső soron ez a fejezet az önálló gondolkodás és a személyes fejlődésbe való befektetés képességének kifejlesztéséről szól, kortól és életszakasztól függetlenül.

Achani Samon Biaou: Az Ön megjegyzése a költségoptimalizálás témájához vezet. Bár a kiadások befektetésekké alakításának fogalmát csak felnőtt koromban ismertem meg, az egyetemi évek alatt tudtán kívül a gyakorlatba is átültettem. Például egy garzonlakást választottam, amely megfelelt a minimális méret követelményének, ami nagyon megfizethetővé tette. Csak 200-250 eurót kellett fizetnem havonta.

Olumide Ogunsanwo: Hú.

Achani Samon Biaou: Ezenkívül a kormány 150 eurót fizetett vissza a diákoknak a lakhatási költségek ellentételezésére. Alapvetően a bérletem szinte semmibe nem került.

Olumide Ogunsanwo: Sajnos az én esetemben három évet töltöttem az egyetemen az egyetemen. Csak a harmadik évben kezdtem el beszélgetni másokkal, és rájöttem, hogy az egyetemen kívüli élet sokkal költséghatékonyabb lett volna. Soha nem gondoltam arra, hogy néhány háztömbnyire lakjak, amivel több ezer dollárt takaríthattam volna meg. Soha nem néztem tovább.

Achani Samon Biaou: Teljesen egyetértek azzal, amit a túltekintés fontosságáról fogalmazott meg. Néhány barátom, valamint néhány benini diáknak sikerült lakhatást biztosítani az egyetemen, köszönhetően a szüleik professzorokkal való kapcsolatainak. Ez a támogatási rendszer Franciaországban létezett. Ennek a támogatási rendszernek a hiánya azonban lehetővé tette számomra, hogy más lehetőségeket fedezzek fel és beszélgessek az emberekkel, ami végül jobb lehetőségeket eredményezett.

Miután megtaláltam a garzonlakásomat, a következő döntésem az volt, hogy mit vegyek érte. Először is úgy döntöttem, hogy nem veszek semmiféle szórakozási lehetőséget, mivel úgy éreztem, hogy Franciaországban való tartózkodásom fő célja az, hogy a tanulmányaimra koncentráljak.

Olumide Ogunsanwo: A szórakoztatásod a tankönyved volt [Nevetés].

Achani Samon Biaou: Igen! [Smile] Hat hónappal később úgy döntöttem, hogy veszek egy tévét. Azonban nem azért vettem meg, mert nem francia híreket vagy médiát nézek. Ehelyett angolul akartam tanulni, mert azt hallottam, hogy az Egyesült Királyságban dolgozva több pénzt kereshetek. Ez idő alatt minden kiadásom befektetés volt a jövőmbe.

Az egyik költségem egy buszbérlet megvásárlása volt, amivel éjszaka utazhattam a teherfuvarozási munkám miatt. Heti három napon dolgoztam 23:00-tól 4-5:00 óráig, és később reggel vettem részt az órákon. Ez a közlekedési beruházás lehetővé tette számomra, hogy a munkám és a tanulmányaimat hatékonyan egyensúlyozzam ki.

Olumide Ogunsanwo: Hihetetlen. Miért tudtál így gondolkodni? Mit tanácsol másoknak, hogy átvegyék ezt a mentalitást?

Achani Samon Biaou: Egy független gondolkodó gondolkodásmódjával kezdtem. Nem azzal kezdtem, hogy előzetesen gondolkodtam arról, hogy "hogyan kell lenniük a dolgoknak". Ehelyett arra törekedtem, hogy mindenről megkérdezzem az embereket, és minél több információt gyűjtsek össze.

Sőt, nagyon motivált voltam, és igyekeztem a lehető legtöbb lehetőséget kihasználni. Ahogy korábban említettük, alacsony jövedelmű gyerekekkel játszva nőttem fel, így nem voltak gátlásaim a farmon vagy bármilyen alantas munkával kapcsolatban.

Rájöttem, hogy az intellektuális törekvések nem feltétlenül a legjobb pénzkereseti eszközök. Kíváncsi voltam azokra a leckékre, amelyeket levonhatok a nem intellektuális törekvésekből. Állat rakodó munkám során kapcsolatba kerültem egy farmokon dolgozó legénységgel . A legtöbben 30 és 50 év közöttiek voltak, és családjuk eltartott. Bár láttam, hogy ebben az életkorban milyen korlátok vannak egy bizonyos összeg megszerzésének, történeteiket hihetetlenül éleslátónak találtam.

Hozzád hasonlóan én is a pénzkeresést és az impulzív költekezés elkerülését tartom fontosnak. Amikor az első 1000 dollárom volt a bankban, elragadtattam, és élveztem nézni, ahogy nő. Nem hittem el. Imádtam nézni, ahogy fejlődik, és egyfajta játék lett számomra, hogy lássam, mennyit tudok megtakarítani. Mire leérettségiztem, valószínűleg több megtakarításom volt, mint a legtöbb társam.

Olumide Ogunsanwo: Nem vagyok meglepve. Az anyagi függetlenség felé halad, ha boldogabbá teszi, ha bankszámlája értékének növekedését látja, mint az, hogy amortizálódó eszközöket, például ruhákat és tévéket vásárol.

Az anyagi függetlenség eléréséhez gondolkodásmódváltásra van szükség. Hinnie kell abban, hogy az anyagi függetlenség elérése lehetséges az Ön számára.

Legyünk őszinték. Minden információ, amelyre szüksége van ahhoz, hogy pénzügyileg független legyen, már elérhető az interneten és a könyvekben, de addig nem fog cselekedni, amíg el nem hiszi, hogy ez elérhető, és nincs elég erős „miértje".

Személyes történeteink megosztásával azt reméljük, hogy illusztráljuk azokat a pszichológiai kiigazításokat, amelyeket korábban életünk során végrehajtottunk, és amelyek az anyagi függetlenség felé vezettek bennünket. Nem azt várjuk el Öntől, hogy lemásolja a tapasztalatainkat, inkább megértse a gondolkodásmód megváltoztatásának fontosságát pénzügyi céljai elérése érdekében.

Achani Samon Biaou: A legjobbat a végére tartogattam. Szeretném megosztani egyetemi éveim legmeghatározóbb tapasztalatait. Egy kínai diákot vontak be ugyanazon a franciaországi egyetemen, aki sokkal idősebb volt nálunk, és korlátozottan beszélt franciául. Nem voltam biztos benne, hogy beiratkozott-e valamilyen nyelvi képzésre, vagy már franciául tanul. Újoncként az egyetemen könnyebben tudtam kapcsolatot teremteni más nemzetközi hallgatókkal. Egy nap a kínai diák meghívott a kollégiumába, főzött nekem, és összebarátkoztunk. Második-harmadik látogatásom alkalmával kérdéseket tettem fel neki, hogy jobban megismerjem, és észrevettem, hogy idősebbnek tűnik társainál.

Az első lecke a munka intenzitásának szépségéről szólt. Megosztotta történetét arról, hogyan spórolt, hogy Franciaországba jöjjön, ami maradandó nyomot hagyott bennem. Megmutatta az ágyát, felemelte a matracot, és kivett belőle 25 000 dollár készpénzt, ami mind dollárban volt, annak ellenére, hogy Franciaországban az euró a fizetőeszköz. Majdnem egy évtizedig dolgozott egy gyárban, hogy pénzt keressen, és ez a beszélgetés megtanított arra, hogy mennyire fontos a kemény munka és az intenzitás az erőfeszítésekben.

A második lecke a nagylelkűségről szólt. Egyik nap kínai barátom megkérdezte, hogy vagyok, és megemlítettem, hogy arra számítottam, hogy hamarosan megérkezik az ösztöndíj, de addig lehet, hogy a szüleimtől kell anyagi segítséget kérnem. Ez azelőtt volt, hogy elkezdtem volna a részmunkaidős baromfirakodó munkámat. Habozás nélkül felajánlott nekem 1000 dollárt a raktárából, és azt mondta: "Vedd ezt, hogy ne kelljen stresszelned. Nem kell visszafizetned." Kezdetben meglepődtem, és visszautasítottam, de ő ragaszkodott hozzá, és azt mondta: "Hogy fogsz élni? Fogadd el." Valahogy megértette, hogy bajban vagyok, pedig nem, és nagylelkűsége maradandó hatással volt rám.

Összefoglalva, a kínai diákkal való találkozásom megtanított a kemény munka, az intenzitás és a nagylelkűség értékére. Elképzelhetetlen számomra, hogy aki egy évtizedig keményen dolgozott, hogy 25 000 eurót keressen, ezret odaadjon belőle valakinek, akivel csak kétszer találkozott.

Olumide Ogunsanwo: Megdöbbentő!

Achani Samon Biaou: Volt benne valami olyan mély, ami sok jótékonykodást és nagylelkűséget inspirált, amit később kifejlesztettem. Ez az élmény erős volt számomra.

A kínai barátommal való találkozás mély hatással volt rám, és rájöttem, milyen szerencsés vagyok, hogy nem kellett tíz évet spórolnom, hogy egyetemre járjak. Ez arra késztetett, hogy értékeljem a lehetőségeimet, és arra ösztönzött, hogy a legtöbbet hozzam ki belőlük. A kemény munkáról, az elszántságról és a nagylelkűségről szóló története maradandó benyomást hagyott bennem, és arra ösztönzött, hogy keményebben erőltessem magam céljaim elérése érdekében.

Olumide Ogunsanwo: Hihetetlen. Mindenkinek megvannak a maga küzdelmei és kihívásai. Amikor ilyen történeteket hallok, alázatosnak érzem magam. A nálunk lévő citromokból limonádét készítettünk, de kezdetnek volt néhány jó citromunk. Nem számít, min mész keresztül, különböző módokon javíthatja helyzetét. Amíg hiszel abban, hogy változást tudsz elérni, és különféle dolgokat próbálhatsz ki, soha nem szabad feladnod.

Van-e más gondolata, amelyet hozzá szeretne tenni a fejezet lezárása előtt?

Achani Samon Biaou: Van egy másik történetem annak hangsúlyozására, hogy a kiadásokat befektetésekké kell alakítani az azonnali kielégülés helyett. Miután a nyugat-franciaországi egyetememről átiratkoztam egy párizsi mérnöki iskolába, ugyanazzal a gondolkodásmóddal landoltam: mit tehetek itt, hogy pénzt keressek? Volt ösztöndíjam és édesapám anyagi támogatása, de keveset költöttem belőle. Úgy gondoltam, hogy a párizsi középiskolások korrepetálása jövedelmező dolog lehet egy olyan egyetemi hallgató számára, mint én, ezért úgy kezdtem, hogy elsétáltam a diákjaim otthonába.

Ahogy folytattam a korrepetálást, rájöttem, hogy a több diák elérése érdekében történő vezetés megsokszorozhatja a bevételi forrásomat, ezért úgy döntöttem, hogy veszek egy autót. Nem szórakoztatásból vettem autót, hanem a bevételem növelésére. Erősen optimalizáltam az oktatói naptáram, és egymás után oktattam a saját óráim után. Az autó arra is hasznos volt, hogy a barátaimat vigyék, amikor bulizni akartunk a városba.

Azonban döntenem kellett az osztálytársaimmal való bulizás vagy a korrepetálás és a pénzkeresés között is. Szerda délutánonként az osztálytársaim söröztek és együtt lógtak. Bár én voltam az egyik legfiatalabb diák, elkezdtem felnőttnek érezni magam, és rájöttem, hogy nem bölcs dolog vesztegetni az időmet, amikor dolgozhatok és pénzt kereshetek. Az elmúlt év végére körülbelül 10 000 dollárt takarítottam meg.

Olumide Ogunsanwo: A kontraszt a történetemben egyértelmű. Annyira az akadémikusra koncentráltam, hogy csak a kiváló jegyeim miatt kaptam meg az első munkahelyemet, mint tanítványi tanár. Sokkal lazább és kevésbé agresszív voltam a lehetőségek keresésében. Csak később, amikor egy barátom megemlítette, hogy szombatonként inasként dolgozom, akkor jöttem rá, hogy még több pénzt kereshetek.

A kereteken kívüli gondolkodás sokkal többre vonatkozik, mint pusztán a tudományos lehetőségekre. Ez egy értékes készség a személyes növekedéshez és fejlődéshez. Ha a jövőbe fektet be ahelyett, hogy azonnali kielégülést keresne, alapot teremthet a hosszú távú sikerhez.

3C: A független gondolkodás és kíváncsiság elvei

Olumide Ogunsanwo: A könyv minden fejezetében megosztjuk élettörténeteinket, majd a pénzügyi függetlenség konkrét alapelveire összpontosítunk, amelyek az adott történetek szempontjából relevánsak. Ez a fejezet az önálló gondolkodás és a kíváncsiság elveiről szól.

Az önálló gondolkodás és a kíváncsiság elengedhetetlen az anyagi függetlenség eléréséhez. Az akadályok leküzdéséhez és a céljaid eléréséhez kíváncsinak és kreatívnak kell lenned, emellett önállóan kell gondolkodnod, és el kell kerülned, hogy mások befolyásoljanak vagy engedj be a FOMO-nak (Fear Of Missing Out).

Rendben van, ha más vagy, és olyan utat választasz, amelyet a legtöbb ember nem helyesel, mindaddig, amíg úgy gondolod, hogy ez értelmes számodra. Az önálló gondolkodás elengedhetetlen, mert csak te érted meg igazán belső értékeidet és vágyaidat. Ha hagyod, hogy mások véleménye befolyásolja magát, azt kockáztatja, hogy szem elől téveszti azt, amire igazán vágyik és amire szüksége van. A FOMO olyan útra vezethet, amely nincs összhangban céljaival vagy értékeivel. Például a barátod azt mondja, hogy házat vesz, te pedig azt feltételezed, hogy itt az ideje, hogy házat vásárolj, mert életednek abban a szakaszában jársz, amikor szükséged van rá. Ön hozta létre a céljait, és fontos, hogy kritikusan gondolja át az eléréséhez szükséges lépéseket. A legtöbb ember nem ismeri a céljait, és más céljaik vannak, így a tetteik többnyire irrelevánsak az életed szempontjából.

Az önálló gondolkodás gyakorlásához meg kell ismerkednie azzal, hogy eltér a normától, és potenciálisan népszerűtlenné és ellenszenvessé válik. Ez azt jelentheti, hogy egy kevésbé járt utat választasz, de végső soron ez lesz az az út, amely igazodik az értékeidhez.

Végső soron ez a te életed, és te vagy az, akinek meg kell küzdenie tettei következményeivel. Azok az emberek, akik tanácsot adtak neked, vagy befolyásolták a döntéseidet, nem lesznek ott, hogy segítsenek kezelni a következményeket, ha a dolgok rosszul mennek.

Gondold át ezt: Ha valaki azt tanácsolja, hogy szülessen négy gyereket, akkor ő gondoskodik a gyerekekről? Nem! Legyen annyi gyerek, amennyit akar. Ha valaki azt javasolja, hogy vegyen egy három hálószobás házat, akkor fizeti a jelzálogot vagy a bérleti díjat? Természetesen nem! Szerezzen házat annyi hálószobával, amennyit csak akar, vagy döntsön úgy, hogy egyáltalán nem vesz egyet. A következményekkel mindenképpen foglalkoznod kell, miért ne hoznál önálló döntéseket, amelyek megfelelnek belső vágyaidnak, kívánságodnak és céljaidnak?

Achani Samon Biaou: Szeretnék egy potenciálisan ellentmondásos példát mutatni, és megvitatni a vallást. A vallásnak számos értelmezése létezik, egyesek azt állítják, hogy az embernek nincs önrendelkezése, mivel mindent Isten irányít. Bár mindenkinek joga van saját hitrendszerét megválasztani, egyesek a tiszta logikát, míg mások a hitet helyezik előtérbe. Bármelyiket is választja, döntő fontosságú annak felismerése, hogy az ellenkezője lehet érvényes annak, amit hiszel. Ez a tudatosság segít nyitottnak maradni a váratlan következmények lehetőségére.

Ha azonban erősen ragaszkodsz ahhoz az elképzeléshez, hogy csak egy lehetséges kimenetel lehet, akkor bajban vagy. Más szóval, be vagy tévedve.

Olumide Ogunsanwo: Harry Brown „ Hogyan találtam meg a szabadságot egy szabad világban ” című [1]könyve az egyik legjobb könyv, amit valaha olvastam a szabadságról. Különféle csapdákat tár fel, amelyek megakadályozzák, hogy szabadok legyünk, beleértve a bizonyosság csapdáját is. Ez a csapda akkor következik be, amikor 100%-os biztonsággal hiszünk egy adott eredményben, és nem ismerjük el a döntéshozatalban rejlő kockázatokat és bizonytalanságokat.

Az alapvető probléma egyes gondolkodásmódokkal, például a vallással, az, hogy teljes bizonyossággal gondolkodásra készteti az embereket. A valószínűségi gondolkodás ezzel szemben befolyásolja a valószínűségeket és a kockázatokat, amint azt a példában láthatjuk, ha nem fogyaszt alkoholt és biztonságos sebességgel vezet autóbalesetnél <1% esélyt. A döntés abszolút bizonyosságában hinni a bizonyosság csapdájába való esés jele. Az életben szinte semmi sem biztos – csak azt hisszük, hogy az.

Az önálló gondolkodás nem jelenti azt, hogy azt hiszed, mindig igazad

---

1. https://www.amazon.com/How-Found-Freedom-Unfree-World/dp/0965603679

van. Ez azt jelenti, hogy fogékonynak kell lenni mások szempontjainak megértésére, miközben felelősséget vállal saját tetteiért. Arról van szó, hogy elég kényelmesnek és bátornak kell lennie ahhoz, hogy felelősséget vállaljon a döntéseiért, még akkor is, ha az eredmények az optimálisnál alacsonyabbak.

Achani Samon Biaou: A független gondolkodás nemcsak az önálló gondolkodás szabadságát foglalja magában, hanem annak felismerését is, hogy valaki tévedhet, és felelősséget is vállal döntései következményeiért."

A 35. életévem betöltése előtt csak összesen 5-6 évig fizettem bérleti díjat, amibe két év üzleti, valamint három egyetemi és posztgraduális év is beletartozott. Ez idő alatt az volt a célom, hogy minimalizáljam a kiadásaimat.

A hét közbeni munkahelyemen megszerzett pontokat arra fordítottam, hogy a hétvégéket szállodákban töltsem. Anyám sürget, hogy vegyek házat. A barátaim ragaszkodtak ahhoz, hogy lemaradtam az életben, mert nem volt jelzáloghitelem. Ha követtem volna a tanácsukat, kíváncsi vagyok, hol lennék ma, mivel sokan még mindig küzdenek az anyagi függetlenségért.

Független gondolkodásom lehetővé tette számomra, hogy ráébredjek, hogy úgy tűnik, mindenki egy olyan cél felé száguld, amely nem egyezik az enyémmel. Még ha ugyanazon a pályán voltunk is, egyesek rövid sprinteket, míg mások maratont futottak. Abszurd érzés elkeseredni, amikor valaki egy rövid távot lefut melletted, miközben te lefutod a maratont. Ez azt tükrözi, hogy a FOMO hogyan működik a valóságban. Kulcsfontosságú, hogy felismerje a futamot, és betartsa annak elveit. Mindig lehet tanulni másoktól, de nem bölcs dolog vakon utánozni a tetteiket."

Olumide Ogunsanwo: Ezért szeretem annyira Ray Daliót. A hihetőség súlyozásáról beszél.

Ha bajom van a fogammal, akkor fogorvosra fogok hallgatni, de táplálkozási szakértőre nem. Ezzel szemben, ha problémám van az étrendemmel, táplálkozási szakértőre fogok hallgatni, nem fogorvosra.

Mindenki szeretne tanácsot adni, de nem mindenki tudja, miről beszél. Ha személyes pénzügyi tanácsot keresek, Samonra hallgatok, mert a 30-as éveiben vált anyagilag függetlenné. Nem hallgatnék egy 82 éves emberre, aki még mindig dolgozik, és nem áll jól anyagilag.

Ezért beszélünk az önálló gondolkodásról az önbizalom és az önbizalom után. Sokkal kényelmesebbé válik az önálló gondolkodás, ha hiszel magadban, bízol magadban, és magadra bízod a cselekvést.

Achani Samon Biaou: Kulcsfontosságú, hogy fejlesszük azon esetek azonosításának képességét, amikor hiányzik az önálló gondolkodás. Ehhez az embernek fel kell tennie magának a kérdést: „Bíznom kell-e egy bizonyos perspektívába?" Például a CNN rendszeresen bemutat Afrika-szakértőket, akik magabiztosan beszélnek a kontinensen zajló eseményekről. Széleskörű olvasottságuk ellenére véleményüket csak akkor tartanám hitelesnek, ha első kézből szereztek tapasztalatot az afrikai kultúrában való életben és abban, hogy teljesen elmerüljenek.

Olumide Ogunsanwo: Hadd töltsek egy kis időt a negatívumokkal. Az önálló gondolkodásnak vannak árnyoldalai, tudom, mert rendszeresen szembesülök velük. Sok ember kényelmetlenül fogja érezni magát, vagy akár nem is szereti a tetteit. Például ilyeneket mondhatnak: "Egy hálószobás lakásban élsz? Ugyan, miért nem veszel házat?" vagy "Tényleg anyagilag független? Ugyan, persze, hogy nem vagy független anyagilag. Ha olyan állást kapnál, amiért X dollárt fizetnének, nem vállalnád?" Kemény bőrt kell kifejlesztened ahhoz, hogy megértsd, az emberek rád vetítik a bizonytalanságukat és az önbizalomhiányukat.

A független gondolkodás hátulütője az, hogy meg kell értened, ha más vagy, kritizálnak és elítélnek, de megéri, mert legalább elhiszed, hogy a saját feltételeid szerint éled az életet. Ha az emberek nem kérdőjelezik meg, hogy miért csinálsz olyan dolgokat, amelyek nem "normálisak", és nem kérnek tőled, hogy legyél "hagyományosabb", alkalmazkodj, tedd a dolgokat úgy, ahogy mindig is tették, akkor talán nem igazán független gondolkodó és csak egy része a tömegnek.

Achani Samon Biaou: Tudom, hogy az önálló gondolkodás fárasztó lehet. Megértjük, hogy néha nem akarod, hogy zavarjanak.

Olumide Ogunsanwo: A független gondolkodást prioritásként kell kezelni a nagy, fontos életbeli döntéseknél. Nem kell órákat tölteni azzal, hogy olyan triviális döntéseket kutasson, mint például, hogy milyen zoknit vegyen fel. Az ilyen döntésekhez az alapértelmezett beállítások is elegendőek lehetnek. A fontos döntésekhez azonban elengedhetetlen, hogy önállóan gondolkodjon, és ne vakon kövesse a tömeget. Az alapértelmezett beállítások kiválasztásakor őszintének kell lenni önmagához.

A fontos életbeli döntések meghozatalához személyes értékei, szükségletei és preferenciái mérlegelése szükséges.

Achani Samon Biaou: A fogyasztást előtérbe helyező társadalomban az önálló gondolkodás még fontosabbá válik. Szemléltetésül nézze meg ezt a példát:

A párommal vettünk egy kaliforniai king ágyat a lakásunkba. Sajnos jelenleg az ágy egyharmadát használjuk. Felesleges hézagokat teremtett, és megnehezíti, hogy közel legyünk egymáshoz. Miért pazaroltunk rá pénzt ? El tudom képzelni, hogy azok a párok, akik egyszemélyes ágyon alszanak, valószínűleg tovább bírják és jobban összeférnek egymással, mivel kénytelenek lefekvés előtt vitákat rendezni, mert nincs hova menni.

Olumide Ogunsanwo: [Nevetés]

Achani Samon Biaou: Ha egy párnak van egy kaliforniai king méretű ágya, az olyan jó lehet, mintha külön hálószobákban aludna. A mi helyzetünkben még akkor sem tudom fizikailag megérinteni a páromat, ha kinyújtom a karomat, és ez nem azért van, mert alacsony vagyok. Akár este is leeshet az ágyról, és csak másnap reggel vettem észre.

Olumide Ogunsanwo: [hisztérikus nevetés]

Achani Samon Biaou: Hasonlóképpen, miért döntene egy jól karbantartott utakon közlekedő magánszemély egy nagy SUV vásárlása mellett? Ha a cél a státuszuk vagy vagyonuk bemutatása, akkor egy ilyen jármű megléte jelentős tényező lehet.

Olumide Ogunsanwo: A kérkedés jogai és a dicsekedési stratégiák kívül esnek e könyv hatókörén.

Achani Samon Biaou: Találkoztam egy alapítóval, aki több száz millió dollárért adott el cégeket, és együtt ittunk egyet. Ő egy nagyon kicsi mini Chevrolet-t vezetett, míg én egy luxusautót, pedig nem különösebben érdekelnek az autók. Az autója láttán azonban rájöttem, hogy nem gondolkodtam eleget és alaposan a vásárlás előtt. Kicsit bolondnak éreztem magam, mert nincs több százmillió dollárom, és a pénzemet olyan dolgokra költhettem volna, amelyeket többre értékelek. Ezentúl, ha veszek egy második ágyat, nem veszek kaliforniai királyt, és ha veszek egy másik autót, akkor csak akkor veszek luxusautót, ha megvan hozzá az ízlésem.

Olumide Ogunsanwo: Oké! Ezen a ponton térjünk át a kíváncsiság kapcsolódó elvére.

Achani Samon Biaou: Kezdjük azzal, hogy a kíváncsiságot úgy határozzuk meg, mint lelkes vágyat, hogy olyan dolgokat tanuljunk meg, amelyek túlmutatnak azon, ami az Ön aktuális tevékenységeihez közvetlenül kapcsolódik. Ennek illusztrálására képzeljünk el egy éhes gyereket, aki figyelmen kívül hagyja az előtte lévő ételt, és helyette egy sárga foltra koncentrál a padlón. Bár ez meglephet, vagy akár fel is háboríthat, egyszerűen a gyermek heves kíváncsiságának az eredménye, ami akár felülírhatja biológiai létszükségletét is. Ez demonstrálja a kíváncsiság erejét.

Most gondoljon egy felnőttre, aki kifejezi vágyát egy jobb karrier után, és kikéri a tanácsát. Ha megkérdezi őket az eddigi lépéseikről és arról, hogy milyen típusú munkák érdeklik őket, és bizonytalanok, akkor lehet, hogy nem elég kíváncsiak. Ez azt sugallja, hogy az új munkahely megtalálása nem feltétlenül elsődleges számukra. Ha valaki valóban motivált az álláskeresésben, akkor következetes lépéseket tesz, és kutatásokat végez információgyűjtés céljából.

Ha kíváncsi, megteszi az első lépést, és mindent felfedez körülötte, és olyan információkat gyűjt össze, amelyeket finomíthat és továbbfejleszthet. Létezik egy energia, amely arra késztet, hogy továbbmenj, és nézz túl azon, ami azonnal látható. Ez az, ami megkülönbözteti a kíváncsi embereket azoktól, akik nem.

Gondolkodj el ezen a helyzeten, és vedd figyelembe az érdektelenség mértékét a körülötted lévő, könnyen elérhető dolgok iránt. Miért történik ez? Ha meg tudja határozni a kíváncsiság hiánya mögött meghúzódó okokat, akkor esetleg módot találhat ezeknek a hiányosságoknak a kezelésére.

Olumide Ogunsanwo: A bevándorlók és a kivándorlók szerencsések, mert elég kíváncsiak ahhoz, hogy egy új országba költözzenek, ahol egy olyan társadalommal találkoznak, amely eltér a megszokottól. Ez az újdonság megkönnyíti számukra a kíváncsiság fenntartását. Alapvető fontosságú, hogy felismerje hátterének és történelmének előnyeit. Ezzel szemben egy Mississippiből származó, a Mississippi Egyetemre járó személy kíváncsisága alacsonyabb lehet, mivel egész életében ugyanabban az állapotban lakik, és megszokta a hétköznapi rutinokat.

Miközben olvassa ezt a fejezetet, nyilvánvalónak érezheti a kíváncsiság előnyeit, de szeretnénk tisztázni, hogy nem csak a nyilvánvalót mondjuk ki. Ehelyett azt kérdezzük, hogyan ápolhatja és táplálhatja a kíváncsiságot az életében megismételhető alapon, hogy segítsen elérni az anyagi függetlenséget.

Achani Samon Biaou: Beszéljük meg, hogyan kelthetjük fel a kíváncsiságot a gyerekekben. A jó hír az, hogy a gyerekek természetüknél fogva kíváncsiak, hiszen születésükkor minden új a számukra. Szülőként döntő fontosságú, hogy ne akadályozzuk természetes kíváncsiságukat, hanem erősítsük azt. Ösztönözze gyermeke kíváncsiságát azáltal, hogy lehetővé teszi számára, hogy felfedezze és részt vegyen velük.

Azon szélsőségesek közé tartozom, akik azt mondják, hadd kísérletezzenek dolgokkal, még a "rossz" dolgokkal is, amíg nem ártanak komolyan maguknak. Például, ha valami éles dologgal játszanak, hagyd, hogy játsszanak, amíg nem károsítják magukat túl súlyosan, például nem vágják meg a szemüket. Ha mégis megsérülnek, az tanulási élményt jelenthet számukra.

Olumide Ogunsanwo: Kíváncsiságod fokozása érdekében kíváncsian elmélkedj gyermekkori élményeidről. Ha pozitív tapasztalataid voltak, gondold át, hogyan tudnád fenntartani és előmozdítani ezt a kíváncsiságot. Ellenkező esetben, ha tapasztalatai nem kedveztek a kíváncsiságnak, mélyebben kell elmélyednie a kíváncsiság hiányának kiváltó okának megértésében.

Az egyénekből hiányzik a kíváncsiság, mert nem találtak olyan dolgokat, amelyek felkeltik volna izgatottságukat. Az izgalom és a kíváncsiság kölcsönösen függenek egymástól, és általában az egyik a másikhoz vezet.

Készíts egy olyan jövőképet az életedről, amely izgat, mert ez felkelti a kíváncsiságodat, és motivál, hogy megkeresd a céljaid eléréséhez szükséges lépéseket. Szeretem Tony Robbins idézetét, amely kijelenti: "Ha elég erős a miértje, a hogyanok nagyon világosak lesznek."

Ha van egy világos célod (a "miért") és egy jól meghatározott jövőképed, akkor természetesen lelkesebbé és érdeklődőbbé válik az új ötletek és tapasztalatok felfedezése iránt.

Achani Samon Biaou: Egyetértek. A kíváncsiság hiányát ugyan nem tudjuk orvosolni, de tapasztalataink alapján tudunk javaslatokat tenni. Személy szerint, amikor úgy érzem, hogy a kíváncsiságom lanyhul, azt tapasztalom, hogy az utazás vagy a városom új helyeinek felfedezése segít újra fellángolni. Például, ha azt a célt tűzi ki, hogy felfedezze a környéken található összes éttermet, az sokkal ösztönzőbb lehet, mintha ismételten meglátogatná ugyanazokat az ismerős helyeket a kényelem érdekében. Vannak, akik elgondolkodhatnak azon, hogy miért kellene megváltoztatniuk a nem elromlott dolgokat. Mert ha nem változtatsz a dolgokon, akkor össze <u>fogsz</u> törni.

Olumide Ogunsanwo: Hú, ez nehéz.

Achani Samon Biaou: Ha ismételten elmegy ugyanabba az étterembe, mert ismerősnek érzi magát, az elszalasztott lehetőségekhez vezethet. Sajnálatot érezhet, amikor rájön, hogy a szomszédos étteremben ugyanannak az ételnek a továbbfejlesztett változatát árulják lényegesen olcsóbban, így bolondnak érzi magát, amiért nem fedez fel korábban más lehetőségeket.

Következő az utazás: szeretek utazni, mert kíváncsiságra kényszerít. Például, ha Ön Amerikából származik, és Európába látogat, érdeklődővé válhat az euró és az árfolyamok iránt, és ez arra késztetheti, hogy megvizsgálja, miért ingadoznak az árfolyamok. Az utazás egyedülálló képességgel rendelkezik, hogy felkeltse benned a kíváncsiságot. Ha azonban továbbra is küzdesz azért, hogy természetes módon kíváncsi legyél, kifejlesztheted azt a mentális szokást, hogy megkérdezd a „miért"-et, amikor valami váratlan dologgal találkozol. Ez a kíváncsiság összefügg az önellátás gondolatával. Például a "miért használnak pénzt az emberek?" bátorítani fogja, hogy folytassa a kutatást és a kíváncsiság bővítését.

További javaslat a kíváncsiság szintjének növelésére, hogy egyfajta "válságot" hozzon létre. Bár ez furcsa megközelítésnek tűnhet, hatékony lehet. Például előfordulhat, hogy időnként szándékosan eltéveszti a kulcsait, ami arra kényszeríti, hogy jobban odafigyeljen a környezetére. Ezenkívül próbáljon meg beszélgetéseket kezdeményezni olyan emberekkel, akiket vonzónak talál, és figyelje meg, hogyan reagál a pulzusa.

Ha kíváncsi másokra, rengeteg betekintést nyerhet. Például, ha valaki, akit érdekel, úgy tűnik, nem érdekli, hajlamos lehet személyesen venni. Ha azonban jobban meg akarod érteni őket, rájöhetsz, hogy viselkedésüknek semmi köze hozzád, inkább valami, ami a saját életükben történik.

Olumide Ogunsanwo: A kíváncsiság értékes a pénzügyi függetlenség elérése előtt, alatt és után is.

Mielőtt pénzügyileg függetlenné válna, a kíváncsiság az a szikra, amely izgalmat gyújthat, és arra ösztönözhet, hogy elinduljon egy jobb pénzügyi jövő felé.

Az FI utazás során a kíváncsiság motivációt jelent, segít abban, hogy a pályán maradjon, még akkor is, ha akadályokba ütközik vagy módosítani kell az irányt.

Az anyagi függetlenség elérése után továbbra is megjelennek a kíváncsiság előnyei. Ha útközben különféle érdeklődési köröket és tevékenységeket fedez fel, mint például a bowling, a salsa tánc vagy az utazás, akkor könnyebb lesz áttérni ezekre a tevékenységekre az anyagi függetlenség utáni szabadsággal és idővel.

Ha Ön olyan személy, aki megkérdőjelezi, hogy a pénzügyi függetlenségről szóló könyv miért tartalmazhat egy részt a kíváncsiságról, és egyszerűen csak „sok pénzt" szeretne keresni. Ez a könyv arról szól, hogy segítsen élni a kívánt életet a saját feltételeid szerint, és ez nem feltétlenül jelent sok pénzt keresni.

Egyébként van egy jó hírem számodra, a kíváncsiság segít több pénzt keresni, mert nemcsak a magánéletedben, hanem az üzleti életedben és a karrieredben is. Például, ha két alkalmazottal rendelkező menedzser lenne, kit léptetne elő: azt, aki csak elvégzi a rábízott feladatokat, vagy azt, aki kérdéseket tesz fel és igyekszik megérteni a feladatok mögött meghúzódó érvelést?

A „Hatékonyan hatékony emberek hét szokása" című könyv az első szokást proaktívként azonosítja. A proaktív attitűd, a független gondolkodási készség és a kíváncsi gondolkodásmód egymással összefüggő összetevői annak a gondolkodásmódnak, amely a céljainak elérésére késztet.

Kinek nagyobb az esélye a sikerre? Valaki, aki kíváncsi, független és proaktív, vagy valaki, aki laza, követi a tömeget, és eltéved a falkában, és azt teszi, amit a barátai, a családja és a társadalom mond nekik. Nagyon nyilvánvaló – nem kell válaszolnom.

Achani Samon Biaou: A kíváncsiság hiánya elveszíti az anyagi függetlenség felé vezető úton. Még ha kíváncsiság nélkül valahogy sikerül is eljutni oda, depressziós nyugdíjas lesz belőled. Ahogy Olumide említette, a kíváncsiság segíthet ezen az úton. Valószínűleg előléptetnek, ha problémamegoldónak tekintenek. A problémák azért léteznek, mert a megoldások nem nyilvánvalóak, ezért nyitottnak kell lenned a problémák kreatív megoldási módjainak felfedezésére.

Olumide Ogunsanwo: Gondolkodj kreatívan a kereteken kívül, ami valószínűbb, ha kíváncsi vagy.

Achani Samon Biaou: Kockázatos passzívnak maradni, mert mások kíváncsiak és fejlesztik magukat, így végül lemaradsz.

Olumide Ogunsanwo: Befejezésül néhány könyvről beszélek, amelyek elősegítik az önálló gondolkodás és a kíváncsiság elvét.

Az első könyvajánló Ichiro Kishimi és Fumitake Koga " The Courage to be liked " című könyve. [2] A könyvet narratív stílusban írta két japán szerző, és arról beszél, hogyan veheted kézbe az irányítást az életed felett, és hogyan befolyásolhatja mások véleménye a boldogságodat.

Nassim Taleb " Antifragile "-jét [3] ajánlom . Ez a híres könyv bemutatja a törékenységmentesség fogalmát, ahol valami negatív történés valóban pozitív hatással lehet rád. Egy robusztus rendszer képes túlélni a külső stresszt, de a törékeny rendszer javul, ha stresszt tapasztal. Az önálló gondolkodás, a kíváncsiság és a törékeny rendszerekkel kapcsolatos gondolkodás kéz a kézben járnak. Egy törékeny rendszer kialakítása más szintű gondolkodást igényel. Nassim ellenkulturális gondolkodó, ami az olvasók számára is hasznos.

Achani Samon Biaou: Szeretnék ajánlani Adam Grant " Gondolkozz újra [4]" című könyvét. Képzeld el, hogy az elméd olyan, mint egy gáz, amelyet egy csőben összenyomnak, és ő jön és kiterjeszti az elmédet. Segít lebontani azokat a dolgokat, amelyeket természetesnek tartunk. Megmutatja, hogy a körülöttünk lévő dolgok nem feltétlenül azok, amiknek gondoljuk.

Olumide Ogunsanwo: Mesés. Köszönöm hogy elolvastad. Találkozunk a következő fejezetben.

---

2. http://www.amazon.com/The-Courage-to-Be-Disliked-audiobook/dp/B07BRPW98K

3. https://www.amazon.com/Antifragile-Things-That-Disorder-Incerto/dp/0812979680

4. http://www.amazon.com/Think-Again-Power-Knowing-What/dp/1984878107

4: Korai karriertörténetek és az ambíció és bátorság alapelvei

Olumide Ogunsanwo: Izgatottan várom, hogy elmélyüljek az első hivatalos munkáink történetében Amerikában és Európában. Kezdeti munkánk, fizetésünk és főnökeink jelentős hatással vannak arra, hogy miként és sokan mások hogyan gondolkodunk a pénzkezelésről.

Beszélni fogunk az ambíció és a bátorság elveiről is. Legyen ambiciózus a célok kitűzésében, és bátran haladjon feléjük, még a kudarcok vagy a félelem ellenére is.

Sok kihívással és akadállyal kell szembenézned. Az ambíció és a bátorság elvezeti Önt az anyagi függetlenség felé, és ahhoz, hogy a saját feltételeid szerint élhess.

Achani Samon Biaou: Megosztjuk velünk, hogyan alakítottuk ki ambícióinkat, és hogyan találtuk meg a bátorságot, hogy megvalósítsuk azokat. Alig várjuk, hogy elmondhassuk, hogyan befolyásolták ezek az alapelvek korai karrierünket, és hogyan segítettek pénzügyi függetlenségünk elérésében. Kezdjük el!

4A : Olumide karrierjének kezdeti története

Achani Samon Biaou: Mi volt az első munkája, és hogyan kapta meg? Továbbá, gondolt-e az anyagi függetlenségre, amikor áttért az egyetemről a munkahelyére?

Olumide Ogunsanwo: Vegyészmérnököt tanultam az egyetemen, azon is gondolkodtam, hogy kettős diplomát szerezzek közgazdaságtanból, de végül nem döntöttem el. Az alapképzés vége felé kissé unalmasnak találtam az órákat, de reméltem, hogy a munkám érdekesebb lesz. 2006-ban, 21 évesen diplomáztam magas érettségivel, de kicsit nehezen tudtam elhelyezkedni, mivel nem végeztem gyakorlatot. Ennek az az oka, hogy az amerikai diákmunka vízumot úgy alakították ki, hogy a nemzetközi hallgatók diákvízummal végezhessék a gyakorlatot, de sok cég csak olyan hallgatóknak akart gyakorlati helyet adni, akik később teljes munkaidős állást kapnak, ami megnehezítette a hozzám hasonló diákok dolgát. Emiatt a nyár folyamán más munkát kellett keresnem.

Oktatóként dolgoztam, ami szórakoztató és könnyű volt. Vállaltam egy munkát is, amikor öregdiákokat hívtam, hogy adományokat kérjek (könyörögjek?) az iskolának. Nehéz volt. Aljas és kemény válaszokat kaptunk. "Hagyjon békén!" – Soha ne hívj ezen a számon! – Ki a fene ez? "Hogy szerezted meg a számom?" Ezek az élmények nem voltak szórakoztatóak, és semmi közük a vegyészmérnöki diplomámhoz, de bármit meg kellett tennem, hogy pénzt keressek. A telefonálási munka az idő nagy részében szívás volt, de nagyon kényelmessé tette a telefonálást és az eladást.

Amikor 2006 nyarán közeledett a diploma megszerzése, elkezdtem teljes munkaidős állásokra jelentkezni, és interjút készítettem a Honeywell UOP-nál. Az interjúk jól sikerültek, és felajánlották az első állásomat folyamattervező mérnökként. 2006 szeptemberében kezdtem egy Indiana-i finomítóban, elég közel Chicagóhoz ahhoz, hogy minden nap néhány busszal el tudjak menni dolgozni. A fizetésem 56 000 dollár volt, és nagyon örültem, hogy elkezdtem. Szoftverrel terveztem különböző típusú finomítói berendezéseket, mint például hőcserélők, szivattyúk, stb. Az általam tervezett berendezések telepítéséhez is ki kellett mennem a helyszínre.

Achani Samon Biaou: Chicagóban volt?

Olumide Ogunsanwo: Ez a munka egy Indiana-i finomítóban volt, de elég közel volt Chicagóhoz ahhoz, hogy minden nap el tudjak menni dolgozni néhány busszal. Nem akartam megkockáztatni, hogy autót vegyek, mert ideiglenes bevándorlási vízumon voltam. Ez az első munkám története, és hogyan kaptam meg.

Achani Samon Biaou: Hú, az amerikai bevándorló diákok kihívásai nyilvánvalóak az iskolából a munkába való átmenet során. A vállalatok szívesebben adnak szakmai gyakorlatot olyan hallgatóknak, akiket később könnyedén, teljes munkaidőben vehetnek fel munkavállalási engedély nélkül, mint minden bevándorló esetében.

Olumide Ogunsanwo: Pontosan. Annak ellenére, hogy a kormány megengedi a cégeknek, hogy gyakorlati helyeket adjanak Önnek. Olyan szomorú volt. Annak ellenére, hogy a tanszékemen a legmagasabb a GPA, meg kellett elégednem más olyan munkákkal, amelyek nem kapcsolódnak a diplomámhoz. Kicsit furcsa volt, de túllépsz ezeken a dolgokon. A bevándorlás csak így van beállítva.

Achani Samon Biaou: Ha amerikai lenne, soha nem is gondolna vízumkorlátozásra. Emlékszem, amikor néhány francia barátom meglepődött azon, hogy a nemzetközi hallgatóknak munkavállalási engedélyre van szükségük. "Mi az?" – kérdeznék tanácstalanul. [Nevetés].

Olumide Ogunsanwo: [Nevetés]

Achani Samon Biaou: Ha teljes munkaidős munkáról van szó, volt álláskeresési stratégiája? Azért fogadta el az első ajánlatot, mert nehéz volt elhelyezkedni, vagy inkább megfontoltan várta a megfelelő állást?

Olumide Ogunsanwo: Pénzre volt szükségem. Nyáron érettségiztem, és állást kellett keresnem. Csak később, a karrierem során volt nagyobb önállóságom és befolyásom ahhoz, hogy több állás közül válasszak. Fontos megérteni a munkáltató és a munkavállaló közötti erőviszonyokat. Ha ezt nem érted, akkor valószínűleg a munkáltatódnak van minden hatalma feletted.

Összefoglalva: Korai pályafutásom 21-től 25-ig tartott (2006-ban végeztem el az egyetemet, 21 évesen, és 2010-ben, 25 évesen mentem üzleti egyetemre). Korai pályafutásom összefoglalója alapvetően szívfájdalom és fájdalom. Mint említettem, pályafutásomat folyamattervező mérnökként kezdtem a Honeywell UOP-nál, amely akkoriban a Honeywell felvásárlása volt. Sajnos az egyesült cég, a Honeywell UOP nem tudta benyújtani az állandó munkavállalási vízumkérelmemet, és három hónapon belül elengedtek az első munkahelyemről. Nagyon fájdalmas élmény volt.

Achani Samon Biaou: Hűha!

Olumide Ogunsanwo: Ez az eset 2007 januárjában történt, röviddel azután, hogy 2006 szeptemberében elkezdtem dolgozni. Mély szégyenérzetet és zavart éreztem. All-star diákként egyetemi óráimban, és a programom egyik legmagasabb GPA-jával, megdöbbentett az események ilyen fordulata. Kezdtek motoszkálni bennem a gondolatok, hogy mi lenne, ha el kellene hagynom az országot (az ideiglenes vízum 90 napos munkanélküliségi korlátja miatt).

Hihetetlenül nehéz időszak volt ez számomra. Azon kaptam magam, hogy egyedül sírok a szobámban, és nem tudtam, milyen lépéseket tegyek ezután. Nem éreztem kényelmesnek, hogy bárkivel is megbeszéljem a dolgot, különösen azért, mert sok barátom gratulált néhány hónappal korábban. Egy sötét helyre kanyarodtam, ahol elkezdtem felfogni az erő dinamikáját. Rájöttem, hogy az élet olyan, mint egy sakktábla, és olyan stratégiát kell találnom, amely több szabadságot biztosít számomra ahelyett, hogy egyszerű gyalog lennék.

Kétségtelenül ez volt életem egyik legalacsonyabb pontja. 21 évesen még mindig próbáltam kitalálni a dolgokat, és emlékszem, hogy napokig hullattam a könnyeket.

Achani Samon Biaou: Hűha! Hogyan tudtál megbirkózni a helyzettel, és hogyan változtatott meg?

Olumide Ogunsanwo: Szerencsére az elbocsátási incidens előtt nem vásároltam nagyobb vásárlást, például autót vagy házat. Az egyetemi koromhoz hasonló szerény életmódot folytattam, szobatársakkal megosztva egy lakást. Szerencsére ez azt jelentette, hogy a megélhetési költségeim alacsonyak maradtak. Elsősorban vonatokra és buszokra bíztam a közlekedést, alkalmanként telekocsiztam a munkatársaimmal.

Egyik telekocsis társam egy perzsa nő volt, aki szintén járt IIT-re, és vegyészmérnöki mesterfokozatot szerzett, míg én még csak az alapképzést. Meglepő módon annak ellenére, hogy ugyanazok a munkaköri kötelezettségei vannak, csak 1000 dollárral keresett többet, mint én, 57 000 dollár fizetéssel. Ez két észrevételhez vezetett.

Először is nyilvánvalóvá vált, hogy a cégek nem értékelik túl magasra a mesterképzést az alapképzéshez képest. Annak ellenére, hogy további tanulmányai két évbe és 40 000 dollárba kerültek az életéből, a fizetésemelés minimális volt. Gyakran panaszkodott, hogy kevés pénze maradt az autója és a jelzáloghitel kifizetése után. Ez megdöbbentett, mivel ezzel ellentétes tapasztalatom volt, és sikerült megspórolnom a bevételem jelentős részét.

Másodszor, rájöttem, hogy a kiadási döntéseink nagyban befolyásolhatják életpályáinkat. Bár a fizetéseink hasonlóak voltak, nagyon eltérő eredményeket értünk el. Csekély havi 300-350 dolláros bérleti díjat fizettem úgy, hogy Nekheel barátommal megosztottam egy alagsori lakást, míg perzsa barátom jelzáloghitelje valószínűleg jóval magasabb volt, mint a lakbérem. Míg én 75 dolláros havi bérletet használtam tömegközlekedésre, neki kiadásai voltak az autójával, beleértve a biztosítást, a benzint és a javításokat.

Képzeld el, ha ezalatt házat és autót vettem volna. csapdába estem volna. Mit csináltam volna egy 30 éves jelzáloghitellel? Hogyan bántam volna az autóval? Jelentős veszteséggel eladná? A helyzet szörnyű lett volna, és arra kényszerült volna, hogy eladjam az eszközöket, és esetleg elhagyjam az országot.

Ezek az emlékek még mindig élénken élnek bennem. A tapasztalat megkeményített, és arra késztetett, hogy kevesebb bizalommal tekintsek a vállalatokra. Tudtam, hogy nem támaszkodhatok a vállalatokra, mert nem törődnek velem. Felkeltette az érdeklődésemet a személyes pénzügyek, a pénzügyi függetlenség és a korai nyugdíjazás iránt. Ez jelentette a pénzügyi függetlenség felé vezető utam kezdetét.

Achani Samon Biaou: A történet, amit megosztottál, hihetetlenül megindító. Rendkívül traumatikus lehetett, és nehéz leküzdeni.

Olumide Ogunsanwo: Sokan ismerik a PTSD-t, ami a poszttraumás stressz zavart jelenti. Ez egy mentális egészségi állapot, amely azokat az egyéneket érinti, akik traumatikus élményeken mentek keresztül, például a veteránokat, aminek következtében újra átélik a traumát, és negatívan befolyásolja mindennapi életüket, beleértve a kapcsolatokat és a munkát.

Másrészt van egy kevésbé ismert válasz a traumára, amelyet PTG-nek vagy poszttraumás növekedésnek neveznek. A személyes növekedés, fejlődés és változás folyamatára utal, amely egy trauma átélése után következhet be. Sok szempontból úgy érzem, hogy ez egy PTG pillanat volt az életemben.

Egészen a közelmúltig nem tudtam sírás nélkül elmesélni a történetet, mivel élénk emlékeket idézett fel az érzésemről. Valaki azonban egyszer azt mondta nekem, hogy minél többet nyitsz meg fájdalmas élményeidről, annál könnyebb lesz. Megerősíthetem, hogy ez igaz.

Achani Samon Biaou: Említette, hogy Ön és barátja, Nekheel az alagsorban laktak, hogy alacsonyan tartsák a bérleti díjat. Ezzel a példával szeretném már korán rávilágítani a takarékosság fontosságára. Amikor az emberek először kezdenek el keresni, gyakori, hogy késztetést éreznek arra, hogy sokat költsenek, tekintettel újonnan fellelhető rendelkezésre álló jövedelmükre. Az anyagi függetlenség elérése azonban általában azzal jár, hogy kezdettől fogva ügyeljen a kiadásaira. Minél többet költ, annál kevesebb a befektetésre és az idő múlásával kompenzálható összeg. Ehelyett fordítsa kiadásait befektetésekre, például tanulási lehetőségekre vagy hálózatépítésre új álláslehetőségekért.

A kiadások automatikus növelése bevétele növekedésével kontraproduktív lehet, különösen akkor, ha a megnövekedett kiadások nincsenek összhangban az Ön értékeivel.

Olumide Ogunsanwo: Számos stratégia létezik a pénzügyi függetlenség elérésére.

Az egyik stratégia magában foglalja a bevétel maximalizálását, míg a másik a kiadások minimalizálását. A különböző egyének természetesen jobban hajlanak egyik vagy másik oldalra, személyiségük, kitettségük, lehetőségeik, elhelyezkedésük, képességeik, hátterük vagy végzettségük befolyásolja.

Mindazonáltal előnyös, ha mindkét stratégiát egyidejűleg alkalmazzuk. Az egyéneknek törekedniük kell bevételeik maximalizálására önmaguk folyamatos fejlesztésével, új ismeretek és készségek elsajátításával. Ugyanakkor minimalizálniuk kell a költségeket úgy, hogy tudatosan, értékeik alapján költenek, előnyben részesítik a számukra örömet okozó területeket, csökkentik vagy megszüntetik a felesleges kiadásokat. A kulcs az, hogy megtalálja az egyensúlyt a bevétel maximalizálása és a költségek minimalizálása között, szándékosan hangsúlyozva az egyik szempontot az adott életszakasz, a körülmények és a lehetőségek alapján. Ebben rejlik az árnyalat.

Ez az árnyalat.

Például, ha Ön 21 éves, és most kezdett dolgozni egy új városban, kezdetben fontosabb lehet, hogy a költségek minimalizálására összpontosítson. Ki kell találnia a lakhatást és a közlekedést az új helyen. Ha azonban optimalizálta a főbb költségterületeket, előnyösebb lehet a bevétel maximalizálása felé fordítani a hangsúlyt. Ez magában foglalhatja állásajánlatok, mellékes zűrzavarok, vállalkozói kísérletek vagy kreatív projektek felfedezését. Nem lenne érdemes megduplázni a költségek csökkentését a csökkenő határhozam miatt, amikor a bevételi oldalon nagyobbak a lehetőségek.

Egy másik példa az, ha Ön 38 éves, aki már takarékosan viselkedik és betartja a költségvetést, és négy gyermeke van (két kisgyermek, két középiskolás tinédzser és egy főiskolai hallgató). Ebben a helyzetben a költségek optimalizálása nagyobb kihívást jelenthet, és itt az ideje további bevételi lehetőségeket keresni.

A pénzügyi függetlenség közössége gyakran a költségminimalizálásra helyezi a hangsúlyt, míg a vállalkozók általában a bevétel maximalizálására helyezik a hangsúlyt. Azt tanácsolom, hogy kövesd mindkét stratégiát, de tudatosan válassz az egyik prioritásról az adott körülményeid alapján.

Achani Samon Biaou: Ez a beszélgetés tele van idézhető pillanatokkal. Továbblépve karrierje következő szakaszára: említette, hogy néhány hónappal a diploma megszerzése után állást kap, de sajnos elbocsátottak. Aztán mi történt?

Olumide Ogunsanwo: Azonnal elkezdtem egy tervet megfogalmazni. Elsősorban az volt a gondom, hogy 90 napon belül el kellett hagynom Amerikát, ezért úgy döntöttem, hogy mesterképzést folytatok. Ezzel újabb diákvízumot kapnék a program idejére, ami két év volt. Megkerestem a vegyészmérnöki osztály dékánját, és elmagyaráztam a helyzetet a Honeywell UOP-nál. Kinyilvánítottam a mesterképzés mielőbbi elindítását, és ösztöndíjat kértem a program költségeinek fedezésére. Miután minden logisztikát ledolgoztam, 75%-os ösztöndíjjal beiratkoztam egy vegyészmérnöki mesterszakra. Tanulás közben újra jelentkeztem az állásra, és végül szereztem egy másik állást, amit éjszakai órákon végeztem.

Achani Samon Biaou: Hogyan sikerült megszereznie egy ilyen jelentős ösztöndíjat? Szorgalmasan tárgyaltál?

Olumide Ogunsanwo: Keményen tárgyaltam, mert nem tűnt

tisztességesnek olyan diplomáért fizetni, amelyre valójában nincs szükségem. Már volt ugyanilyen kibaszott egyetemi végzettségem vegyészmérnökből.

Achani Samon Biaou: Főleg, hogy tudatában volt annak, hogy perzsa kollégája egyre kevesebb mesterdiplomát kapott.

Olumide Ogunsanwo: Abszolút. A mesterdiploma ellenére a fizetése csak évi 1000 dollárral volt több, mint az enyém, amikor akkoriban még csak Bachelor fokozatot szereztem. Miért fizetnék 40 000 dollárt egy mesterképzésért? A döntést azonban számomra az tette megvalósíthatóbbá, hogy az új pozíció megközelítőleg 50%-os tandíj-térítést kínált. Ez azt jelentette, hogy a program költségeim nagy részét fedezik. Ezenkívül szükségem volt az új cégre a munkavállalási vízum igényléséhez, mivel nem akartam újra átmenni a bevándorlási folyamaton. Megerősítettem a HR és a jogi csapattal, hogy ők intézik a vízumkérelmet.

Kihívást jelentett egy egész napos munka, majd éjszaka órákon át az órákon való részvétel. A napjaim őrültek voltak. Kilenctől ötig dolgoztam, majd hattól nyolcig vagy kilencig egyenesen az osztályba üzemmód következett. Ez volt az életem a következő két évben.

Achani Samon Biaou: Hűha! Nemzetközi diákként részt vehettél éjszaka órákon?

Olumide Ogunsanwo: Igen, nemzetközi diákként megvolt a rugalmasságom, hogy bármikor részt vegyek órákon, beleértve az éjszakai órákat is. Azt is engedélyezték, hogy diákmunkavízummal dolgozzak.

Achani Samon Biaou: Az új állás magasabb fizetéssel járt?

Olumide Ogunsanwo: Igen, az új fizetésem évi 58 000 dollár volt, valamivel magasabb, mint az első munkahelyemen. Ezzel a munkával úgy döntöttem, hogy veszek egy autót. Ez egy használt BMW 3-as sorozat volt, ami 17 000 dollárba került. Biztonságban éreztem magam ebben a munkában, mert beleegyeztek, hogy beadják a munkavállalási vízumot. Imádtam az autót, fekete volt a külseje és a belseje, és még személyre szabott kozmetikai tábláim is voltak, amelyeken az "OLUMIDE" felirat állt. Nagyon jól szórakoztam az autóval.

Achani Samon Biaou: Érdekes.

Olumide Ogunsanwo: Habár szép emlékeim vannak az autóról, visszatekintve valószínűleg ez volt azon kevés hibák egyike, amelyeket elkövettem pénzügyi utam során. Ez nem feltétlenül magának az autóvásárlási döntésnek köszönhető, hanem azért, mert nem fordítottam elég időt a különböző szállítási lehetőségek és a hozzájuk kapcsolódó teljes birtoklási költség (TCO) kutatására.

A második munkahelyen sok pozitív élményem volt, de a történet ismét savanyú fordulatot vett. Az amerikai munkavállalási H1-B vízum lottórendszeren működik, és sajnos az első néhány alkalommal, amikor jelentkeztem, nem engem választottak ki. Engem nem érintett azonnal, mert még megvolt a diákmunka vízumom. 2008-2009 beköszöntére azonban az olaj ára a pénzügyi válság és az azt követő keresletcsökkenés miatt összeomlott. Ennek eredményeként 2009-ben, közvetlenül a 24. születésnapom előtt elbocsátottak a második munkahelyemről.

Achani Samon Biaou: Hűha! Újra!

Olumide Ogunsanwo: Nem volt teljes meglepetés, mivel a csapatom nagy részét 6 hónapon keresztül elengedték. De még mindig egy kicsit szomorú voltam. A munkahely elvesztése mindig égető. Ezért mondtam, hogy korai pályafutásom története egy szívfájdalom története. 23 évesen, hamarosan betöltöm a 24-et, elengedtek az első két munkahelyemről.

Az olaj- és gázipar ciklusokban működik, és amikor az olaj ára csökken, a vállalatok igyekeznek csökkenteni költségeiket. Elkeseredtem, mert még mindig fel tudtam idézni, mi történt néhány évvel azelőtt az első munkahelyemen.

A 2006-os első állásvesztéstől eltérően azonban lelkileg és anyagilag is sokkal jobb helyzetben voltam ezúttal. Összesen körülbelül 40 000–50 000 dollárt (a bruttó fizetésem megtakarítási rátája 50%-át) sikerült megtakarítanom a két év alatt, így anyagilag kényelmes voltam.

Még mindig ugyanabban az alagsori lakásban laktam Nekheellel. A lakbérem nem emelkedett jelentősen. 300-350$/hó bérleti díjat fizettem 21-25 éves koromig.

Mivel hatékonyan kezeltem a kiadásaimat, viszonylagos hatalomból tudtam tervezni és dönteni. Kemény gondolkodásmódot alakítottam ki, és készen álltam a cselekvésre. Szerencsére nem kellett elhagynom az országot, mert még volt diákvízum a mesterképzésről. A szívem mélyén tudtam, hogy a vegyészmérnök nem nekem való, ezért fontolgattam, hogy kettős közgazdasági diplomát szerezzek az egyetemen, és ezért hiányzott belőlem a lelkesedés az első két munkámhoz.

Ahelyett, hogy továbbra is több állásra pályáztam volna, és a kiszámíthatatlan lottórendszerrel foglalkoztam volna, azt mondtam, hogy csavarja be, és úgy döntöttem, hogy üzleti iskolába megyek, és megváltoztatom az életemet. Nem voltam teljesen biztos benne, hogy mivel szeretnék foglalkozni az üzleti egyetem után, de tudtam, hogy ez a pénzügy, a technológia és az üzleti élet kombinációját foglalja magában. 2009-ben kezdtem el jelentkezni az üzleti iskolákba, és a következő fejezetben részletesebben foglalkozom ezzel.

Achani Samon Biaou: Hűha! Nagyon fájdalmas ez a történet. Friss diplomás voltál, a húszas éveid elején jártál, és mégis annyi mindent átéltél már.

Olumide Ogunsanwo: Nem volt senki, aki vigyázzon rám. A szüleim nem voltak ott. Bevándorló voltam az országban, aki 23 éves koromra kétszer is elvesztette a munkáját.

Achani Samon Biaou: A fejlődő országokban élők elutasíthatják a történetedet azzal, hogy Amerikában élve jobb életet élsz, de mindenkinek megvannak a maga problémái, függetlenül attól, hogy milyen jónak tűnik az élete.

Európa és az USA nagyon különbözik egymástól. Nehéz elképzelni egy olyan forgatókönyvet Franciaországban, ahol valakit karrierje ilyen korai szakaszában kétszer is elengednének, két okból:

1. Elég nehéz elengedni, hacsak nem a cég a csőd szélén áll. A vállalatok általában nem csökkentik a létszámot a nyereségesség fenntartása érdekében.

2. Ha elbocsátják, általában több mint 90 nap áll rendelkezésére, hogy új állást találjon. A pontos időtartamra nem emlékszem, de bőkezűbb.

Olumide Ogunsanwo: Ó, még a bevándorlóknak is?

Achani Samon Biaou: Igen, ez nagyvonalúbb. Franciaországban az egyetlen akadály általában az álláskeresés. Nincs lottórendszer, és ha a tanulmányaival azonos szintű munkája van, munkavállalási engedélyt kap.

Említette, hogy 23/24 évesen kezdett gondolkodni az üzleti iskolai jelentkezéseken. Ezzel szemben 29 éves koromig nem jelentkeztem üzleti egyetemre. Franciaországban sokan nem értékelik az MBA diplomát. Elterjedt az a vélekedés is, hogy jelentős szakmai tapasztalattal kell rendelkeznie, és általában legalább 30 évesnek kell lennie a jelentkezéshez. Az idővonalak és a perspektívák eltérőek, és Európában sokkal késik a dolog. Németországban például sok egyetemi hallgató be sem fejezi tanulmányait, és a húszas évei közepén kezd el dolgozni. A vállalati élet általában stabilabb Európában, míg Amerikában ingatagabb lehet.

Hadd foglaljam össze azokat a kulcsfontosságú érzelmeket, amelyek a történeted hallatán visszhangoztak bennem: Először is a döbbenet és a felismerés, hogy az első munkából magadnak kellett gondoskodnod. Másodszor, az elhatározás, hogy más módon irányítsd az életed, fiatalításra vagy megújulásra törekszel az üzleti iskolán keresztül.

Mit kell még tudniuk az embereknek Önről azokban a korai években, amelyeknek jelentősége van a pénzügyi függetlenség szempontjából?

Olumide Ogunsanwo: Történetem mögött az a lényeg, hogy elhivatott ember vagyok. Szóval, amikor úgy döntöttem, hogy üzleti iskolába megyek, all-in mentem. Ez lett a legfőbb prioritásom, szinte teljes munkaidőben. Korán keltem, lezuhanyoztam, és elindultam az iskolába tanulni. Maradnék az egyetemen, mert még mesterszakos hallgató voltam, és az óráim este voltak. Bevittem a GMAT-könyveimet egy osztályterembe, és addig tanultam, amíg az óráim el nem kezdődnek. Ha van egy cél, fontos, hogy mindent megtegyen annak érdekében.

Az a típusú ember vagyok, aki teljes mértékben el tudja kötelezni magát, és minden időmet és energiámat egy feladatra fordítja. Amikor a GMAT-on 700 feletti pontszámot tűztem ki célul, világos volt számomra, hogy szinte minden nap tanulnom kell. Az egyetlen ok, amiért rájöttem, hogy ez atipikusnak számít, az volt, amikor az emberek meglepődtek azon, hogy milyen messzire vagyok hajlandó elmenni, amikor megosztottam a hozzáállásomat.

Például körülbelül 3-5 hónapot vesz igénybe ennek a könyvnek a véglegesítése és kiadása, mert elkötelezettek és szenvedélyesek vagyunk a folyamat iránt. Néha jobb, ha az Ön számára fontos dolgok alapján megalapozza saját meggyőződését, mielőtt külső megerősítést kérne. Ha először a külső hatásokra hagyatkozik, azok megkérdőjelezhetik belső motivációját.

Fejlessze ki saját belső meggyőződését anélkül, hogy mások jóváhagyásától függne.

Achani Samon Biaou: Eszembe jut egy pont, amit a bevezetőben megvitattunk arról, hogy mit nem akarunk, hogy az emberek elvegyenek ebből a könyvből. A világ sablonokat és játékkönyveket hozott létre, amelyeket az emberek követhetnek. Nehéz elképzelni, hogy a játékkönyvek egyszerű követése hogyan vezethet anyagi függetlenséghez. A történetedben nem kérted ki mások véleményét a GMAT-ra való felkészülés legjobb intenzitásával kapcsolatban. Tudtad, hogy fontos a számodra, ezért úgy döntöttél, hogy maximális intenzitást alkalmazol.

Olumide Ogunsanwo: Pontosan kövesse a természetes ritmusát addig a pontig, amíg energikusnak érzi magát. **Az életnek nincs kibaszott játékkönyve, szabálykönyve, útikönyve vagy sablonja. Már csak az marad, hogy önmagad legyél, és minden nap jobbá tedd magad. Minden más baromság.** Nem akarsz 70 évesen sok megbánással. Itt az ideje, hogy megtörténjenek a dolgok.

Nem tudom, mi lett volna az állásvesztésem nélkül. Kétlem, hogy ezen a pályán folytattam volna, hogy mérnöki vezetővé váljak 17 éves folyamattervezési tapasztalattal. Milyen hétköznapi lett volna ez az élet?

Minden jól alakult, mert kénytelen voltam kockáztatni a túlélésért. Lehet, hogy nem mindenkire ugyanazok a hatások, amelyek arra késztettek, hogy kockázatot vállaljak, de rábökhetik magukat, hogy vállalják a kockázatokat.

Achani Samon Biaou: Vannak, akik nem értik, mit értesz kockázatvállalás alatt. Mit jelent egy 18 éves, gazdag ghánai családból származó fiatalnak kockázatot vállalni? Vagy egy amerikainak, akinek már szép, egyszerű, stresszmentes élete van, kockáztasson? Mit jelent kockázatot vállalni azok számára, akik már jól érzik magukat?

Olumide Ogunsanwo: Megpróbálom elmagyarázni. Először is, az egyéneknek el kell gondolkodniuk az életükön, és ki kell dolgozniuk egy tervet arra vonatkozóan, hogy mit szeretnének elérni. Ez a terv magában foglalhat kapcsolatokat, egészséget, vállalkozói szellemet, karriert, pénzügyeket, tapasztalatokat vagy bármely más szempontot, amelyre összpontosítani szeretnének.

Valószínűleg több utat is bejárhat az egyes célkategóriák eléréséhez. Például lehet négy vagy öt út, amelyen keresztül javíthatja kapcsolatait. Ez a több út különböző szintű kockázatokkal jár.

A célok mindegyik kategóriáján belül valószínűleg több út is létezik azok elérésére. Például négy vagy öt különböző út létezik a kapcsolatok javítására, amelyek mindegyike eltérő kockázati szinttel jár. Sokan gyakran a konzervatív megközelítést választják, a bejáratott utat követve, ami jellemzően a legkevésbé kockázatos lehetőség (a tömeg követése). Korábban arra buzdítottam az embereket, hogy mérlegeljék a kiszámítottabb kockázatvállalást, különösen akkor, ha alaposan felmérték és megértették a lehetséges hátrányokat. Mit veszíthet? Sok egyén, különösen az európai vagy amerikai, megengedheti magának, hogy több kockázatot vállaljon a rendelkezésükre álló biztonsági hálók és biztonsági hálók miatt.

Az Ön által említett példákban, ahol valaki anyagilag jól áll, ez elsősorban a pénzügyi perspektívájára vonatkozik. Az élet nem csupán pénzügyeket foglal magában. Bár úgy tűnhet, hogy ez a könyv az anyagi függetlenségre összpontosít, valójában arról szól, hogy olyan életet teremts és élj, amilyet szeretnél. Olyan életet élni, amilyet szeretnél, sokkal többről szól, mint a pénzügyekről. Ennek a személynek továbbra is lehetnek kapcsolataival kapcsolatos céljai, például romantikus partner keresése vagy egészségügyi céljai, többek között. Ennélfogva továbbra is meg tudják határozni az irányt, és megtalálják a módját annak, hogy több kockázatot vállaljanak, mert csak az élet pénzügyi vonatkozását oldották meg.

Achani Samon Biaou: Amikor valami nem elég nagy kihívás, más célokat keresek. Ha úgy érzed, hogy nem vállalsz elég kockázatot, agresszívabb célokat tűzhetsz ki arra, amit már csinálsz.

Amikor valamit nem érzek elég nagy kihívásnak, új célokat keresek. Ha úgy érzed, hogy nem vállalsz elég kockázatot, ambiciózusabb célokat tűzhetsz ki jelenlegi elfoglaltságaidon belül. Például amikor Németországban dolgoztam, lehetőségem nyílt különböző országokba utazni, köztük az Egyesült Arab Emírségekbe is. Miután eltöltöttem egy kis időt az Egyesült Arab Emírségekben, vágyat éreztem valami új iránt a munkámon túl. Ekkor döntöttem úgy, hogy Dubajban veszek számítógépeket, és eladom Beninben. Nem volt köze a munkámhoz, hiszen már ott kerestem pénzt, de új kihívásnak tekintettem.

Olumide Ogunsanwo: Természetesen, és itt van néhány olyan terület az életben, ahol több kockázatot vállalhat: kapcsolatok, egészség, személyes fejlődés/növekedés/oktatás, vállalkozói szellem, személyes pénzügyek, fizikai környezet és tapasztalatok.

Összefoglalva, pályafutásom első éveit szívfájdalom és fájdalom jellemezte. 23 éves koromra több munkahely elvesztése nyilvánvalóvá tette, hogy új irányt kell felvázolnom az életemben. Ezért úgy döntöttem, hogy alaphelyzetbe állítom az életemet, és jelentkezem az üzleti egyetemre.

87

4B : Samon karrierjének kezdeti története

Olumide Ogunsanwo: Samon, mi történt az egyetem befejezése után?

Achani Samon Biaou: Az egyetem elvégzése után elkezdtem különböző állásokra jelentkezni, és különösen érdekelt az Egyesült Királyságban való elhelyezkedés. Hallottam történeteket olyan emberekről, akik Franciaországból „szöktek" az Egyesült Királyságba egy jobb életért. Ott más valóságnak tűnt, mindenki angolul beszél és egyedi módon intézte az üzletet. Feltöltöttem az önéletrajzomat olyan webhelyekre, mint a monster.com, és jelentkeztem francia cégeknél is.

Olumide Ogunsanwo: Elsősorban arra összpontosított, hogy Franciaországon kívül, különösen az Egyesült Királyságban találjon nemzetközi lehetőségeket?

Achani Samon Biaou: Igen, mindenekelőtt olyan környezetben szerettem volna dolgozni, ahol tudok angolul. Az Egyesült Királyság természetes választásnak tűnt, de más lehetőségeket is mérlegeltem, például Skandináviát, Svájcot vagy Németországot, ahol végül kötöttem.

Olumide Ogunsanwo: Mennyire volt jártas akkoriban angolul? Az angolod most csodálatos.

Achani Samon Biaou: Akkoriban az angoltudásom középszintű volt.

Egyébként nem vagyok benne biztos, hogy megosztottam-e veled azt a történetet, hogyan tanultam meg angolul. Igazán megszállott voltam tőle. Nem követtem az iskolában tanított tantervet. Tíz éves koromban erős vágyam volt megérteni és beszélni az amerikai angolt. Vettem kazettákat, és még a cotonoui Amerikai Kulturális Központba is ellátogattam, hogy elmerüljek a nyelvben.

Visszatérve az álláskereséshez, úgy éreztem, hogy a "frankofonságom" korlátozza a globális kitettségem. Amikor a híreket akartam olvasni, mindig franciául volt. Képzeld el, hogy az egész világnézeted egy olyan nyelvre korlátozódik, amely nem angol.

Olumide Ogunsanwo: Világos különbség van a frankofón Afrika és az anglofón Afrika között. Nigériában nőttem fel, az angol volt a nemzeti nyelv, ami azt jelentette, hogy amikor egy Nigérián kívüli jövőt fontolgatnak, gyakran az Egyesült Királyság vagy Amerika volt az elsődleges választási lehetőség, és Kanada is lehetséges. A nyelv jelentős hatással van az ember jövőbeli lehetőségeire és életére.

Ha Ön szülő, aki ezt a könyvet olvassa, és érdekli az anyagi függetlenség saját maga és/vagy gyermekei számára, figyelemre méltó lenne, ha több nyelven is megajándékoznánk őket. Például a húgom, nigériai származású, fiatalon francia iskolába íratta a gyerekeit. Gyerekkoruk óta folyékonyan beszélnek franciául, ami lehetőségek sokaságát nyitja meg előttük.

Nigériát francia nyelvű országok veszik körül, ezért sok francia órát kellett járnunk, bár akkoriban nem vettem komolyan a nem megfelelő tanárok és tanterv miatt. Ha azonban megvan rá az eszköze, előnyös lenne, ha gyermekeinek korán megajándékozza a több nyelv használatát. Mi a véleményetek erről?

Achani Samon Biaou: Van egy szélsőségesebb nézetem. Úgy gondolom, hogy mindenkinek, aki teheti, korán anyagilag függetlenné kell válnia, lehetővé téve, hogy gyermeke oktatását, ha gyermekvállalást választ, munkaként kezelje. Ha lesznek gyerekeim, arra törekednék, hogy 10 éves korukra legalább négynyelvűek legyenek. Ez azt jelentené, hogy szándékosan olyan országokban élnek, ahol nemcsak az iskolában tanulják meg a nyelvet, hanem elmélyülnek a kultúrában is. A nyelv nem elszigetelt fogalom; mélyen összefonódik a kultúrával. Például képzeljünk el egy norvégot, aki Norvégiában tanul és beszél joruba nyelven. Gyakran beszélhetnek olyan dolgokról, mint "Ma remek az idő, és nagyon boldog vagyok." Nincs ezzel semmi baj, de a nigériaiak általában nem rutinbeszélgetések során beszélnek az időjárásról. A kultúrában való elmélyüléssel a nyelv zsigeri és szinte elengedhetetlen megértését éri el, nem pedig puszta fordítást.

Olumide Ogunsanwo: Teljesen egyetértek. Az élet az élményekért van, és akkor lehet igazán értékelni ezeket az élményeket, ha a helyi nyelvükön kapcsolatba léphetnek az emberekkel. Ennyire egyszerű. Nem beszélve a szakmai és anyagi előnyökről, amelyek másodlagos szempontok.

Achani Samon Biaou: Oké, térjünk vissza a történethez, hogyan akadtam rá a munkára. Akkoriban az állásválasztásomat nem elsősorban anyagi megfontolások vezérelték, a fizetésekre sem nagyon figyeltem. Számomra az számított, hogy nagyszerű munkakörnyezetben lehetek, és van valami értelmes dolgom. Bár a fizetés szempont volt, nem tudtam, hogy jelentős különbségek lehetnek a munkakörök között. Feltöltöttem az önéletrajzomat a Monsterre, és írtam egy angol nyelvű kísérőlevelet. Végül már kaptam egy ajánlatot a francia Accenture-től, amely körülbelül 32 000 eurót fizetett évente.

Váratlanul felhívott a németországi Deutsche Telekom Consulting. A francia cégek jellemzően nem repítették a jelölteket, és nem fedezték az utazási költségeket a franciaországi interjúkra. A Deutsche Telekom Consulting azonban Párizsból Bonnba repített az interjúra, anélkül, hogy a jegy árával foglalkozott volna.

Először jártam Németországban, és izgatott voltam a lehetőség miatt. Korábbi franciaországi interjúim során egyszerűen csak azt várták tőlem, hogy megjelenjek, nem beszéltek az utazási költségekről, és természetesen nem kínáltak ebédet. Emlékszem, kaptam egy étkezési utalványt az egyik franciaországi interjúra.

Az interjú előrehaladtával végül a fizetésről kezdtünk beszélni, és megkérdezték az elvárásaimat. Merésznek éreztem magam, és 38 000 eurót kértem, ami 25%-kal több, mint az Accenture ajánlata. Azt hittem, gazdag leszek, ha ebbe beleegyeznek. Döbbenetemre és örömömre a HR-es szinte bocsánatkérő hangon válaszolt: "Ó, tudod, felajánlunk neked 45 000 eurót. Ez itt a fizetések kiindulópontja."

Olumide Ogunsanwo: [Nevetés]

Achani Samon Biaou: Egy pillanatra lefagytam. Ez körülbelül 50%-kal volt magasabb, mint a franciaországi ajánlatom. Számtalan kérdés kerítette hatalmába az agyamat. "45 000 euró?" – Miért olyan magas? "Hogyan lehetséges ez, amikor a határon túli, egyformán fejlett Franciaországban már 32 000 euró nagy fizetésnek számított?" – Miért nem tudtam erről? – Mennyire leszek gazdag? – Van valami fogás?

Azonnal eltöltött a kíváncsiság és a sajnálat, amiért korábban nem fedeztem fel Franciaországon kívüli lehetőségeket. Elhatároztam, hogy nem követem el ugyanezt a hibát, ha úgy döntök, hogy Németországba költözök. Elhatároztam, hogy bár komfortzónámon kívül más földrajzi helyeken keresek lehetőségeket.

Izgatott voltam a meggazdagodás lehetőségétől. Francia és frankofón afrikai barátaim Franciaországban vagy féltékenyek, vagy tájékozatlanok voltak, amikor azt kérdezték, miért választanám Németországba költözést. Azt is megkérdezték, hogy fontolóra vettem-e az ilyen országba költözés következményeit.

Bár nem terveztem aprólékosan, úgy okoskodtam, hogy ha más bevándorlók boldogulnak ott, akkor én is kitalálom. Kíváncsi voltam más helyekre is. Az interjúm során senkit sem láttam horogkeresztet viselőn, vagy bármi szokatlannal találkoztam.

Olumide Ogunsanwo: [Nevetés] Nincsenek furcsa tetoválások.

Achani Samon Biaou: Azt hittem, hogy jól leszek Németországban. Láttam néhány másik feketét, és találkoztam egy nagy török lakossággal. Kíváncsi voltam a németországi életre, körbekérdeztem. Néhányan nagyszerűnek, békésnek és igazságosnak írták le. Mások megemlítették a rasszizmust és a fekete emberként való előrelépés kihívásait a menedzsmentben. Arra a következtetésre jutottam, hogy Németországban, Franciaországhoz és más nyugati országokhoz hasonlóan, voltak tisztességes emberei és rasszizmusa is. Valószínűleg hasonló dinamika volt Nigériában a különböző etnikai csoportok között.

Olumide Ogunsanwo: Az egyetemi éveinkről szóló előző fejezetünkben úgy tűnt, hogy szándékosak voltunk, és szélesebb perspektívával láttuk a lehetőségeket. Miért nem hasonló mentalitással álltál hozzá az álláskereséshez? Úgy tűnik, az álláskeresése kevésbé volt szándékos.

Achani Samon Biaou: Örülök, hogy feltetted ezt a kérdést. Amikor egyetemista diákmunkát kerestem, valóban szándékos és kalandvágyó voltam. Ami azonban a diploma megszerzése utáni álláskeresést illeti, miközben az Egyesült Királyságot és Németországot is figyelembe vettem, továbbra is rendszeres telekommunikációs pozíciókra jelentkeztem ezekben az országokban. Franciaországban olyan ismerős cégekhez jelentkeztem, mint az Accenture és az Alcatel.

Az Egyesült Királyságot és Németországot bevontam az álláskeresésbe, mert kamatoztatni akartam angoltudásomat. Az anyagi előnyöket azonban csak homályosan vettem figyelembe, mivel akkor még nem értettem teljesen a számokat. Később mélyebben megértettem az anyagi függetlenséget. Ami segített ezen az úton, az a kíváncsiság és a versenyképesség kombinációja volt. Bár nem mindig volt világos elképzelésem arról, hogy mit akarok, nyitott voltam új dolgok kipróbálására. Ez a kíváncsiság olyan helyzetbe hozott, hogy váratlan lehetőségeket fedeztem fel.

Ha nem lökid ki magad a komfortzónádból, és maradsz kíváncsi, soha nem fogsz tudni a létező lehetőségekről. Mindig is hittem, hogy bármilyen karrierlehetőséget választok, amit csak akarok. Hiszen aki már csinálja, van valami különleges előnye?

Olumide Ogunsanwo: Igen. Azt gondoltad: „Miért ne tehetném én is ezt?"

Achani Samon Biaou: Valójában miért ne csinálnád, és még jobban?

Visszatérve a németországi tapasztalataimra, 2006-ban csatlakoztam a Deutsche Telekom Consultinghoz, 24 évesen, és nagyon el voltam ragadtatva a 45 000 eurós fizetésemtől. Útközben azonban találkoztam néhány meglepetéssel. Először is, a sokk, amiért Németországban magasabb az adózás, mint Franciaországban. Meglepő módon végül majdnem ugyanannyi nettó jövedelmet kerestem, vagy talán egy kicsit többet. Másodszor, alig két-három hónapja az új munkahelyemen, lehetőséget kínáltak egy három hónapos nemzetközi projektre Dél-Afrikában. A megbízás elfogadása fizetésemeléssel járna, és szerény növekedésre számítottam a kezdeti, körülbelül 2000 euró/hó (24 000 euró/év) németországi nettó fizetésemről 2500 euró/hó (30 000 euró/év) körülire.

Olumide Ogunsanwo: Ez olyan alacsony nettó fizetés. 45 000 eurós bruttó fizetésből nettó 24 000 euró. Ez őrület.

Achani Samon Biaou: Jelentős összeget fizettem adóként, beleértve a rendszeres jövedelemadót, a nyugat-németországi keleti újjáépítést támogató szolidaritási adót és a választható egyházi adót. Nem gyakorló keresztényként úgy döntöttem, hogy lemondok az egyházi adóról.

Olumide Ogunsanwo: Pusztán racionális szempontból jobb, ha kijelenti, hogy nem áll kapcsolatban az egyházzal, és a választása szerinti százalékban járul hozzá, nem pedig a kormány határozza meg az összeget. Őrültségnek tűnik, hogy ezt tennék.

Achani Samon Biaou: Három hónappal azután, hogy 2006 októberében csatlakoztam a Deutsche Telekom Consultinghoz, újév környékén elkezdtem egy nemzetközi megbízást, és a nettó fizetésem majdnem megháromszorozódott, havi 7000 euróra nőtt. 2007 vége előtt több mint 100 000 € megtakarítást halmoztam fel a fizetésemből és a prémiumból. A cég szállást biztosított szállodákban, bérelt autókat fedezett az ügyfelek látogatásaihoz, és lehetővé tette számunkra, hogy taxiköltségeket költsünk. Jelentős összeget sikerült megtakarítanom.

Olumide Ogunsanwo: Mennyi ideig tartózkodott szállodákban? Végül vállalati lakásba költözött?

Achani Samon Biaou: Dél-afrikai szállodákban szálltam meg, majd később Dubaiban is. Dubajban volt egy juttatásunk, amit bérelhettünk. Egy kolléganőmmel béreltünk egy 3 hálószobás helyet egy látványos környéken, a Palm Jumeirah-szigeten.

Számomra nem volt értelme a dolgoknak. Alig néhány hónappal korábban diák voltam Franciaországban, egy fejlett országban. Aztán Németországba költöztem, és rájöttem, hogy Franciaországnak kisebb a gazdasága, amiről nem is tudtam, mivel Németországról ritkán esik szó a frankofón világban. Nekem nem számított. Németországban egy céges autóval, egy Mercedes C-osztállyal kezdtem, az üzemanyagköltséget teljes mértékben fedezve. Dél-Afrikába és Dubaiba utaztam, ahol több pénzt kerestem, mint amennyit az emberek általában keresnek 20 éves franciaországi vagy németországi karrierjük során. Miért történt mindez velem? Hihetetlenül boldog voltam, de kíváncsi voltam, hogyan alakult.

Olumide Ogunsanwo: A háromszoros fizetésemelés egy nemzetközi nehézségekkel járó pótléknak köszönhető?

Achani Samon Biaou: Igen, voltak különféle juttatások, köztük egy nehéz segély. Ezen túlmenően, mint egy éven belül több mint hat hónapig Németországon kívül tartózkodó alkalmazottam volt némi adómegtakarításom, mivel Németországban nem tartoztam teljes adózás alá.

A Deutsche Telekomnál töltött első évem során sokat utaztam, sok új embert ismertem meg, és fejlesztettem angoltudásomat. 23 évesen megszoktam, hogy luxusszállodákban szálljak meg. Csak 2022 szeptemberéig vettem bútorokat, elköltözve az addig használt vacak egyetemi bútoroktól.

Olumide Ogunsanwo: Azok számára, akik olvassák a történetedet, és azt gondolják, hogy ez csak szerencse, milyen elveket vonhatnak le belőle?

Achani Samon Biaou: A kulcs az, hogy ne hasonlítsd össze a saját utazásodat valaki máséval, és ne próbáld szerencsének minősíteni az eredményeiket. Mindenkinek egyedi az útja, és lehet, hogy egyesek életük későbbi szakaszában kezdték el a pénzügyi függetlenség útját. Mások anyagilag függetlennek születhettek, mert a szüleik milliárdosok voltak.

Olumide Ogunsanwo: [hisztérikus nevetés]

Achani Samon Biaou: Az alapelvek, amelyekre összpontosítani kell, a kíváncsiság és az ambíció. Figyeld meg a körülötted zajló dolgokat, és próbáld meg új lehetőségeket felfedezni.

Nem kell ugyanazt az utat követned, mint másoknak. Maradjon kíváncsi és versenyképes, és mindig arra törekszik, hogy felülmúlja magát. Könnyű megelégedni jelenlegi helyzetével és környezetével, de arra biztatom az olvasókat, hogy ne korlátozzák, amit elérhetnek. Ez a fő kivonat a történetemből.

Olumide Ogunsanwo: Az extrém emberek extrém eredményeket érnek el. Lehet, hogy nem nevezem magam szélsőségesnek, de van valami csodálatos abban, ha agresszíven próbálsz pozitív változást elérni az életedben. Ha már elégedett azzal, ahol tart, nem tehet semmit. De ahogy Samon története is mutatja, kíváncsisága és lendülete arra késztette, hogy a lehető legtöbbet hozza ki a rendelkezésére álló lehetőségekből. Nem valószínű, hogy a babérjain nyugvó anyagi függetlenséghez vezet.

Az egyik alapelvet a történetedből vettem le, hogy aktívan keresd a lehetőségeket, légy kíváncsi és hajlandó kiszámított kockázatot vállalni.

Ha Ön egy kaukázusi francia gyerek lenne, aki Párizsban nőtt fel, francia barátokkal körülvéve, és kizárólag Franciaországban tanult, akkor félhet, hogy Szaúd-Arábiába vagy az Egyesült Arab Emírségekbe költözik. A biztonság és a kockázatok komoly aggodalomra adnak okot. Ezzel szemben a bevándorlás egyedülálló előnyöket kínál a tőkeáttételhez. Miután elköltözött egy másik helyről, megszokta az ismeretlen kultúrákat, és kényelmesen próbál új dolgokat. Például Samon bevándorló volt, aki már megtapasztalta a vidéki tanyasi életet és a városi életet Beninben, mielőtt Franciaországba költözött. Ez a háttér megkönnyítette számára, hogy felkaroljon nemzetközi projekteket Dél-Afrikában vagy az Egyesült Arab Emírségekben, mivel rugalmasabb volt, és kevésbé félt új környezetek felfedezésétől.

Minden, amin keresztülmentél az életedben, azzá tett, aki vagy. Fogadd el a múltad, és használd fel egy jobb jövő megteremtésére. A történelem az Ön személyes előnye. Ez az egyediség szuperhatalma egy olyan világban, amely előmozdítja a nyájas egyformaságot.

Ha olyan környezetben nőtt fel, ahol naponta több órát kellett gyalogolnia az iskolába, ezt hátrányként foghatja fel. Jobb perspektíva lenne azonban, ha figyelembe vennénk a séta elképesztő egészségügyi előnyeit, az önvizsgálatra fordított további időt, valamint az emberekkel való találkozás lehetőségét és az ország különböző részeit. Nincs objektív valóság, csak a mi szubjektív, folyamatos életértelmezésünk van. Akkor miért nem fogad el pozitív perspektívát az élettörténetében, hogy megerősítse magát? Ez hasznosabb lesz, mint panaszkodni és másokat hibáztatni a körülményeiért.

Achani Samon Biaou: Egyetértek. Emellett a pénz maga nem számított akkoriban nekem. Alapvető fontosságú, hogy ne feledje, hogy ha kizárólag a pénzre vagy az anyagi javakra összpontosít, soha nem lesz elégedett, és lemarad a pénz nyújtotta valódi érték élvezetéről.

Olumide Ogunsanwo: Hozzáteszek még egy kis ízt. Képzelj el valakit, aki jártas a személyes pénzügyekben. Még ha a húszas éveik közepén kezdik is, akkor is 10-15 évbe telhet az anyagi függetlenség elérése. Egy átlagos ember számára ez akár 30-50 évig is eltarthat. Ezekben az években elengedhetetlen, hogy örömet és beteljesülést találjunk az életben, és érezzük a rózsák illatát.

Ezért nem számít, hogy jó vagy a személyes pénzügyekben, vagy egy rendszeres joe, aki megpróbálja kitalálni az alapokat, évekre lesz szükség az életedből, hogy pénzügyileg függetlenné válj! Ha túlságosan leköti a pénzügyeit, akkor életének több évtizedét kihagyhatja, miközben a pénzügyi szabadságra vár. A pénz nem lehet a végső cél. Élvezze az UTAZÁST az anyagi függetlenség felé vezető úton, mert az utazás az életed.

Achani Samon Biaou: Ennek sok tekintetben áldozata voltam. Az emberek azt feltételezik, hogy az élet élvezete sok pénz pazarlását vagy kiadását jelenti. Ez nem. Rengeteg mód van arra, hogy megelégedést találjon, és emlékezetes élményeket szerezzen a lehetőségeihez mérten, jövője veszélyeztetése nélkül.

Olumide Ogunsanwo: Van még olyan történet, amelyet meg szeretne osztani, és amely befolyásolta személyes pénzügyeit, pénzügyi függetlenségét, kilátásait vagy jövőképét?

Achani Samon Biaou: Abszolút. Szeretnék megosztani egy történetet az egyik legkorábbi vállalkozói vállalkozásomból. Ez a tapasztalat segített megértenem a többféle bevételi forrás előnyeit.

Emlékezhet, édesapám több vállalkozásban is részt vett, ezért mindig természetesnek tartottam, hogy különféle projekteket és vállalkozásokat fedezzek fel. 2007-ben, mindössze néhány hónappal a karrierem előtt, a hazavitt nettó fizetésem a németországi 2500 euróról háromszorosára nőtt, havi 7000-9000 euróra költözött Dél-Afrikában, Dubaiban, Malajziában és más helyeken. Ezenkívül minimális lakhatási kiadásaim voltak, mivel a cégem szállást biztosított, valamint fedezte a villany- és vízszámlát. Ez lehetővé tette számomra, hogy megtakarítsam a bevételem jelentős részét, csaknem hétszer többet, mint amennyit Németországban tudtam megtakarítani a külföldi szerződésemmel járó minimális kiadások miatt.

Olumide Ogunsanwo: Hihetetlen!

Achani Samon Biaou: 27 éves voltam, és három éve dolgoztam a DT-nél, amikor kezdtem unatkozni. Arra gondoltam, hogy kibővítek egy mikrovállalkozási vállalkozást, amelyet diákként folytattam Franciaországban az iskolai szünetek alatt. Akkoriban Franciaországból hoztam számítógépeket Beninbe, és egy barátom segítségével eladtam. Az Egyesült Arab Emírségekben tartózkodtam, és több tőkével rendelkeztem, ezért úgy gondoltam, hogy ezt egy nagyobb vállalkozássá alakíthatom át. Ahelyett, hogy Franciaországból vásároltunk volna laptopokat, úgy döntöttünk, hogy az Egyesült Arab Emírségekből vásároljuk meg őket, ahol olcsóbbak voltak.

Néhány kihívással azonban szembesültünk. Az Egyesült Arab Emírségekben QWERTY, míg a francia nyelvű billentyűzetek AZERTY voltak. Ezenkívül az Egyesült Arab Emírségek tápkábelei eltértek a Beninben és Franciaországban lévőktől. Megoldást kellett találnunk ezekre a problémákra, mielőtt eladásra szállítanánk a laptopokat az Egyesült Arab Emírségekből Beninbe.

Végül rájöttünk a laptopok és a töltőkábelek vásárlásának gazdaságosságára, de maradt a billentyűzetkiosztás problémája. Aztán a barátom azt javasolta, hogy Beninben fessük fel a francia betűket az Egyesült Arab Emírségek billentyűzetére!

Olumide Ogunsanwo: [Mosolyog] Viccelsz? Ez 100%-ban őrülten hangzik.

Achani Samon Biaou: Végül úgy döntöttünk, hogy matricákat vásárolunk, és praktikusabb megoldásként elhelyezzük a QWERTY billentyűzeteken. Megfogtuk a lépést, és vállalkozásba kezdtünk, és egy céget alapítottunk 20 000 euróval (egyenként 10 000 euróval). Az én szerepem az volt, hogy laptopokat vásároljak az Egyesült Arab Emírségekből, és elutazzam

Beninbe, hogy eladjam azokat. Időérzékeny megrendelés esetén a laptopokat hajóval szállítjuk ki. A repülési költségek optimalizálása érdekében Nairobin keresztül repülnék a Kenya Airways légitársasággal.

Olumide Ogunsanwo: Ó, te jó ég. Hogy bírta az utazást ennyi laptoppal? Bejelentetted őket? Féltél, hogy elpusztulnak?

Achani Samon Biaou: Kezdetben a legtöbb számítógépet a kézipoggyászomban vittem, és feladtam a kábeleket. Ahogy az üzlet növekedett, elkezdtem ellenőrizni néhány laptopot, és ruhákkal kitömtem őket, hogy megvédjem a sérülésektől. Szorosan figyelemmel kísértük az árakat a különböző helyeken, és a legjobb áraktól függően Franciaországból vagy Dubajból szállítunk. Végül Kínából is elkezdtünk vásárolni. Az üzlet virágzott: több mint 200 000 dollár éves árbevételt produkált, és néhány éven belül közel tízszeresére nőtt a hozam.

Megtanultam, hogy még ha sikeresen is keresel pénzt egy úton, nem kell itt megállnod. Folytathatja a tanulást és az új lehetőségek felfedezését.

Kényelmes helyzetben voltam, és nem feltétlenül a pénzért tettem. Találtam egy arbitrázst, és utánajártam. Nem csak egyetlen számítógéppel csináltam, hanem nagyobb léptékben, több száz számítógéppel.

A vállalkozás azonban végül kihívásokkal néz szembe. Elkövettük azt a „hibát", hogy becsületesek voltunk, amikor Beninben adóbevallást és társadalombiztosítást fizettünk alkalmazottaink után. Egy nap megérkezett az adóhatóság és felfedte, hogy a legtöbb vállalkozás a környéken csak a tényleges árbevételének mintegy 10%-át jelentette be. Adótörvényt adtak ki, amely tartalmazza a korábbi évek revízióit. Megdöbbentünk , de tehetetlennek éreztük magunkat. Mivel nem tudtuk felvenni a harcot a rendszerrel, úgy döntöttünk, hogy felszámoljuk a készletet és felszámoljuk az üzletet.

Mindazonáltal ez a tapasztalat feltárt a vállalkozás világába. Alkalmazottakat kellett felvennünk, készletet kellett kezelnünk, és optimalizálnunk kellett az üzleti költségeket. Értékes tanulási tapasztalat volt, ami még azelőtt történt, hogy még az üzleti iskolába jártam.

Achani Samon Biaou: A történet morálja, hogy új lehetőségeket kell keresni, amikor nyugtalannak érzi magát, és a tanulási görbéje ellaposodott. Ne legyen túl kényelmes és önelégült; mindig törekedj valami új hozzáadására. A világ tele van végtelen lehetőségekkel és lehetőségekkel. Belső öröm és elégedettség származik az új dolgok tanulásából és az új készségek fejlesztéséből, még akkor is, ha ezek nem járnak azonnal anyagi haszonnal.

Olumide Ogunsanwo: Gyönyörű. Köszönjük, hogy megosztotta történetét.

4C: Az ambíció és a bátorság elvei

Olumide Ogunsanwo: Most, hogy megosztottuk személyes történeteinket, helyezzük át a fókuszunkat, és mélyedjünk el olyan konkrét alapelvekben, amelyek felgyorsíthatják a pénzügyi függetlenség felé vezető utat. Ebben a fejezetben az ambíció és a bátorság alapelveit vizsgáljuk meg, három részre osztva. Először is meghatározzuk ezeket az elveket. Másodszor megvitatjuk, hogyan járulhatnak hozzá a pénzügyi függetlenség eléréséhez. Végül pedig könyvajánlásokat adunk ezen alapelvek további feltárásához.

Kezdjük az ambícióval, ami egy erős vágy valami olyasvalami megvalósítására, amihez elszántság és kemény munka szükséges. Hogyan kapcsolódik az ambíció a korábban tárgyalt alapelvekhez, és hogyan támogatja a pénzügyi függetlenségre való törekvést?

Először az önbizalomról és az önbizalomról beszéltünk. Olyan gondolkodásmódot alakít ki, amely felszámolja az önkorlátozó hiedelmeket, és elősegíti a hitet abban, hogy bármit is elérhet. Ön vállalja a kizárólagos felelősséget az életéért. Ezután a kíváncsiság új lehetőségek felfedezésére és önálló gondolkodásra késztet, mentes a kihagyástól való félelemtől (FOMO). Izgatott leszel, és kíváncsi leszel arra, hogy mivé válhat az élet.

Ezután kialakul benned az égető vágy, hogy olyan életet teremts, amilyet szeretnél, amihez hozzátartozik az anyagi függetlenség is. Ez az égető vágy ambíció. Természetesen az önbizalomból, az önbizalomból, a kíváncsiságból és a független gondolkodásból alakul ki. Az ambíció különösen fontossá válik az esélytelenebbek, a kívülállók, az expatok, a nomádok, a kisebbségek és a bevándorlók számára. Kívülállóként létfontosságú az új környezet megértése és a lehetőségek felismerése. Az ambiciózusság lehetővé teszi, hogy új életet képzelj el és törekedj rá.

Achani Samon Biaou: Teljesen egyetértek. Kezdetben az anyagi függetlenséghez szükséges összeg megfélemlítő lehet. Például, ha havi 12 000 dollárt keres, és úgy gondolja, hogy egymillió dollárra van szüksége az anyagi függetlenség eléréséhez, természetes, hogy azt gondolja, hogy ez lehetetlen, és feladja anélkül, hogy megpróbálná.

Az ambíció olyan lelkiállapot, amely képessé tesz arra, hogy higgyen abban, hogy képes kitűzni és elérni aspirált célokat. Az ambíció szorosan kapcsolódik az önálló gondolkodáshoz, és a célok kitűzése erősíti. Ahhoz, hogy olyan víziót alkosson az életéről, amely magában foglalja álmait és vágyait, képesnek kell lennie arra, hogy másoktól eltérően gondolkodjon.

Célok nélkül azonban az ambíció önmagában iránytalan, és céltalan erőfeszítésekhez vezet. Hasonlóképpen, ambíció nélkül valószínűleg apró célokat tűz ki, amelyek kihasználatlan lehetőségekhez vezetnek.

Olumide Ogunsanwo: Jól tagolt. Az ambíció hídként működik az előző fejezetben szereplő önálló gondolkodás és a célmeghatározás között, amelyről a következő fejezetben fogunk beszélni. Robert Kiyosaki azt tanácsolja [1] az egyéneknek, hogy állítsák kihívás elé magukat azáltal, hogy „nem engedhetem meg magamnak" gondolkodásmódjukat a „Hogyan engedhetem meg magamnak?" felé. Ez a megközelítés széles körben alkalmazható a lehetőségekre és kihívásokra, ha tartózkodnak attól, hogy azt mondják: „Nem tudom megcsinálni" vagy „Ez nem lehetséges". Ehelyett az ambiciózus egyének hisznek a képességeikben, és proaktívan lépéseket tesznek, hogy a dolgok megtörténjenek.

A könyv megvásárlásával már bizonyította érdeklődését az anyagi függetlenség elérése iránt. Magától azonban nem fog bekövetkezni. Cselekedj ma, ne holnap, ne hamarosan és semmiképpen ne a „jövőben". Tegyen lépéseket még ma, hogy ráálljon a siker útjára.

Achani Samon Biaou: Ha ambícióra vágyik, íme néhány könyvajánló. Először is, Jim Rohn " The Power of Ambition [2]" című könyve kiváló forrás. Ez a könyv arra törekszik, hogy felébressze magadban a hatalmas erőt, hogy ambiciózusabb legyél.

Olumide Ogunsanwo: [Mosoly] Tudod, mi a hihetetlen, Samon? Pontosan ugyanezt a könyvet akartam ajánlani. Hihetetlen, mert eddig nem egyeztünk össze és nem vitattuk meg az ajánlásokat.

Achani Samon Biaou: Igen, valóban. Ez egy rendkívül éleslátó könyv. A szerző művében az ambíciót inkább lelkiállapotként, semmint puszta cselekvésként határozza meg. Azt állítja, hogy az igazi ambíció nem múló vágy,

---

1.   https://www.goodreads.com/quotes/645564-i-can-t-afford-it-shut-down-your-brain-it-didn-t

2.   https://www.amazon.com/Power-Ambition-Awakening-Powerful-Within-ebook/dp/
B09FNP7GCX

hanem fegyelmezett, mohó és szinte megszállott vágyakozás. Alapvető fontosságú, hogy olyan gondolkodásmódot alkalmazzon, amelyben folyamatosan a következő jelentős eredményén gondolkodik, ahelyett, hogy megelégedne jelenlegi körülményeivel. Ha sikeresen lefut egy maratont, ne álljon meg itt; cél a triatlon.

Olumide Ogunsanwo: Az ambíció elvének az a szépsége, hogy bár gyakran beszélünk róla a pénzügyi függetlenség kontextusában, messzemenő alkalmazásai vannak a személyes fejlődésben. Az ambíció képessé tehet arra, hogy vállalkozást indítson, partnert találjon vagy bármilyen célt elérjen. Az anyagi függetlenségre való törekvésben kiművelt gondolkodásmód, készségek és találékonyság mindig átterjed az élet más döntő területeire is, mint például a kapcsolatok, az egészség, a vállalkozói szellem stb.

Achani Samon Biaou: Ahogy a mondás tartja, te vagy az a társaság, amelyet megtartasz. Ha olyan egyénekkel veszed körül magad, akiknek nincs ambíciója, az akadályozhatja saját lendületét, még akkor is, ha természetesen erős vágy van a sikerre. Ha jelenleg komoly változáson gondolkodik, hasznos lehet, ha több időt tölt olyan barátaival, akik ambiciózus célokat értek el, vagy aktívan követik azokat. A hasonló gondolkodású és motivált egyének társaságában való tartózkodás inspirálhat, értékes betekintést nyerhet, és támogatást nyújthat saját ambícióinak eléréséhez.

Olumide Ogunsanwo: Találd ki, ki népszerűsítette a közmondást: „Ön átlaga vagy annak az öt embernek, akivel a legtöbb időt töltöd"?

Achani Samon Biaou: Ki?

Olumide Ogunsanwo: [Nevetés] Jim Rohn. Engem is meglepett. Igen, ugyanaz a Jim Rohn, aki az általad ajánlott könyvet írta. Társadalmi köre és ambíciói szintje összefügg.

A legtöbb elv összefügg egymással. Például néhány fejezettel ezelőtt az önbizalomról beszéltünk. Ha nagy az önbizalmad, akkor valószínűbb, hogy bátor lépéseket teszel. Most az ambíciókat vizsgáljuk. Az ambiciózussághoz gyakran bátorságra van szükség. Ezeket a fogalmakat a könyv külön-külön is bemutathatja, de ezek mesterséges megkülönböztetések. Célunk, hogy inspiráljuk Önt, hogy fejlessze és ápolja ezeket a tulajdonságokat, és higgyen abban, hogy képes valami figyelemre méltót elérni az életével.

Achani Samon Biaou: Abszolút. Kulcsfontosságú, hogy különbséget tegyünk az üres becsvágy és az elszánt ambíció között, mivel az utóbbihoz más létfontosságú tulajdonságok is társulnak, mint például a végrehajtás. Előfordulhat, hogy az irigységtől vezérelt ambíció nem illeszkedik valódi céljaihoz.

Az induláskor elengedhetetlen, hogy olyasmit válassz, ami igazán érdekel, mert még ha csodálod is valaki más sikerét, és törekszel annak megismétlésére, kevésbé valószínű, hogy belefektetsz a szükséges erőfeszítésbe, ha nem érzel iránta valódi szenvedélyt. . Más szóval, ha ambícióiból hiányzik az igazi szenvedély, akkor nehézségekbe ütközhet a motiváció és az elkötelezettség fenntartása a folyamat során.

Olumide Ogunsanwo: Ez a becsvágyról szóló fejezet okkal követi az önálló gondolkodásról szólót. Ha átgondolja az előző fejezetet, és felvállalja a független gondolkodást, nagyobb valószínűséggel lesz ambiciózus olyan dolgok iránt, amelyek valóban rezonálnak Önre, mint egyénre. Az önmagadhoz való hűség általában az a módszer, amely jobban működik az Ön számára.

Achani Samon Biaou: Ha erős szenvedélyed van valami iránt, ami fontos számodra, akkor valószínű, hogy sikerülni fog, és elérni a kitűzött célokat. Ezzel szemben, ha csak azért hajszolod ambícióidat, mert irigy vagy másoktól, vagy mások elismerését szeretnéd, akkor elérheted a kívánt pozíciót, de nem érzed magad igazán kiteljesedettnek.

Olumide Ogunsanwo: Az ambiciózus céljaidnak belülről kell származniuk, és személyes jelentőséggel kell bírniuk számodra. Most szeretnék néhány ajánlást tenni. Eredetileg "Az ambíció hatalmát" akartam javasolni, de mivel már említetted, kihagyom. Ehelyett Tim Ferriss „ Titánok eszközeit " [3] ajánlom . A könyv világszínvonalú előadókat mutat be különböző területekről. Történeteiken keresztül az olvasók értékes betekintést nyerhetnek, nem pusztán azáltal, hogy lemásolják cselekedeteiket, hanem tanulnak is belőlük. Kezdheted felismerni, hogy ha mások nagy dolgokat értek el, akkor te is ambiciózus célokat tűzhetsz ki magad elé. Miért elégedjen meg egy olyan élettel, amelyet nem szeretne élni, amikor mások álmaik életét élik?

Ezzel lezárul az ambíció elve. Beszéljünk legközelebb a bátorságról?

Achani Samon Biaou: Igen , térjünk át a bátorságra, az egyik kedvenc témámra. A bátorság az élet számos területén elválasztja a félénk csirkét a merész oroszlántól. Az emberek évszázadok óta erényként értékelték, és joggal. A bátorság az a szellemi erő, amely a várakozásokat felülmúlja, akár vala-

3. https://www.amazon.com/Tools-Titans-Billionaires-World-Class-Performers/dp/1328683788

mi újba kezdünk, akár kitartóan küzdünk az esetleges kihívásokon. Felhatalmaz bennünket arra, hogy szembeszálljunk az akadályokkal, veszélyekkel és nehézségekkel, lehetővé téve számunkra, hogy rendíthetetlenül ellenálló képességgel tudjunk legyőzni őket, még a csapások ellenére is.

Olumide Ogunsanwo: Erőteljes! A bátorság döntő szerepet játszik az anyagi függetlenség felé vezető úton, amely tele van hullámvölgyekkel, kitérőkkel és kudarcokkal. Bátorság nélkül könnyű elcsüggedni és feladni. Bátorsággal azonban legyőzheti ezeket a kihívásokat, motivált maradhat, és tovább haladhat céljai felé. A bátorság az a meghatározó tényező, amely elválasztja azokat, akik elérik az anyagi függetlenséget, azoktól, akik soha nem kísérlik meg vagy hagyják fel a törekvést az út során. Ez eszembe juttat egy idézetet Phil Knighttól, a Nike alapítójától: "A gyávák soha nem indultak el, a gyengék pedig meghaltak útközben. Ez hagy minket."

Célunk, hogy felfedezz egy életet, amely jelentőségteljes számodra, és hajlandó legyél elindulni ezen az úton, mert úgy gondolod, hogy megéri. A bátorság az, ami arra késztet, hogy kitarts ezen az úton.

Achani Samon Biaou: Mindannyian megtapasztaljuk a félelmet, de a bátorság az a képesség, hogy elismerjük ezeket az érzelmeket, hogy megértsük, milyen mélyen érintenek bennünket, és továbbra is folytatni tudjuk őket.

Olumide Ogunsanwo: A félelem szinte elkerülhetetlen része a fontos dolgoknak. Fogadd el a félelmet, a kiszolgáltatottságot, a bizonytalanságot, és ettől függetlenül haladj előre.

Achani Samon Biaou: Fontos felismerni, hogy a bátor ember nem az, aki nem látja a veszélyt, hanem az, aki látja és elismeri a félelmet, amit okozhat. Azonban rendelkeznek egy belső erővel, amely képessé teszi őket arra, hogy félelmeik ellenére is szembenézzenek a kihívással. Nem kell rendkívüli egyéniségnek lenned ahhoz, hogy bátor legyél; egyszerűen meg kell tanulnia uralkodni az érzelmein, és el kell ismernie a kihívásokkal való szembenézés kockázatait. Ne feledje, hogy az egyetlen igazi kudarc az, ha egyáltalán nem próbálkozik, és ha szembeszáll a félelmeivel és cselekszik, meglepheti magát azzal, amire képes. Elismerem ezt a kihívást. Lehet, hogy veszítek, de folytatni fogom, és megbirkózom vele.

Hadd osztjak meg egy anekdotát a lényeg illusztrálására: Volt egy parancsnok és katonái, akik egy sziget meghódítására készültek. Felszálltak csónakjaikra, és kiértek a partra, de a katonákat izgalom és bizonytalanság egyaránt töltötte. A parancsnok ezután beljebb vezette a csapatokat, és ott hagyta őket, hogy megtartsák pozíciójukat. Visszatért a partra a legbátrabb katonákkal, és felgyújtották csónakjaikat, megszüntetve a visszavonulás lehetőségét. Ez az összes katonát rendíthetetlen elszántsággal harcra kényszerítette. A parancsnok megértette, hogy katonái bátorsága növekedni fog, ha tudják, hogy nincs más választásuk, mint a harc.

Olumide Ogunsanwo: Nem megyünk vissza. Előre megyünk, vagy meghalunk! Vicces.

Achani Samon Biaou: Amikor a csapatok szemtanúi voltak égő csónakjaiknak, a katonák mentális átalakuláson mentek keresztül. Még mindig féltek, de megvolt bennük a tisztaságból fakadó elszántság. Harcolj vagy halj meg. A bátorság nem feltétlenül a félelem hiányát jelenti, hanem azt a képességet, hogy meggyőzze magát, hogy ez a helyes út, és határozottan haladjon előre.

Olumide Ogunsanwo: Samon, itt a tökéletes alkalom, hogy bemutassunk egy koncepciót MJ DeMarco „ Unscripted ” [4]**című könyvéből** , amit FTE-nek (Fuck This Event) hívnak. Ez akkor fordul elő, amikor az egyén eléri azt a pontot, ahol rájön, hogy elérte a mélypontot, és sürgősen változtatnia kell az életén, és más irányba kell haladnia.

24 éves korom előtt több munkahelyemet elvesztettem. Azonnal rájöttem, hogy a vállalatok nem az én érdekeim. Tudtam, hogy valami mást kell kezdenem az életemmel. A legtöbb embernek fel kell tennie magának a kérdést: Meg akarja várni, hogy megtörténjen az FTE? Meg akarod várni, hogy a céged elengedjen? Meg kell várnia, amíg eléri a mélypontot, vagy MOST tehet proaktív lépéseket céljainak elérése érdekében traumatikus FTE esemény nélkül?

FTE elkerülhetetlenül előfordul. A cég, ahol dolgozol, nem a családod, nem számít, mit mondanak neked. Nem a te érdeked a szívükön. Bármilyen esélyt kapnak, becsapnak. Csak a munkádra használnak.

Achani Samon Biaou: Annak ellenére, hogy a vállalatok néha azt állítják, hogy a vállalat minden tagja közös küldetést teljesít, fontos emlékezni arra, hogy mindenkinek megvan a saját személyes küldetése, és végső soron

---

4.   https://www.amazon.com/UNSCRIPTED-Life-Liberty-Pursuit-Entrepreneurship/dp/
0984358161

saját karrierjéért és jólétéért felelős. Míg a kollégák a közös körülményeknek köszönhetően barátokká válhatnak, mindenkinek a saját útját kell követnie, ha a körülmények megváltoznak.

Olumide Ogunsanwo: Bátorságra van szükség ahhoz, hogy elinduljon a céljai felé vezető úton. Ha azonban ez hiányzik, egy teljes munkaidős munkavégzés idővel úgyis valamire kényszerít. Beszéljük meg a kiszámított kockázatvállalás fontosságát is. A bátorság és a komfortzónádban maradás összeegyeztethetetlen. A status quo követése nem vezet anyagi függetlenséghez, és a komfortzónád valószínűleg a status quo-ban ragad. A bátorság az ellenszer.

Achani Samon Biaou: A szavaid egy francia versre emlékeztetnek, amely így szól: **"A vaincre sans peril, on triomphe sans gloire" (Ha veszedelem nélkül nyersz, dicsőség nélkül győzedelmeskedsz)**. Ha a komfortzónádban vagy, akkor lényegében egy olyan játékot nyersz, ahol nincs kihívás.

Olumide Ogunsanwo: Ez olyan, mint a mondás: „Játssz hülye játékokat és nyerj hülye nyereményeket. " A komfortzónádban maradni olyan, mint egy hülye játékot játszani. Kényelmesen követed a biztonságos rutint és előre meghatározott utat, és meggyőződ magad arról, hogy az éves 3%-os emelés elfogadható, és az életed általában "rendben van". De miért elégedj meg egy jó élettel, ha csodálatosat élhetsz?

Még ha azt is tervezi, hogy 40 évesen eléri az anyagi függetlenséget, és végül 48 évesen teljesíti, az még mindig jobb, mint a status quo. A status quo miatt 75 éves korig dolgozhat. Ez nem csak a számokról szól; ez arról szól, hogy erőltesse magát, hogy izgatott legyen a jövővel kapcsolatban, és legyen elég bátor és ambiciózus ahhoz, hogy megteremtse ezt a jövőt.

A kiszámított kockázatvállalás elengedhetetlen a pénzügyi függetlenséghez. Samon korábban említette a félelem szerepét. Lehet, hogy félsz új lehetőségeket felfedezni és odatenni magad, de még a munkád is kockázatokat rejt magában. Pontosan felmérte ezeket a kockázatokat? Mi történik, ha cége úgy dönt, hogy már nincs szüksége az Ön szolgáltatásaira? Pusztán racionális szempontból érdemes fedezni a kockázatokat, és ébernek maradni. A jelenlegi helyzetével kapcsolatos kockázatok megfelelő értékelése ösztönözheti Önt a kiszámítottabb kockázatvállalásra.

Achani Samon Biaou: Valóban bölcs szavak. Hogyan támogatja a bátorság az anyagi függetlenség felé vezető utat? Tekintsd a bátorságot olyan üzemanyagnak, amely felvisz téged az anyagi függetlenség létrájára, és folyamatosan mászkál.

Olumide Ogunsanwo: Ne várja meg, hogy egy teljes munkaidős munkaidő vagy külső körülmények merészségre kényszerítsenek. Mi van akkor, ha csak később éli meg az FTE luxusát? A hatvanas éveiben járhat, és rájön, hogy komolyan kell vennie személyes pénzügyeit, és már csak tíz év van hátra a nyugdíjig. Ekkor megbánhatja, hogy korábban nem tett lépéseket. Indítás most! Még ha egy kicsit idősebb is vagy, soha nem késő elkezdeni. Nem vagy versenyben senkivel.

Könnyebb merésznek lenni, ha megérti a legtöbb kockázatot. A bátor ember nem az, aki vakon indul csatába; ez valaki, aki gondosan felméri a kockázatokat, és mégis úgy dönt, hogy továbblép, mert úgy gondolja, hogy az előnyök meghaladják a költségeket. De ahhoz, hogy megállapítsa, az előnyök meghaladják-e a költségeket, ki kell nyitnia a szemét, vizualizálnia kell, és fel kell ismernie a helyzet kompromisszumát.

Achani Samon Biaou: Olumide felvetette a kérdést, hogyan lehet ezt az FTE eseményt létrehozni az életében. Ha bátorságot, önbizalmat és önbizalmat szeretne fejleszteni gyermekeiben, akkor előnyös, ha lehetőséget ad nekik arra, hogy távol töltsenek időt Öntől és életük kényelmétől. Emlékszel a korábban említett anekdotára az égő hajóról? Képzelje el, hogy eldobja gyermekét valahova anélkül, hogy segítséget hívna. Egyedül kell kitalálniuk, hogyan élhetnek túl.

Egyesek szörnyű ötletnek tarthatják ezt, mert a gyermek életre szóló traumát szenvedhet. De itt van a helyzet: azzal, hogy megvédi őket a valós világtól, valójában életük legnagyobb traumáját okozza nekik. Megfosztod őket attól, hogy megtapasztalják a világot olyannak, amilyen valójában, hamis pozitív élményt hozva létre. Ha lehetővé teszi a gyermekek számára, hogy megtapasztalják a függetlenség bizonyos szintjét, és szembesüljenek a kihívásokkal, értékes növekedési lehetőségeket biztosíthat számukra.

Olumide Ogunsanwo: Igen, minden a kockázatértékelésre nyúlik vissza. Nagyobb kockázattal jár, ha alábecsüljük annak kockázatát, hogy nem biztosítunk nekik kellő függetlenséget, önellátást és önbizalmat. Ha nem szereli fel őket ezekkel az eszközökkel, előfordulhat, hogy nem állítja be őket a jövőbeli siker érdekében. Ez sajnálatos.

Achani Samon Biaou: Gondold át ezt – ha túlzottan véded gyermekeidet, és megakadályozod, hogy kihívásokkal szembesüljenek, akkor valójában hosszú távon kudarcra készteted őket. Fontos, hogy hagyjuk őket szembenézni a kihívásokkal, és maguk is rájöjjenek a dolgokra.

Például képzeljen el egy olyan forgatókönyvet, amelyben gyermekei belépnek a munkaerőpiacra, de küzdenek az elhelyezkedésért. Ha úgy döntesz, hogy munkahelyet teremtesz nekik a saját cégeden belül, akaratlanul is akadályozod hosszú távú sikerüket. Ezzel akadályozod abban, hogy alapvető készségeiket fejlesszék és értékes tapasztalatokat szerezzenek, amelyek az önellátáshoz szükségesek. Sőt, mi történik, ha már nincs jelen, hogy megmentse őket? Létfontosságú, hogy lehetővé tegyük számukra, hogy szembenézzenek a kihívásokkal és fejlesszék önállóságukat, még akkor is, ha ez átmeneti kudarcokkal jár. Még ha öröklik is a vagyonodat, nagyobb valószínűséggel tékozolják el, mert nem tanultak meg függetlenséget.

Felnőttként a bátorság azt jelenti, hogy képes vagy beszélni a főnököddel és önmagadért. Például magabiztosan mondhatja: "Hé, elértem ezeket a dolgokat, és úgy gondolom, hogy megérdemlem az előléptetést." Arra is utalhat, hogy ha a dolgok nem működnek, más lehetőségeket fog keresni. Fontos, hogy legyen bátorságod kiállni és feltárni a jelenlegi pozíciódon kívüli munkalehetőségeket, különösen akkor, ha úgy gondolod, hogy alulfizetnek, alulértékelnek vagy kihasználnak.

Olumide Ogunsanwo: Vagy talán egyszerre tapasztalja meg mind a hármat! [Nevetés]

Achani Samon Biaou: Egy állásinterjún találkozhat egy kérdezővel, aki megpróbál érzelmileg nyomást gyakorolni rád. Legyen bátorságod megkérdőjelezni hiedelmeiket, és kiállni magadért. Ne félj kimondani: "Sajnálom, de abból, amit itt matematikailag látok, úgy tűnik, igazam van. Meg tudod magyarázni a hited mögött meghúzódó érvelést?"

Olumide Ogunsanwo: Ha apró, mindennapi cselekedetekkel ápolja ambícióit, megerősíti képességét nagyobb célok megvalósítására, például az anyagi függetlenség elérésére.

Achani Samon Biaou: Szeretném ajánlani Steve Magnus „ Do Hard Things " című könyvét. [5]Feltárja a félelem leküzdését, és kiemeli a keménység értékét a sportban és más területeken, mint a kihívásokkal való szembenézés eszközét. Magnus, a nagy teljesítményű sportolók tudósa és edzője hangsúly-

---

5. https://www.amazon.com/Hard-Things-Resilience-Surprising-Toughness/dp/006309861X

ozza annak fontosságát, hogy az elmével és a testtel együtt dolgozzunk a csúcsteljesítmény elérése érdekében. Magnus azt javasolja, hogy összpontosítson a belső erő építésére több pilléren keresztül, többek között:

- A valóság befogadása azáltal, hogy elfogadja a helyzetet olyannak, amilyen, és minden homlokzatot ledob.

- Hallgass a testedre, és légy tudatában annak, hogyan reagál a stresszre és a kihívásokra.

- Válaszol a testére, nem pedig impulzív reakció a félelemre és a menekülési helyzetekre.

- Teret teremteni az átgondolt cselekvéshez, valamint a rugalmasság és a szívósság neveléséhez.

Olumide Ogunsanwo: A reakció automatikus, de a válasz szándékos. Ez a pénzügyi függetlenség mikrokozmosza: az automatikus status quo élet kontra szándékos élet.

Achani Samon Biaou: Az utolsó pillér, amelyről Steve Magnus beszél, a kényelmetlenség túllépése. A média és a reklámok gyakran a kényelmet és a luxust hirdetik végső célként, de ez a gondolkodásmód akadályozhatja a személyes fejlődést. Például, ha egy gyerek kudarcot vall a matekból, a szülőknek kerülniük kell azt mondják nekik, hogy még mindig nagyszerűek.

Olumide Ogunsanwo: [Nevetés] Vagy néha a szülők a tanárt hibáztatják.

Achani Samon Biaou: A kényelmetlenség túllépése elengedhetetlen, mert enélkül nem érhet el semmi értelmeset az életben. Néha nem érezzük magunkat alkalmasnak a feladatra, de bátornak kell lennünk, hogy túllépjünk rajta.

Olumide Ogunsanwo: Két könyvajánlásom van. Az első Phil Knight, a Nike alapítója a Shoe Dog . [6]Ez a könyv magával ragadó beszámolót ad arról, hogyan indította el a Nike-ot, és milyen akadályokkal kellett szembenéznie, beleértve a pénzügyi nehézségeket, a jogi vitákat és az éles versenyt. Mindannyian tanulhatunk abból a bátorságból és kitartásból, amelyet a Nike

---

6.   https://www.amazon.com/Shoe-Dog-Phil-Knight-audiobook/dp/B01CRJA470

utazása során tanúsított. A vállalkozói szellem az egyik legjobb út a pénzügyi függetlenség felé, és ez a könyv egy nyers, smink nélküli képet nyújt az üzletépítésről.

Jim Rohn „ The Day That Turns Your Life Around ” című ajánlása. [7]A könyv példákat ad azokról az egyénekről, akik életük olyan sarkalatos pillanatához érkeztek, amikor felismerik a változás szükségességét. Elérték a mélypontot, és arra a felismerésre jutnak, hogy előre haladva másként kell megközelíteniük a dolgokat. 21 és 23 éves koromban szembesültem ezzel, amikor mindkét állásomat elvesztettem, és ez a könyv különböző példákat kínál arra, hogy az emberek hasonló teljes munkaidővel és válságos pillanatokkal néznek szembe.

A könyv megírásával az a célunk, hogy inspiráljuk Önt, hogy gondolkodjon túl jelenlegi helyzetén, és tegyen lépéseket a valóban vágyott élet felé. Szeretnénk felhívni Önt arra, hogy tegye fel magának a kérdést: "Valóban ez az az élet, amit élni akarok?" és változtass. Tisztában vagyunk vele, hogy néha fájdalmas eseményekre van szükség ahhoz, hogy kiváltsa ezt a fajta gondolkodást, de reméljük, hogy könyvünk katalizátorként szolgálhat a pozitív változáshoz az életében. Lépj túl az önelégültségen, és egy olyan élet felé, amely valóban izgat. Ezzel ezt a fejezetet le is zárhatjuk, találkozunk a következőben.

---

7.   https://www.amazon.com/That-Turns-Your-Life-Around/dp/B01M7VOBM8

5: Business School történetek és a célok kitűzésének és személyes fejlődésének alapelvei

Olumide Ogunsanwo: Szép emlékeim vannak az üzleti iskolában eltöltött időmről, és izgatottan várom, hogy megosszam a történeteket, és megvitassam, hogy a humán tőke bővítése hogyan nyithatja meg az utat a pénzügyi függetlenség felé.

Achani Samon Biaou: Ebben a fejezetben az üzleti iskolai éveink során szerzett tapasztalatainkat tárjuk fel, amelyek jelentős személyes fejlődés katalizátoraiként szolgáltak, és életünk új irányát jelölték meg.

Olumide Ogunsanwo: Ezenkívül megvitatjuk a célok kitűzésének és a személyes fejlődés alapelveit. Tűzz ki ambiciózus célokat, és fejleszd magad e célok elérése érdekében. Fantasztikus. Gyerünk!

5A: Olumide Business School története

Achani Samon Biaou: Olumide, az előző fejezetben megvitattuk az Ön korai karrierjét, beleértve a szerencsétlen állásvesztéseket és azt a döntését, hogy újrakezdi az életét azzal, hogy üzleti egyetemre jár. Megosztanád, hogyan alakult az utazás?

Olumide Ogunsanwo: Abszolút. A motivációm az üzleti egyetem folytatására abban a vágyban gyökerezett, hogy jobban irányíthassam az életemet, és magasabb potenciál pályára állítsam magam. Hadd festek egy képet, hogy elmagyarázzam, mit éreztem akkoriban. Képzelje el magát egy autóban 10 fővel, akik mindegyike más-más irányt és véleményt ad. Némelyik enyhén elvonja a figyelmet, míg mások akadályozzák a kilátást, sőt lökdösik és megrúgják. Kihívást jelent eligazodni és átvenni az irányítást az élete felett, amikor annyi külső hatás éri. Ezek az egyének különféle nyomást képviselnek az életedben, például főnökök, kollégák vagy bárki, aki befolyást gyakorol. Bár lehet, hogy Ön a sofőr, az autót legfeljebb öt személyre tervezték, vagy sportkocsik esetében akár kettőre is. Ebben a hasonlatban a végső cél az, hogy nyugodtan vezesse az autót, mindkét kezével a kormányon, és kevesebb zavaró tényezővel, így visszanyerheti az irányítást az élete felett.

Több ügynökséget kerestem, és úgy gondoltam, hogy az üzleti iskola alaphelyzetbe állítja, lehetővé téve számomra, hogy új dolgokat tanuljak, kapcsolatba léphessek az emberekkel, és jobban fizető állást biztosítsak. Így alakult az üzleti iskolai utam:

Kontextus: 2009 volt, és 24 éves voltam. Kihívásokkal teli helyzetbe kerültem a korábbi munkahelyemen történt sajnálatos események miatt, amint azt az előző fejezetben említettem. Éjszakánként folytattam a mesterképzést, hogy Amerikában maradjak.

Iskolaválasztás: Mivel 17 éves koromig Nigériában, majd Amerikában éltem, valami mást akartam megtapasztalni, ha Európában élek. Míg korábban néhányszor jártam Európában, soha nem laktam ott. Izgalmasnak tűnt a lehetőség, hogy részt vegyek egy európai üzleti iskolában, és szentimentális kötődésem volt Oxfordhoz is, mivel apám a hetvenes években egyetemre járt.

Elsősorban az olyan magas rangú európai iskolákra koncentráltam, mint az LBS, az Oxford, a Cambridge és az INSEAD, néhány amerikai iskola tartalékként.

Műveletek: Elmerültem a GMAT előkészületekben, beszereztem az összes szükséges könyvet és tanfolyamot. A napjaim strukturálttá váltak, kezdve azzal, hogy felébredtem, zuhanyoztam, és elmentem az IIT-re, hogy egész nap felkészüljek a GMAT-ra, majd az éjszakai órák következtek. Lehet, hogy monotonnak és unalmasnak hangzik, de élveztem a folyamatot, mert tudtam, hogy átalakítom az életemet. Jól teljesítettem a GMAT-on, és elvégeztem az MBA-jelentkezés minden egyéb aspektusát, beleértve az ajánlóleveleket és az esszéket.

Eredmény: Élénken emlékszem, hogy 2009. december 11-én kaptam egy e-mailt Oxfordból, melynek tárgya kétértelmű: „Oxford MBA Program 2010/11". Ahogy kinyitottam az e-mailt, láttam a felvételi ajánlatot. Elöntöttek az érzelmek, és szinte sírva fakadtam az örömtől. Körbejártam a szobámat (mivel a tánc az egyik érdeklődési köröm, ahogy az előző fejezetben is említettem). Dicsőséges és életet megváltoztató pillanat volt! Tudtam, hogy az életem már soha nem lesz a régi.

Az üzleti iskolai jelentkezési utam többnyire egyéni próbálkozás volt. Nem tájékoztattam a szüleimet a jelentkezési terveimről, nem vettem részt csoportos tanulásban, és nem osztottam meg senkivel a jelentkezési esszéimet, hogy visszajelzést kapjak. Arra sem kértem tanácsot, hogy melyik üzleti iskolába jelentkezzek. Természetesen nem volt teljesen egyedül, szükségem volt ajánlólevelekre volt munkatársaimtól és professzoraimtól (kiálts mindenkit, aki az üzleti iskola ajánlóleveleit írta). Ma senkinek nem ajánlom ezt a megközelítést. Azért tettem, mert nem ismertem senkit, aki átment volna ezen a folyamaton, vagy akkoriban MBA végzettségű lett volna, mivel a legtöbb társam a húszas évei elején járt, és elkezdte pályafutását.

Évekkel később ezt a tapasztalatot elmélkedve azon töprengtem, hogy az európai iskolák választását vajon az Európában való élet iránti vágyam vezérelte, vagy az amerikai rendszerrel való elégedetlenségem. Még mindig bántottak a munkahelyem elvesztése körüli események, és úgy éreztem, hogy az amerikai rendszer cserbenhagyott. Ezért az a döntésem, hogy Európába költöztem, részben inkább Amerikából való menekülés volt, nem pedig sajátos vonzalom Európa felé.

Achani Samon Biaou: Sok mindent kell itt kipakolni. Nézzük meg újra a döntését, hogy üzleti egyetemet folytat. Említette, hogy csalódottnak érzi magát az amerikai rendszer miatt, azt a vágyat, hogy Európában éljen, és az apja alma materéhez, Oxfordhoz fűződő érzelmi kapcsolatot. Ön azonban nem említette kifejezetten az anyagi függetlenséget hajtó tényezőként. Kifejtenéd részletesebben, mit gondolsz az anyagi függetlenségről ez idő alatt?

Olumide Ogunsanwo: Gyermekkorom óta érdekel a személyes pénzügy. Ez azután is folytatódott, hogy megkaptam az első munkahelyemet, ahol elkezdtem táblázatokat fejleszteni megtakarításaim előrejelzésére, és 2006 és 2010 között belemerültem a személyes pénzügyi blogokba. Számos blogot olvastam, mint például a Get Rich Slowly [1](JD Roth), az Early Retirement Extreme [2](Jacob Lund Fisker) és a blogokat. My Money Blog (Jonathan Ping) [3]. Elolvastam más, jelenleg inaktív webhelyeket is, mint például a thesimpledollar.com, allfinancialmatters.com, netbanker.com, bargaineering.com stb. A FIRE (Financial Independence and Retire Early) mozgalom viszonylag kicsi volt abban az időben, és magát a kifejezést nem ismerték széles körben. Következésképpen ezeket a blogokat inkább személyes pénzügyi forrásoknak tekintettem, nem pedig kifejezetten a FIRE-hez kapcsolódó forrásoknak.

Achani Samon Biaou: Mi vonzotta Önt akkoriban ezekhez a személyes pénzügyi blogokhoz?

Olumide Ogunsanwo: Örömmel olvastam a személyes pénzügyekről, és felfedeztem, hogyan lehet hatékonyabban kezelni a pénzt az üzleti iskola előtt. Amikor elkezdtem a Business School jelentkezési folyamatát, az elsődleges céljaim az lettek, hogy jobban összpontosítsam a lehető legjobb állás megszerzésére a legmagasabb jövedelemmel. Az anyagi függetlenség nem kifejezetten járt a fejemben; Inkább a kereseti lehetőségem maximalizálása érdekelt.

Achani Samon Biaou: Tehát, csak hogy közönségünk számára tisztázzuk, amikor elvesztetted az állásodat, és elkezdtél jelentkezni az üzleti iskolába, miközben már egy másik mesterképzésben is részt vettél, a fő motivációd az volt, hogy visszaszerezze az irányítást és átalakítsa az életét. Míg Önt a

---

1.   http://getrichslowly.org

2.   http://earlyretirementextreme.com

3.   https://www.mymoneyblog.com/

személyes pénzügyek érdekelték, a pénzügyi függetlenség elérése nem volt konkrét cél az üzleti iskolába való belépéskor.

Olumide Ogunsanwo: Ez így van. Akkoriban nem törekedtem aktívan az anyagi függetlenségre, sőt nem is értettem teljesen. Ha 2009-ben kérdeztek volna erről, nem fogtam volna fel a koncepciót. Bár tudtam, mit jelent meggazdagodni, az anyagi függetlenség eszméjét akkoriban nem vitatták széles körben és nem is terjedt el.

Achani Samon Biaou: Milyen volt az üzleti iskolai tapasztalata?

Olumide Ogunsanwo: Csodálatos volt! Üzleti iskolában tanultam két leckét a pénzügyi függetlenségről.

Először is, a humántőke növelése elengedhetetlen a kereseti potenciál növeléséhez. Nem feltétlenül kell üzleti iskolába járnia vagy mesterdiplomát szereznie, de kulcsfontosságú, hogy a személyes fejlődésre és tudásának bővítésére összpontosítson, hogy növelje bevételét.

A második lecke annak jelentősége, hogy új embereknek és új perspektíváknak kell kitennie magát, hogy tágítsa látókörét. Ez a két lecke összefügg, mert a világnézeted kiterjesztése növeli a személyes növekedés képességét, ami viszont növeli a bevételi potenciálodat. Míg a humántőke növelése különféle eszközökkel érhető el (például használhatod a YouTube-ot, a Coursera-t stb.), addig az emberekkel való találkozás és az új tapasztalatok megszerzése hatékony módja annak, hogy bővítsd világnézeted és bevételi lehetőségeid. Ez a két kulcsfontosságú tanulság azoknak, akik érdeklődnek az anyagi függetlenség iránt ettől a történettől. Ez a két kulcsfontosságú kivonat azoknak, akik érdeklődnek az anyagi függetlenség iránt a történetemtől. Még ha nem is jár üzleti iskolába, ezeket az elveket sokféleképpen lehet alkalmazni.

Achani Samon Biaou: Jól mondtad.

Olumide Ogunsanwo: Most merüljünk el néhány konkrét részletben az Oxfordban és az MIT-ben szerzett tapasztalataimról.

Ellentétben a legtöbb végzős hallgatóval, akiknek jelentős szakadék van az alap- és posztgraduális tanulmányai között, én csak 25 évesen kezdtem Oxfordban, mindössze négy évvel az alapképzés befejezése után. Szinte úgy éreztem, mint az egyetemi tapasztalatom kiterjesztése, mert olyan fiatal voltam.

Oxfordban tudatosan úgy döntöttem, hogy nem ismétlem meg azokat a hibákat, amelyeket egyetemistaként elkövettem, ahol kizárólag az akadémikusokra koncentráltam. Ehelyett arra törekedtem, hogy kidolgozottabb legyek, és teljes mértékben kihasználjam az üzleti iskola által kínált lehetőségeket. Ennek köszönhetően aktívan részt vettem különböző diákönkormányzatokban, klubokban, csoportokban.

Megválasztottak az MBA osztály képviselőjének a C szekcióban, amely az MBA programunk három szekciója közül az egyik, mindegyik 80 hallgatóból áll. Emellett az Africa Group társelnökeként és marketing/külkapcsolati alelnökeként is dolgoztam. Az IIT-nél töltött egyetemi éveimhez képest rengeteg tevékenységben vettem részt, és mindig elfoglalt voltam. Olyan voltam, mint egy gyerek egy édességboltban, csodálatos élmény volt, és imádtam!

Mérnöki háttérből származom, és korlátozott mértékben ismerkedtem olyan üzleti koncepciókkal, mint a pénzügy, a közgazdaságtan és a marketing. Elhatároztam, hogy a legtöbbet hozom ki az Oxfordban eltöltött időből, annyiban, hogy egy nap többször is részt veszek ugyanazokon az órákon (mivel az előadásokat a másik két MBA szekció külön-külön tartotta, különböző időpontokban). Lehetőséget láttam ebben a lehető legtöbb tudás befogadására. Egy ponton a makroökonómia professzorom még azt is megkérdőjelezte, hogy miért járok többször ugyanabba az osztályba. Elmagyaráztam, hogy szeretném kihasználni az ütemezésben rejlő különbségeket, és minden rendelkezésre álló tudást felszívni. Továbbá azt vettem észre, hogy az Executive MBA (EMBA) hallgatóknak lehetőségük volt több kurzust felvenni a nyár folyamán, ezért több EMBA kurzust is auditáltam. A tanulás, a fejlődés és az emberekkel való kapcsolatfelvétel Oxfordban izgalmas élmény volt számomra.

Számtalan szép emlékem van az ott töltött időről. Egy gyors példa az, amikor rájöttem, hogy a különböző oxfordi üzleti iskolai programok – MBA, MFE (MSc of Finance), EMBA és Executive Education – némileg elszigetelődnek egymástól. Kezdeményeztem egy olyan rendezvény megszervezését, ahol ezeken a programokon a diákok összejöhetnek. Egy bár este volt, és nagyon jól éreztük magunkat!

Nem csak diák voltam Oxfordban; Mélyen beépültem az MBA ökoszisztémába, aktívan részt vettem és kapcsolódtam az emberek sokszínű hálózatához, akik átalakuló tapasztalatokon mennek keresztül.

Az oxfordi hallgatók főiskolákon élnek, függetlenül a programjuktól. Mivel korán jelentkeztem az MBA programra, rengeteg főiskolai lehetőség közül választhattam. Elsősorban a megfizethető választás megtalálása volt a célom, így nem nagyon figyeltem más tényezőkre. Végül a Worcester College-t választottam, mert volt egy olyan szobatípus, amely pénztárcabarát volt. Apró padlás volt egy ház tetején, ahol kinyújtózva szinte meg tudtam érinteni mindkét oldalát. Nem volt szekrény, így iskolakezdés előtt vettem egy állószekrényt Argostól. A kis hely ellenére Worcester hihetetlen főiskola lett, gyönyörű tóval és kacsákkal. A karácsonyi szünetben még Worcester-i túrákat is szerveztem MBA-hallgató társaimnak. Nagyon szerettem Worcestert.

Achani Samon Biaou: Sok mindent kell kibontani. Hogyan és mikor került a képbe az MIT?

Olumide Ogunsanwo: Amíg Oxfordban tanultam, az eredeti tervem az volt, hogy leérettségizek és azonnal munkába állok. 2010 negyedik negyedévében azonban beszélgettem Michael Sunnal, akivel a diákönkormányzati tanácson keresztül találkoztam. Mesélt nekem az MIT MSMS (MS in Management Studies) egyéves programjáról, amelyet az oxfordi programunk befejezése után lehet folytatni. A legtöbb esetben a nem egyesült államokbeli MBA programok egy évig tartanak, míg az amerikai üzleti iskolák általában kétéves programokkal rendelkeznek. A nemzetközi MBA hallgatók kiszolgálása érdekében az MIT úgy alakította ki ezt a programot, hogy további évnyi üzleti képzést kínáljon számukra az MIT-n. Az ötlet felkeltette az érdeklődésemet, de nem voltam teljesen meggyőződve arról, hogy azt hittem, Oxfordban fogok diplomát szerezni, és Európában találok munkát.

Kétségeim ellenére mégis úgy döntöttem, hogy jelentkezem, mert nem sok vesztenivalóm volt, és később mindig tudtam dönteni. Emellett még nem kaptam állásajánlatot, mivel csak három hónapja voltam Oxfordban (2010 szeptemberében csatlakoztam Oxfordhoz, és 2010 decemberében jelentkeztem az MIT-re).

Achani Samon Biaou: A fő motivációd az üzleti iskolába való járáshoz az volt, hogy olyan munkát találj, amely megváltoztatja életed pályáját, és nagyobb kontrollt biztosít. Hogyan illeszkedett ebbe az MIT, különös tekintettel az amerikai oktatási rendszerrel kapcsolatos csalódottságodra?

Olumide Ogunsanwo: Ez egy jó kérdés. Számos tényező játszott szerepet abban, hogy elhatároztam, hogy részt veszek az MIT-n.

Először is, mint egykori mérnök, természetesen vonzott az MIT, de nem akartam túlságosan izgatott lenni miatta. Jelentkeztem, és úgy döntöttem, hogy csak akkor értékelem a helyzetet, ha kapok ajánlatot. Azt hiszem, az a legjobb, ha mentális energiáját arra fordítja, hogy értékelje a ténylegesen meglévő lehetőségeit, ahelyett, hogy spekulál vagy olyan lehetőségeket kívánna, amelyek esetleg nem valósulnak meg.

Másodszor, az MIT-re járás fedezetként szolgált az álláskeresésemhez. Az egyéves MBA programokon részt vevő hallgatók, mint például az oxfordi, néha nehézségekkel néznek szembe az álláskeresés során, mert feleannyi idejük van, mint az amerikai kétéves programokban. Ráadásul az MBA-fokozatokat az Egyesült Államokon kívül nem értékelik olyan nagyra, és az egyéves MBA-hallgatóknak általában nincs lehetőségük nyári gyakorlatra. Azzal, hogy Oxford után részt veszek az MIT-n, enyhíthetem ezeket a problémákat, bár ez azt jelentené, hogy még egy évig munkanélküli leszek.

Harmadszor, kaptam egy ösztöndíjat az MIT-től, ami jelentős változást hozott. Az anyagi támogatás nélkül nem vagyok benne biztos, hogy elfogadtam volna az ajánlatot. Izgatott voltam a lehetőségtől, hogy újabb baráti hálózatot építhetek ki egy új országban, és részese lehetek két csodálatos egyetemnek.

Visszatekintve ma, 2023-ban, tizenkét évvel később, az MIT-n való részvétel volt az egyik legjobb döntésem, amit valaha hoztam. Sok csodálatos emberrel találkoztam, és kiépítettem egy második öregdiák üzleti hálózatot. Oxfordban volt egy globális diákközösségünk, ahol az emberek több mint 90%-a nemzetközi, nem egyesült királyságbeli hallgató volt. Ezzel szemben az MIT-nél inkább az amerikai fókusz volt, az üzleti iskola hallgatóinak kevesebb mint 40%-a volt nemzetközi, nem egyesült államokbeli magánszemély. Az Oxford Saïd Business School (SBS) teljes mértékben integrálódott Oxfordba, és egyetlen gép része volt, míg az MIT Sloan egyértelműen elkülönült és többnyire független volt az MIT-től. Oxford az akadémiai tisztaságot hangsúlyozta, míg az MIT holisztikusabb megközelítést alkalmazott az oktatásban. Például Oxfordban az osztályban való részvétel nem befolyásolta az általános osztályzataimat, de sok MIT Sloan-órán az osztályzataim jelentős részét (30-50%) tette ki. Az MIT költségei magasabbak voltak, beleértve a tandíjat, a könyveket és az MIT Tang Hallban kiadott lakásbérletemet (800 USD), mint az oxfordi Worcester College-ban (275 GBP vagy 440 USD).

Kiváltságosnak érzem magam, hogy Oxfordban és az MIT-n is részt vehettem, hihetetlen élmények voltak! Azt szoktam mondani, hogy az Oxfordban töltött időszak életem legjobb éve volt, most pedig azt mondom, hogy minden év, amelyben most élek, életem legjobb éve.

Sajnos az amerikai üzleti iskolákkal kapcsolatos költségek az utóbbi időben az egekbe szöktek, 150 000 dollártól 250 000 dollárig terjednek a kétéves programok esetében. Ez a borsos árcédula valószínűleg nem igazolható a legtöbb ember számára. Üzleti iskolába jártam, mert az megváltoztatná az életemet, de most úgy gondolom, hogy ez egy kis átverés, és a legtöbb ember számára nem éri meg. A legtöbb embernek **nem** tanácsolom , hogy üzleti iskolába járjon, hacsak nincs egyértelmű oka, és a befektetés megtérülése ésszerű.

Achani Samon Biaou: Ez érdekes. Amikor üzleti iskolába jártam, szerettem volna a legtöbbet kihozni az élményből. Úgy döntöttem, hogy mesterképzést folytatok oktatásból, mivel már fizettem az MBA-ért, és nem voltak többletköltségek. Visszatérve a történetedre, említetted, hogy "meg akarod változtatni az életedet". Megosztana többet a gondolkodásmódjáról az Oxfordban és az MIT-n töltött idő alatt?

Olumide Ogunsanwo: Amikor elkezdtem az üzleti iskolát, két fő célom volt: a lehető legjobb állást megszerezni, és minél többet tanulni az óráimról. A hálózatépítés és az emberekkel való találkozás kezdetben nem is szerepelt a radaromon.

Valójában, ha választanom kellene aközött, hogy egy késő esti bárba megyek, vagy a közelgő oxfordi teszteken tanulok, az esetek 80%-ában a tanulást választanám. Visszatekintve rájövök, hogy nem ez volt a legjobb megközelítés, de végül jól sikerült. Azért találkoztam sok csodálatos emberrel, mert elkezdtem nagyon társasági lenni, és részt vettem az oxfordi bulikon és rendezvényeken (mielőtt visszavonultam, hogy többet tanuljak). Emellett a diákönkormányzatban való aktív részvételem jó módja volt a szocializációnak és több emberrel való találkozásnak.

Az MIT azért különbözött Oxfordtól, mert úgy döntöttem, hogy kevésbé veszek részt a csoportokban, mivel Oxfordban már sokat csináltam ebből. Az MIT-n inkább arra koncentráltam, hogy munkát találjak, és csak olyan csoportokba kapcsolódjak be, amelyek számomra jelentősek voltak, például segítettem megszervezni az MIT Sloan 2012 Africa konferenciát.

Achani Samon Biaou: Mi vezérelte az erős hálózatépítési vágyat? Szándékos stratégia volt?

Olumide Ogunsanwo: Nem volt hálózatépítési terv. Részese akartam lenni mindennek, ami körülöttem történik. Ezért csatlakoztam olyan sok csoporthoz Oxfordban, és különféle tevékenységekbe kezdtem. Szinte őrült volt. Nem azért tettem, hogy „hálózatba kapcsolódjak", hanem azért, mert átfogó élményt akartam szerezni és a legtöbbet kihozni az időmből egy ilyen különleges helyen, mint például Oxford. Erről eszembe jut egy történet, amely arról szól, hogy mennyire fontos az önmagunkhoz való hűség.

Szakdolgozatot kellett írnom az MIT-n, mert a programom MSc diploma volt. Kezdeti stratégiám az volt, hogy olyan témát válasszak, amely segít elhelyezkedni. Úgy gondoltam, hogy az olaj- és gázszektorra összpontosítok, tekintettel arra, hogy vegyészmérnökként dolgoztam egy finomítóban, az lenne a "könnyebb" módja annak, hogy az energiaszektorban találjak munkát. Erről kezdtem el írni a szakdolgozatomat, de a szakdolgozat megunt, és azon kaptam magam, hogy hetekig értetlenül bámulom a képernyőt. Végül azt mondtam, hogy „csavard meg!" és úgy döntött, hogy irányt vált, és valamiről ír, ami igazán érdekelt: az okostelefonok operációs rendszereiről. A különbség azonnali és egyértelmű volt, és minden szakdolgozatommal töltött pillanat örömtelivé vált. Lelkesen kutattam új területeket, és többet tudtam meg a mobil ökoszisztémáról. Ha érdekel, itt [4]elolvashatod a szakdolgozatomat .

Nem lett volna szabad arra pazarolnom az időmet, hogy szakdolgozatot írjak az energiaszektorról. A tézis valószínűleg amúgy is szar lett volna. Legbelül tudtam, hogy nem szeretem az olaj- és gázszektort. Szeretem a technológiát és az okostelefonokat, de próbáltam egy munkára optimalizálni.

Most azért osztom meg ezt a történetet, hogy rávilágítsak az egyedi, mókás, színes éned felkarolásának előnyeire, és ellenállj annak a késztetésnek, hogy alkalmazkodj a mainstream társadalom nyájas, bézs színű, átlagos normáihoz. A könyvben korábban azt mondtam: **légy önmagad, és minden nap jobbá tedd magad** . Ezt a kijelentést szeretném most tovább erősíteni az általunk megfigyelt alapelvek beépítésével: **Higgy magadban, légy hite-**

4.   https://dspace.mit.edu/handle/1721.1/72854?show=full

les önmagad, tűzz ki ambiciózus, értékek által vezérelt célokat, és fejleszd magad minden nap, hogy elérd céljaidat.

Olyan lépéseket kell tennie, amelyek összhangban vannak egyedi értékeivel, céljaival és érdeklődési körével. Az élet túl rövid ahhoz, hogy ne élvezzük.

Achani Samon Biaou: Nagyon értékelem azt az árnyalatot, amit a végén felhoztál. Egyes olvasók úgy érezhetik, hogy elszakadnak attól, hogy önmaguk és nyitottak az új élményekre. A tisztázásod azért értékes, mert nem azt tanácsolod, hogy ne légy nyitott az új dolgokra, hanem inkább azt hangsúlyozod, hogy fontos, hogy olyan dolgokat csinálj, amelyek örömet okoznak. Itt lehet igazán boldogulni, és csúcsteljesítményt és eredményeket érhet el.

Olumide Ogunsanwo: Abszolút, ez a könyv lényege. Korábban már említettük, hogy a FIREDOM nem csak a pénzügyekről szól, hanem arról, hogy olyan életet élj, amelyre valóban vágysz. És hogyan élheti ezt az életet, ha nem tudja megtenni azt, amit szeretne? Ezért olyan értékes az anyagi függetlenség. Amikor elérsz egy olyan pontot, ahol elég pénzed van életed hátralévő részében, több lehetőséged lesz arra, amit akarsz. Pénzügyi függetlenség nélkül mentális energiáját és idejét azzal tölti, hogy pénzt keressen, és azt tegye, amit mások mondanak neked.

Életem e fejezetének FI-vel kapcsolatos legfontosabb tanulsága az, hogy növelje a humántőkét, hogy jobban megértse a világ működését, és növelje bevételi potenciálját. Tedd ki magad új embereknek és ötleteknek. Legyen kalandos, és lépjen ki a komfortzónájából, hogy új dolgokat próbáljon ki. Könnyen választhattam volna, hogy Chicagóban maradok, és üzleti iskolába járok a University of Chicago Booth-ba vagy a Northwestern Kelloggba. De hol van ebben a móka és a kaland? Sokkal izgalmasabb volt Oxfordba menni, felvenni a subfusc-emet (oxfordi vizsgaruhát), és megírni a tesztjeimet a gyönyörű vizsgaiskolák épületében.

Elvállalhattam volna egy állást Londonban, de sokkal izgalmasabb volt csatlakozni az MIT-hez, és egy teljesen új környezetet tapasztalni. Még Oxfordban sem végeztem, amikor az MIT-n kezdtem. Az MIT-re repültem érettségire, visszatértem Oxfordba, hogy leérettségiztem, majd visszarepültem az MIT-re, hogy elkezdjem az órákat. Dicsőséges volt. Nem elégedtem meg a hétköznapokkal, a kalandot választottam.

Kalandvágyónak kellett lennem, és különféle dolgokat kellett kipróbálnom, hogy megfordítsam az életemet. Azonban nem kell éreznie annak szükségességét, hogy az egész életét megváltoztassa, hogy kalandokká váljon. Még ha van is stabil munkahelye vagy sikeres vállalkozása, akkor is fejlesztheti magát, és a komfortzónáján kívüli lehetőségek feltárásával választhatja a kalandot.

Achani Samon Biaou: Köszönjük, hogy megosztotta ezt a lenyűgöző történetet. Sem Ön, sem én nem azzal a céllal folytattuk az MBA képzést, hogy pénzügyi függetlenséget szerezzünk. Belső törekvésünk volt a kitűnésre, a személyes fejlődésre és az új lehetőségek felfedezésére. Meg akartad változtatni az életed irányát. Ahelyett, hogy visszamaradtál volna Chicagóban, és folyamatosan állást keresel, abban a reményben, hogy a dolgok javulni fognak, meghoztad azt a merész döntést, hogy kilépsz a komfortzónádból, és valami egészen drámai dolgot csinálsz.

Olumide Ogunsanwo: Az Egyesült Államok elhagyása jelentős kockázattal járt, mivel nem volt zöldkártyám vagy amerikai útlevelem. De hajlandó voltam vállalni ezt a kockázatot, mert meg akartam változtatni az életemet. Néha hajlandónak kell lenned kockázatot vállalni.

Achani Samon Biaou: Úgy tűnik, hogy az elszántság közös szál az egész történetben. Megvolt benned a motiváció és a tűz, és soha nem adtad fel. Még akkor is, amikor az álláslehetőségek nem váltak be, bekerült Oxfordba, és eltökélt szándéka volt, hogy túllépjen az akadémikusokra való összpontosításon. Vannak, akik vágynak a változásra, de nem biztos, hogy készek a szükséges erőfeszítések megtételére. Előfordulhat, hogy valaki más ellenőrzőlistájának követése nem felel meg a saját céljaidnak, és még ha igen is, személyes energiára van szükség a megvalósításához.

Olumide Ogunsanwo: Ez a kezdeti szikra és motiváció kulcsfontosságú ahhoz, hogy előre vigye magát. Emlékszem, hogy egy randevú megkérdezte, miért voltam ennyire elszánt sok évvel ezelőtt. Meglepődtem, mert azt hittem, mindenki erre vágyik. Hihetetlen dolgokat akarok csinálni. Változást szeretnék elérni. Olyan életet szeretnék élni, amelyre büszke vagyok, és hűséges vagyok magamhoz.

Samon, teljesen igazad van. Elengedhetetlen, hogy meglegyen ez a belső tűz, ez a motiváció, hogy fejleszd magad, és valami értelmeset tegyél az életeddel. Találd meg magadban ezt a szikrát, és használd arra, hogy céljaid és szenvedélyeid felé vezesd magad. Ne elégedj meg a beteljesületlen élettel; képzeld el azt az életet, amit szeretnél, és tedd meg, amihez szükséges. Találkozunk a következő fejezetben!

5B: Samon's Business School története

Olumide Ogunsanwo: Samon, izgatott vagyok, hogy beszélhetek az üzleti iskolai utazásáról. Kezdjük az elejétől. Miért döntött úgy, hogy üzleti egyetemet folytat?

Achani Samon Biaou: Amikor a németországi Deutsche Telekom Consultingnál dolgoztam, és különböző országokba utaztam tanácsadói projektek miatt, akkor kezdtem el gondolkodni az üzleti egyetemen. Rájöttem, hogy a technikai munkát, amit végzek, nem értékelik annyira, mint reméltem. Az én szerepem az üzleti esetek felépítésében és a rádióhálózatok tervezésében szerepelt új távközlési szolgáltatók számára abban az időben, amikor az országok új mobilszolgáltatókkal bővültek.

Bár a technikai munkám kifinomult volt, rájöttem, hogy nem vagyok jelen azokban a helyiségekben, ahol fontos döntések születtek. Ez a kiváltság a "menedzsment tanácsadók" volt, míg az én feladatom az volt, hogy támogassam őket. Szeretnék helyet foglalni az asztalnál, ahol döntéseket hoznak.

Olumide Ogunsanwo: Értem. Ön a műszaki csapat tagja volt, de úgy érezte, hogy az üzleti csapat érdekesebb munkát végzett.

Achani Samon Biaou: Pontosan. Az olyan országokban végzett projektjeim során, mint Dél-Afrika, Líbia és az Egyesült Arab Emírségek, két olyan dinamikát vettem észre, amelyek befolyásolták az MBA képzésre vonatkozó döntésemet. Először is, a Deutsche Telekom csapatain belül voltak „műszaki tanácsadók" és „kereskedelmi tanácsadók". A "Technical Consultants" csoporthoz tartoztam, a szoftverelemzésekért feleltem, és a pénzügyi előrejelzéseken dolgozó "Kereskedelmi Tanácsadók" számára nyújtottam inputokat. A „kereskedelmi tanácsadók" gyakran érintkeztek ügyféloldali vezetőkkel, akik egy-két szinttel alacsonyabbak voltak a vezérigazgatónál.

Másodszor, gyakran találkoztunk olyan cégek „vezetési tanácsadóival", mint a BCG és a McKinsey, akik néha ugyanazoknak az ügyfeleknek dolgoztak. A BCG és a McKinsey vezetési tanácsadói elsősorban ügyfélcégünk vezérigazgatójával lépnek kapcsolatba, és áttekintik a Deutsche Telekom „Kereskedelmi Tanácsadóink" által benyújtott munkát, tanácsot adva a kulcsfontosságú döntésekhez.

Bizonyos értelemben kétszeresen távolodva éreztem magam a döntéshozatali folyamattól, és azon tűnődtem, hogy munkám milyen hatást gyakorol a nagy képre. A BCG/McKinsey csapatok vagy akár a Deutsche Telekom „Kereskedelmi Tanácsadóink" által használt üzleti terminológia ismeretlen volt számomra. Nem tudtam nem érezni, hogy hozzájárulásaim nem igazán értékesek.

Emiatt felmerült bennem a kérdés, hogy szükségem van-e további képzésre ahhoz, hogy előrelépjek a karrieremben. Azon töprengtem, nem kellene-e több ismeretet szereznem az üzleti és pénzügyi fogalmakról. Egyszerűen olvassak könyveket? 2010-ben fedeztem fel az MBA fogalmát, és abban, hogy fejlesztheti készségeimet és új szakmai lehetőségeket nyithat meg. Néhány hónappal később komolyan fontolóra vettem, hogy jelentkezem a programra. Úgy gondoltam, hogy technikai szaktudásomat az üzleti élet alapos megértésével kiegészítve jobban támogathatom az ügyfeleket, és jelentősebb hatást érhetek el.

Olumide Ogunsanwo: Samon, térjünk ki gyorsan a történetedből, és beszéljünk a személyes fejlődésről. Fontosnak tartom, mert bár az üzleti iskola értékes volt számunkra, lehet, hogy nem mindenki számára ez a helyes út. Vannak, akik alternatív utakat választanak személyes fejlődésükhöz.

Olyan korszakban élünk, amikor az emberek olyan platformokról tanulhatnak, mint a YouTube, az Udemy, az edX, a Coursera, a Tik Tok és sok más MOOC (masszív nyílt online kurzus) és webhely. Hogyan döntsön egy fiatal, hogy ingyenes tanfolyamokon vesz részt, fizet az online tanfolyamokért, vagy beiratkozik egy hivatalos képzési programba, hogy készségeit és tudását bővítse? A rendelkezésre álló sokféle tanulási lehetőség mellett hogyan tudnak kompromisszumot kötni és meghatározni az igényeiknek leginkább megfelelőt?

Achani Samon Biaou: Azt tanácsolom egy fiatalnak, hogy kezdje egy cél kitűzésével, majd azonosítsa a cél eléréséhez szükséges készségeket és hálózatokat. Most pedig beszéljünk a kérdésedről. Az én esetemben szerettem volna hatást gyakorolni és tanácsadói szolgáltatásokat nyújtani az ügyfeleknek, így rájöttem, hogy a vezetési tanácsadás a kézenfekvő út. Megtudtam, hogy a legtöbb vezetési tanácsadó cégnek MBA-re van szüksége. Ennek a gondolkodási folyamatnak mindenkinek a körülményeitől függően változnia kell. Például, ha valaki már rendelkezik oxfordi egyetemi diplomával, az öregdiák hálózatát kihasználva MBA megszerzése nélkül is állást szerezhet, és ehelyett olyan platformokon szerezhet készségeket, mint az Udemy.

A készségfejlesztés folyamatos gyakorlat, nem csak egyszeri ismeretszerzés. A készségek fejlesztésének és önmaga fejlesztésének különböző módjai vannak:

Először is, szerezzen gyakorlati tapasztalatot egy olyan cégnél, amely arra a területre szakosodott, amelyben kitűnni szeretne. Ha el akarja sajátítani a mérlegeket, dolgozzon egy mérlegekkel foglalkozó cégnél.

Másodszor, fontolja meg egy olyan képzési programba való beiratkozást, mint például az MBA vagy egy kohorsz-alapú kurzus, ahol kölcsönhatásba léphet tanárokkal és társaikkal, és tanulhat tapasztalataikból.

Végül választhat saját tempójú, nem interaktív kurzusokat, vagy felhasználhat más elérhető tanulási forrásokat.

Olumide Ogunsanwo: A személyes fejlődés minden egyén számára egyedi utazás, és fontos meghatározni, hogy a tanulás és az önfejlesztés melyik formája a legmegfelelőbb az adott körülményeihez. Ne feledje, hogy Ön felelős a fejlődéséért, nem a cége, nem a főnöke és semmiképpen sem a tanárai vagy oktatói. Cége nem törődik Önnel, és bármilyen tananyagot is nyújtanak, az segít jobb alkalmazottá válni, nem pedig életcéljai elérésében és szabadságában.

Így ambiciózus célokat kell kitűznie (a következő fejezet, az 5C átfogóbb információkat nyújt a célok hatékony kitűzésével kapcsolatban), és személyes fejlesztési tervet kell készítenie e célok eléréséhez. Ez a terv napi cselekvéseket tartalmaz, amelyek az önfejlesztés szokásává válnak. Szerencsére nem kell választani a különböző tanulási lehetőségek között, mert ezek nem zárják ki egymást. Időt szánhat egyszerre több lehetőségre, például YouTube-videók nézésére, miközben edX kurzusokat vesz vagy mesterképzésben vesz részt, és kiegészítheti a tanulást a Coursera-val.

A jó hír az, hogy sok tanulási lehetőség egyre megfizethetőbbé válik, sőt, sok tanfolyam ingyenes. Az egyetemi diplomák, például az MBA azonban drágák lehetnek, ezért fontos, hogy fontolja meg az alternatívákat és a befektetés megtérülését, mielőtt folytatná őket.

A rossz hír az, hogy izgatottnak és motiváltnak kell lenned új készségek elsajátításához és emberi kapacitásod fejlesztéséhez. A MOOC-ok teljesítési aránya általában alacsony, 5% és 15% között mozog. Ezért nagy hangsúlyt fektettünk az ambiciózus célok kitűzésére és egy olyan jövőkép megalkotására, amely Önt is izgatja. Ha őszintén izgat a potenciális jövője, akkor nagyobb valószínűséggel lesz elkötelezve a mindennapi személyes fejlődés iránt.

Mindegy, ezzel, Samon, térjünk vissza a történetedhez.

Achani Samon Biaou: Elkezdtem kutatni és felkészülni a GMAT-ra, és több amerikai iskolába jelentkeztem. Kaptam egy elutasító levelet az MIT-től, ami mérnöki hírneve miatt az egyik legjobb választásom volt. Kemény ütés volt. Ekkor azonban kaptam egy elfogadó levelet a Stanfordtól, amely megerősítésnek tűnt, mivel mindkét iskola erős mérnöki programokkal rendelkezik.

Az üzleti iskolába való jelentkezésem során szerzett tapasztalataimból két kulcsfontosságú kivonat a következő volt:

Először is kíváncsi maradtam, és figyeltem, mit csinálnak mások. A Deutsche Telekom "kereskedelmi tanácsadói", valamint a BCG és McKinsey menedzsment tanácsadói iránti kíváncsiságom felkeltette az érdeklődésemet az MBA programok iránt. Gyakran próbáltam részt venni vezetői értekezleteken, ahol a McKinsey vagy a BCG előadásokat tartott az ügyfeleknek, csak hogy megfigyelhessék elemzéseiket és diákjaikat. Mohón szerettem volna megtanulni, amit nem tudtam, amit nem tudtam. Sok iskolai barátom nem volt ilyen kíváncsi.

Másodszor, fontos, hogy mindig a legjobbra törekedj, és bízz abban, hogy bármit elérhetsz. Soha nem láttam a McKinsey vagy a BCG tanácsadóit magasabb szinten állónak, vagy nem hittem, hogy a karrierjük elérhetetlen lenne számomra. Egyszerűen csak az volt a kérdés, hogy tudok-e izgulni az általuk végzett munkáért. Ha izgalmasnak találnám, megtalálnám a módját, hogy csatlakozzam ezekhez a társaságokhoz. Az önbizalom kulcsfontosságú.

Olumide Ogunsanwo: Fontos gyakorolni a hálát, és hálásnak lenni azért, amije van, de ez nem jelenti azt, hogy önelégültnek kell lennie. Továbbra is keresnie kell a lehetőségeket a helyzet javítására. Samon, a történeted jól mutatja ezt. Remek munkája volt a Deutsche Telekomnál, bejárta a világot, és jó bevételre tett szert. Hálás voltál az élményért, de még mindig benned volt a növekedés és a fejlődés vágya. A hála és a lehetőségek feltárása közötti egyensúly döntő fontosságú. A hála kifejezése a lehetőségek feltárása nélkül stagnáláshoz, míg a hála nélküli lehetőségek feltárása elégedetlenséghez és panaszokhoz vezet.

Achani Samon Biaou: Teljesen egyetértek. Volt egy úgynevezett "alulatlanabb" mentalitásom. Soha nem éreztem jól magam olyan helyzetben, ahol nem voltam az esélytelenebb. Folyamatosan kerestem a kihívásokat, és arra törekedtem, hogy magasabbra kapaszkodjak, és túllépjem a határaimat. Az üzleti egyetemen való utazásom során megtanultam néhány fontos dolgot:

A célok kitűzése elengedhetetlen, ha valami újba kezd. Ha nehezen azonosítja céljait, összpontosítson olyan tárgyak tanulására vagy felfedezésére, amelyek valóban érdeklik Önt. Számomra az volt a célom, hogy befolyásoljam a döntéshozatalt, és akkoriban nem a pénz volt a legfontosabb. Annak ellenére, hogy jól kerestem a Deutsche Telekomnál, tudtam, hogy szintre kell emelnem a tudásomat. Rájöttem azonban, hogy ez a cél meglehetősen tág. Visszatekintve rájöttem, hogy az emberek három fő okból járnak üzleti iskolába: akadémikusok, szakmai előmenetel és hálózatépítési lehetőségek.

Olumide Ogunsanwo: Igen, miután elkezdte az üzleti iskolát, rájött, hogy van egy stratégiai megközelítés az MBA utazáshoz. Dönthet úgy, hogy az akadémikusokra, egy állás biztosítására vagy a hálózatépítésre összpontosít. Erről jut eszembe az adaptív célmeghatározás fogalma, amelyet Ön és én megvitattunk a könyv írásakor.

Achani Samon Biaou: Igen, beszéljünk az adaptív célmeghatározásról. Amikor tanácsot kérsz másoktól, akik hasonló tapasztalatokon mentek keresztül, mint amit te elkezdesz, kulcsfontosságú, hogy megértsd az akkori kontextust és célokat. Amikor tanácsot kértem a BCG nyugati vagy közelkeleti iroda kiválasztásához, mindig igyekeztem megérteni, hogy az illető mire optimalizált, amikor választott.

Olumide Ogunsanwo: Ne fogadjon el tanácsot anélkül, hogy megértené a mögöttes érvelést, és anélkül, hogy egyedi helyzetéhez igazítaná. Előfordulhat, hogy az ő konkrét helyzetük nem releváns az Ön számára.

Achani Samon Biaou: Igen, beszéltem az emberekkel, hogy megértsem, milyen célokat tűztek ki maguk elé az üzleti iskolából. Meg akartam érteni, hogy az üzleti iskolában végzett tevékenységeik hogyan illeszkednek az üzleti iskola utáni terveikhez.

Olumide Ogunsanwo: A nap végén kulcsfontosságú, hogy ne feledje, hogy ez a te életed, és neked kell olyan döntéseket hoznod, amelyek összhangban állnak konkrét céljaiddal és értékeiddel. De ezeket a döntéseket a teljes kontextus átfogó megértése alapján kell meghoznia.

Például az étkezés kiválasztásakor nem csak az első étterembe kell mennie, és véletlenszerűen kiválasztani egy ételt. Különböző éttermek étlapjait fedezné fel, mérlegelné érdeklődési körét, és olyan ételt választana, amely megfelel az Ön preferenciáinak. Ez a megközelítés biztosítja, hogy tájékozott döntést hozzon az összes rendelkezésre álló lehetőség mérlegelésével, ahelyett, hogy a korlátozott információkon alapuló, kevésbé optimális választás mellett döntene.

Achani Samon Biaou: Amikor elkezdtem az MBA-programot, bizonytalan voltam, hogyan helyezzem el a különböző lehetőségeket a Stanfordon. Tanácsot kértem osztálytársaimtól, akiknek úgy tűnt, nem volt ilyen problémájuk. Azzal kezdtem, hogy a Stanfordba való felvételi céljaikról és az eddigi döntéseikről kérdeztem. Megbeszéléseinkből a következő meglátásokhoz jutottam:

Először is tanácsos kapcsolatokat kiépíteni professzorokkal és oktatókkal. Még ha nem is biztos abban, hogy mi sülhet ki ezekből a kapcsolatokból, bölcs dolog, ha kapcsolatba lép velük a munkaidőben vagy kávézós találkozók megszervezésével.

Másodszor, hasznos megragadni a lehetőségeket a különböző karrierutak felfedezésére. Felfedeztem, hogy néhány társam kockázati tőke (VC) cégeknél folytat szakmai gyakorlatot MBA tanulmányaik mellett. Ezen felbuzdulva jelentkeztem és felvettek egy VC gyakorlatra. Bár kezdetben a vezetési tanácsadói állás megszerzésére összpontosítottam, nyitott voltam más területek felfedezésére.

Olumide Ogunsanwo: Azért kaptad ezt a lehetőséget, mert kíváncsi voltál. Korábban már beszéltünk a kíváncsiság fontosságáról az anyagi függetlenség elérésében. Szeretném ismét hangsúlyozni, mennyire fontos, hogy a közvetlen fókuszon túlmutató dolgokat is feltárjon. Az egyik stratégia, hogy kíváncsibbá válj, ha sok emberrel foglalkozol, akik érdekes dolgokat csinálnak.

Achani Samon Biaou: Vannak, akik pontosan tudják, mit akarnak, de ha bizonytalan vagy, fontos, hogy alázatos legyél azzal kapcsolatban, hogy mit tudsz és mit nem. Az MBA elvégzése után az volt a célom, hogy belépjek a vezetési tanácsadás területére, de nyitott voltam más lehetőségekre is, amelyek segíthetnek elérni végső célomat, a döntéshozói szerepkörben.

Például a kockázatitőke-gyakornoki időm alatt a kockázati tőke iparban tettem elérhetővé. Megtanultam, hogy a kívánatos pozíciók megszerzése az induló vállalkozásokban gyakran azzal járt, hogy VC-partnerként dolgoztam, majd átmentek valamelyik sikeres portfóliócéghez. E nélkül az expozíció nélkül nem tudtam volna erről az útról. Végül nem változtatott az irányvonalamon, pedig voltak ajánlataim a tanácsadástól, a big techtől és a VC-től. Ennek a tudásnak köszönhetően azonban megfelelően tudtam mérlegelni az ajánlatokat.

Olumide Ogunsanwo: Ez a teljes történet arról, hogyan jutottál el attól, hogy fontolóra vetted a Stanfordba való jelentkezést, a tényleges jelentkezésig, a felvételig, és stratégiát dolgoztál ki, hogy a legtöbbet hozd ki az ott töltött időből. Most végigvezetnéd életed e fejezetének befejezését? Végül hogyan zárta le a Stanfordnál töltött időt? Mi történt az üzleti iskolai tapasztalatod későbbi szakaszában, és mi késztette arra, hogy a BCG tanácsadási ajánlatot választottad?

Achani Samon Biaou: Hadd osszam meg egy másik gyors történetet az üzleti iskola kezdetéről. Úgy döntöttem, hogy közös oktatási diplomát szerezek, hogy maximalizáljam a befektetésem értékét. A stanfordi tandíj körülbelül 200-szor magasabb volt, mint a teljes tandíj, amit a teljes egyetemi képzésemért fizettem. Végül több mint 100 000 dollárt fizettem tandíjért a Stanfordon, míg Franciaországban a tandíjam átlagosan soha nem haladta meg a néhány száz eurót.

Olumide Ogunsanwo: Te jó ég!

Achani Samon Biaou: A legtöbbet szerettem volna kihozni a Stanfordon eltöltött időmből, ezért amikor e-mailt kaptam a közös diploma megszerzésének lehetőségéről, tökéletes lehetőségnek láttam abban, hogy egy oktatási diplomát is szerezzek, figyelembe véve jövőbeli terveimet. iskolák építése. Néhány osztálytársam azt tanácsolta, hogy ne vállaljak túl sokat, és ne tegyem tönkre az MBA-tapasztalatomat, de tisztelettudóan elmagyaráztam, hogy nem csak az volt a célom, hogy élvezzem az élményt, hanem bővítsem lehetőségeimet a jövőre nézve.

Most pedig térjünk át üzleti iskolai utam utolsó részére. Két erős tanfolyamon vettem részt a Stanfordban. Az egyiket "Interperszonális dinamikának" hívták, ahol bizalmas megbeszéléseket folytattunk kis csoportokban, hogy betekintést nyerjünk abba, hogyan látnak minket mások. A másik kurzus a „Növekvő vállalatok menedzselése" volt, amely szimulációk segítségével tanított olyan készségeket, mint az alkalmazottak elbocsátása, új munkatársak toborzása és negatív visszajelzés.

Érdekes módon ez a két képzés bizonyult a legértékesebbnek tanulási szempontból, még a pénzügyi osztályoknál is. Ráébredt arra, hogy ezeket a pénzügyi és kemény készségeket egyedül is elsajátíthattam volna, de az ezen a két tanfolyamon megszerzett puha készségek felbecsülhetetlenek voltak.

A tanulság, amit ebből a tapasztalatból tanultam, az, hogy amikor új környezetbe lépünk, döntő fontosságú, hogy világos célokat tűzzünk ki magunk elé, és olyan intézkedéseket tegyünk, amelyek összhangban állnak ezekkel a célokkal. Keressen másokat, akik osztják céljait, és tanuljanak tapasztalataikból, hogy elkerüljék a vakfoltokat.

Olumide Ogunsanwo: Az Ön története valóban megmutatja az optimalizálás iránti szeretetét. Új helyzetbe került a Stanford Business Schoolban, és azonnal elkezdte kitalálni, hogyan optimalizálja az ott töltött időt, hogy a legjobbat hozza ki belőle.

Az anyagi függetlenség eléréséhez fontos, hogy élete optimalizálására összpontosítson. Ez azonban csak akkor történhet meg, ha olyan célokat tűzött ki, amelyek izgatják Önt, és lépéseket tesz annak kiderítésére, hogy mit kell változtatni vagy optimalizálni a célok eléréséhez. A „A rendkívül hatékony emberek hét szokása" című fantasztikus könyvben az első szokás a proaktivitás – ez az optimalizáláshoz hasonló tulajdonság. Az alternatíva az élet elfogadása olyannak, amilyen, ami megnehezítheti az anyagi függetlenség elérését.

Achani Samon Biaou: Sajnos a társadalom gyakran arra ösztönöz bennünket, hogy kerüljük a döntéseket, ami önelégültséghez vezet. Például az Amazon által használt algoritmusok könyveket és éttermeket ajánlanak korábbi preferenciáink alapján. Ez a gondolkodásmód megnehezíti a céljaink eléréséhez szükséges kemény munka elvégzését, mivel egyre inkább másoktól függünk, akik helyettünk döntenek.

Ezzel a gondolkodásmóddal azonban azt kockáztatjuk, hogy elveszítjük kíváncsiságunkat, és boldogságunk miatt másoktól függünk. Végső soron rajtunk múlik, hogy saját döntéseinket hozzuk meg, és felelősséget vállalunk saját életünkért.

Olumide Ogunsanwo: Tudod, mi a legjobb az életedben, mert jobban megérted magad, mint bárki, aki rád erőlteti a véleményét. Ha folyamatosan külső megerősítésre és támogatásra törekszik, előfordulhat, hogy távolabb kerül attól, ahol lenni szeretne.

Sok nagyszerű elv van a történetedben. Megbeszéltük a célok kitűzését, és a személyes fejlődést is hozzátenném, mert nem mindenki akar üzleti egyetemre menni, vagy további diplomákat szerezni. Ez a fejezet az üzleti iskoláról szól, de végső soron az emberi tőke, a készségek és a hálózat bővítéséről szól, hogy elérje életcéljait.

Achani Samon Biaou: Néhány stanfordi barátom csatlakozni akart a startupokhoz, míg engem a vezetési tanácsadás, a VC vagy a nagy tech szerepek, például a Google és a Microsoft érdekeltek. Érdekes módon sok olyan személy, akiről úgy véltem, hogy egyértelmű irányérzékkel rendelkezik, nem vállalt pozíciót nagyvállalatoknál. Ehelyett arra törekedtek, hogy saját startupokat indítsanak, vagy csatlakozzanak korai szakaszban lévő vállalatokhoz.

Ekkor ismertem meg a „hármasszáz" fogalmát. A tripla száz egy szabály, amely segít kiválasztani, hogy melyik startuphoz csatlakozzon, hogy nagyobb eséllyel tudjon rövid időn belül sok pénzt keresni. A szabály az, hogy az induló vállalkozásokat célozzák meg, amelyek éves bevétele évente legalább 100%-kal növekszik, és jó úton halad a 100 millió dolláros bevétel eléréséhez, és 100-nál kevesebb alkalmazottal. Ha ésszerű saját tőkével csatlakozik egy ilyen céghez vezetői vagy magasabb szinten, akkor 5-7 éven belül milliós értékű saját tőkéje lehet, ha a céget felvásárolják vagy tőzsdére lépik. Sok üzleti iskolai osztálytársam ennek az elvnek az alkalmazására összpontosított, és aktívan toborzott az ilyen induló vállalkozásokban betöltött szerepekre.

Olumide Ogunsanwo: Az élet nem egy előre meghatározott utat követ. Inkább valószínűségi, mint determinisztikus módon bontakozik ki. A háromszázas leírásod alapján ez határozottan magasabb kockázatú stratégia, potenciálisan magasabb jutalmakkal, mint egy nagy technológiai vállalathoz való csatlakozás.

Achani Samon Biaou: Nem tanultam a tripla százról, mert nem beszéltem elég emberrel ahhoz, hogy megértsem pénzügyi céljaikat, és azt, hogy szerintük hogyan tudnák elérni azokat. Nem tettem fel ezeket a kérdéseket, mert korlátozott volt a perspektívám. Ha kíváncsi, találhat módot olyan információk gyűjtésére, amelyek nem nyilvánvalóak, de némi gondolkodást igényelnek.

Olumide Ogunsanwo: Valójában ez a könyv mindenkinek szól, aki kíváncsi, és szeretné elindítani vagy felgyorsítani az anyagi függetlenség felé vezető utat. Samon és én afrikai bevándorlók vagyunk, ezért feltételezem, hogy az olvasók közül sokan bevándorlók, kisebbségek, emigránsok vagy kívülállók lehetnek, bár az elvek mindenkire vonatkoznak. Kívülállóként nagy hasznot húzhatunk a kíváncsiság ápolásából, mert az ökoszisztéma más tagjai már jó kapcsolatban állnak egymással, és ismerik egymást. Rajtunk múlik, hogy megtanuljuk, hogyan zajlik a játék, ami kihívást jelenthet. Ha azonban kíváncsiak vagyunk és kérdéseket teszünk fel, mélyebben megérthetjük az ökoszisztémát és annak működését, ami végső soron hozzájárul a sikerhez.

Achani Samon Biaou: Az üzleti iskolában töltött utolsó hónapjaimban sok időt töltöttem azon, hogy átgondoljam, mit csinálhattam volna jobban, és időt szakítottam a kikapcsolódásra és barátságok kialakítására.

Olumide Ogunsanwo: Samon, két célja volt: a rövid- és középtávú cél, hogy vezetési tanácsadó lehessen, és a hosszú távú oktatási cél az iskolaépítés.

Achani Samon Biaou: Igen, kezdetben az volt a célom, hogy vezetési tanácsadó legyek. A jelentkezési dolgozatom megírása közben azonban elkezdtem gondolkodni az életemmel kapcsolatos törekvéseimen, ami arra késztetett, hogy kidolgozzam egy második célt, az iskolaépítést és az oktatásban való pozitív hatást. Ez a felismerés inspirált egy második oktatási mesterképzés megszerzésére, amely úgy gondolom, hogy felvértez a céljaim eléréséhez szükséges készségekkel.

Azonban ahogy közeledtem az üzleti iskolai utam végéhez, a prioritásaim kezdtek megváltozni. Rájöttem, hogy igazán vágyom arra, hogy olyan pozícióba kerüljek, ahol hatásos döntéseket hozhatok, ahelyett, hogy csak tanácsot adhatnék másoknak. Megkérdőjelezve, hogy miért a tanácsadás az egyetlen út a hatás eléréséhez, megértettem, hogy szükség van saját készségeim fejlesztésére a változás létrehozásához. Ezért a tanácsadást egy olyan képzési terepnek tekintettem, ahol elsajátíthatom a szükséges készségeket, hogy változást érhessek el az oktatásban. Az MBA végére a Stanford márka fontosabbá vált számomra, mint egy BCG márka hozzáadása az önéletrajzomhoz.

Már nem éreztem szükségét a külső megerősítésnek. Elégedett voltam azzal, ahol vagyok, és hálás a lehetőségekért, amelyek az utamba kerültem. Ez az utazás megtanított arra, hogy előnyben részesítsem a hatást, és arra koncentráljak, hogy értelmes különbséget teremtsek a világban.

Olumide Ogunsanwo: Samon, megvizsgálhatjuk, mit mondtál az érvényesítésről? Úgy érzem, most egy terápiás ülést tartunk. Mit értesz a márka érvényesítése alatt?

Achani Samon Biaou: Néha a különbség azok között, akik elérnek dolgokat, és azok között, akik nem, nem csak a tudás hiányában rejlenek, hanem az önbizalomhiányukban is. Sok barátom csak azután hitte, hogy bekerülhet a Stanfordba. Azelőtt hiányzott belőlük az önbizalom.

Az egyetemi márkák bizonyos szintű önbizalmat biztosítanak. Mindazonáltal nem hiszem, hogy ez a megfelelő fajta magabiztosság, mert külső megerősítésen alapul. A bizalom végső formája abból fakad, hogy tudod, hogy teljes vagy és elégséges magadban. Ahogy nősz és dolgozol a céljaid felé, rájössz, hogy senki más nem jobb nálad, és bármivé válhatsz, amivé szeretnél lenni.

Olumide Ogunsanwo: Ez zseniális volt. A könyv olvasása és profiljaink felfedezése során megfélemlíthetik külső jelzőink, például Samon stanfordi és BCG-s háttere, vagy az oxfordi és az MIT-n végzett képzésem. Mindazonáltal kulcsfontosságú emlékezni arra, hogy az önbizalom és az önértékelés belülről fakad, nem pedig külső megerősítésből.

Ez a könyv az anyagi függetlenség eléréséről szól, de mint korábban említettük, a személyes fejlődésről is. A személyes növekedés az önvizsgálattal és az erős gondolkodásmód ápolásával kezdődik. Az önbizalom és az önértékelés elvontnak tűnhet, de elengedhetetlenek a személyes fejlődéshez. Anélkül, hogy hiszel magadban, valószínűleg akadályokba ütközöl, miközben felfedezed önmagad és kitűzöd a célokat. Bíznod kell magadban az utazás megkezdéséhez. Bár a segítség és a támogatás keresése fontos, felelősséget kell vállalnia önfejlesztéséért, és hinnie kell abban, hogy képes elérni céljait.

Achani Samon Biaou: A legértékesebb lecke, amit az üzleti iskolai tapasztalataimból tanultam, az önbizalom megszerzése volt, kezdetben külső, de később belső validáció révén. Ahogy felnőttem, mindenkit egyenrangúnak láttam. Ez a gondolkodásmód lehetővé tette számomra, hogy hosszú távú célokat tűzzek ki, mint például az anyagi függetlenség elérése és az iskolák építése Afrikában. Azonban nem akartam másokra hagyatkozni e célok elérésében. A kialakult önbizalom ráébredt arra, hogy elég fontos vagyok ahhoz, hogy meghatározzam a saját karrieremet. Visszahozta a szabadság érzését, ami gyermekkoromban volt, és lehetővé tette számomra, hogy bármit csináljak, amit akartam.

Olumide Ogunsanwo: Ezt az eredményt érte el Samon üzleti iskolai útján. Fontos azonban megjegyezni, hogy ennek az eredménynek az eléréséhez nem szükséges az üzleti iskolába járni vagy a mesterfokozat megszerzésére. A kulcs az, hogy megértsd önértékelésedet, felismerd emberi lényedben rejlő lehetőségeket, és ezt felhasználd céljaid és vágyaid eléréséhez az életben. Találkozunk a következő fejezetben!

5C: A célok kitűzésének és a személyes fejlődés elvei

Olumide Ogunsanwo: Váltsunk sebességet, és beszéljünk olyan konkrét elvekről, amelyek felgyorsíthatják a pénzügyi függetlenség felé vezető utat. A célmeghatározás és a személyes fejlődés alapelveit három részben tárgyaljuk. Először is meghatározzuk ezeket az elveket. Másodszor, megvizsgáljuk, hogyan gyorsíthatják fel a pénzügyi függetlenség felé vezető utat. Harmadszor pedig ajánlunk néhány könyvet, amelyekben többet megtudhat ezen alapelvek fejlesztéséről és gyakorlásáról.

Kezdjük a célok kitűzésével. A célkitűzés az a folyamat, amelynek során meghatározunk valamit, amit el szeretnénk érni, és stratégiai ütemtervet hozunk létre a törekvései megvalósításához. Olyan elveket vitattunk meg, mint az önbizalom, az önbizalom, a kíváncsiság, a független gondolkodás, az ambíció és a bátorság. Kitértünk az FTE fogalmára is, amikor az egyén eléri a mélypontot, és felismeri, hogy azonnali változásra van szükség. Most itt az ideje, hogy gondolkodásmódját és bátorságát egy széles látókör kialakítására, ambiciózus célokat tűzze ki, és tegyen napi lépéseket e célok elérése érdekében.

A vízió egy világos és meggyőző mentális kép arról, hogy milyennek szeretnéd látni a jövődet. Ez a vágyott jövőbeli állapot inspirál és motivál arra, hogy cselekedj céljaid elérése érdekében. A jövőkép létrehozásához kérdéseket kell feltenned magadnak a vágyott élettel kapcsolatban. Például:

Milyen életstílust szeretnél? Milyen tulajdonságokat keresel egy partnerben? Hol szeretnél élni? Milyen közösségbe szeretnél tartozni? min szeretnél dolgozni? Kivel szeretnél együtt dolgozni? Milyen élményekre és kalandokra vágysz? Milyen tanulási és személyes fejlődési lehetőségeket keresel?

A jövőkép az Ön által kívánt nagy kép. Ezután hosszú távú célokat kell kitűznie ennek az elképzelésnek az eléréséhez. Töltsünk el egy kis időt hosszú távú céljaid pénzügyi részének mélyreható búvárkodásával. Ezek a hosszú távú célok magukban foglalják a pénzügyi függetlenség (FI) célértékét és a cél eléréséhez szükséges idővonalat. Ezt a célt és az idővonalat megbecsülheti online nyugdíjkalkulátorok (például az Empower Personal Dashboard (korábbi nevén personalcapital.com) segítségével). A cél például az lehet, hogy 20 év alatt 2 millió dollárt halmoz fel. Ne feledje, ez a példa önkényes, mivel az Ön FI-célja és idővonala függ az Ön jelenlegi költési szokásaitól, és attól, hogy képes-e a jövőbeni nyugdíjkiadásait az elképzeléseihez igazítani olyan területeken, mint a hely, az adók, a család mérete, a lakhatási preferenciák, a birtok, az orvosi költségek és így tovább. LeanFIRE (A Lean Financial Independence / Retire Early) mozgalom tagjai például alacsonyabb FI-célokkal rendelkeznek, 300 000 és 600 000 dollár között.

A nyugdíjkalkulátorok átfogó és pontos megközelítést kínálnak az FI-cél meghatározásához. Ha azonban durva becslést keres, egyszerűbb módszerként használhatja a 3–4%-os hüvelykujjszabályt (és a megfelelő 25X-33X többszörösét). Míg a nyugdíjkalkulátorok nagyobb pontosságot biztosítanak, a 3%-4%-os hüvelykujjszabály gyors és kényelmes módot kínál az FI-cél kezdeti becslésére.

A 3–4%-os ökölszabály útmutatást ad a nyugdíj-befektetési portfólió biztonságos kivonási arányához (SWR). Becsli, hogy mennyit lehet kivenni évente nyugdíjas korban, hogy minimálisra csökkentsük a pénz elfogyásának kockázatát. E szabály szerint a nyugdíjba vonulás első évében a portfólió értékének 3-4%-át veheti ki. Például egy 1 millió dolláros portfólióval ez 30-40 ezer dollárt jelentene. Minden következő évben az infláció figyelembevételével módosítja a kifizetési összeget. A második évben az előző évi összeget és az inflációval kiigazított részt venné ki, így biztosítva, hogy a kivonás lépést tartson az emelkedő árakkal. Bár a 4%-os szabály széles körben ismert, én személy szerint inkább 3-4%-os ökölszabályként hivatkozom rá, mert inkább iránymutatásként szolgál, mint szigorú szabályként. Eredetileg 30 éves nyugdíjakra tervezték, így azok számára, akik korán elérik az anyagi függetlenséget, és hosszabb, 40-60 éves nyugdíjakkal rendelkeznek, érdemes lehet óvatosabb megközelítést alkalmazni, például 3%-os visszavonási arányt mérlegelni. 3,5%-ra.

A 25X-33X többszörös a 3%-4%-os visszavonási arányból származik, és az FI-hez szükséges befektetési portfólió célméretének becslésére szolgál. A kivonási arányok fordítottját jelenti, jelezve a FI-hez szükséges összeget, ha ezt követően 3-4%-os éves kivonást feltételezünk a portfólióból. A többszörös kiszámításához a 3%-os hüvelykujjszabály fordítottját vesszük, ami 1 osztva 3%-kal (1/3% = 33X), a 4%-os hüvelykujjszabályhoz pedig 1 osztva 4%-kal (1/4% = 25X).

A 3–4%-os ökölszabály előnye a könnyű használat. Például az alábbi táblázat különböző pénzügyi célokat mutat be, amelyek a nyugdíjkiadások különböző szintjének fedezéséhez szükségesek.

Nyugdíjazás várható kiadás		Pénzügyi függetlenség befektetési portfólió célja ($ az élettartamhoz szükséges)	
Havi ($/hónap)	Évi ($/év)	Alacsony becslés 25X többszörös használatával (4%-os hüvelykujjszabály)	Magas becslés 33X többszörös használatával (3%-os hüvelykujjszabály)
1700 dollár	20 ezer dollár	0,5 millió dollár	0,7 millió dollár
3300 dollár	40 ezer dollár	1,0 millió dollár	1,3 millió dollár
6700 dollár	80 ezer dollár	2,0 millió dollár	2,7 millió dollár
10 000 dollár	120 ezer dollár	3,0 millió dollár	4,0 millió dollár
13 300 dollár	160 ezer dollár	4,0 millió dollár	5,3 millió dollár
16 700 dollár	200 ezer dollár	5,0 millió dollár	6,7 millió dollár

A 3–4%-os hüvelykujjszabály használatának azonban vannak árnyoldalai is. Először is, kifejezetten olyan befektetési portfóliókhoz készült, amelyek legalább 50%-ban részvényeket (részvényeket) tartalmaznak, és nem alkalmazható olyan ingatlanokra, készpénzre vagy a nettó vagyon egyéb eszközosztályaira, amelyeket nem fektetnek be tőzsdén. Másodszor, nem veszi figyelembe az elkövetkező éveket, amikor átmenetileg magasabb kiadásokra kerülhet sor, például a gyermekek főiskolai tandíjára.

Összefoglalva, a jövőkép kialakítása és a hosszú távú célok kitűzése kulcsfontosságú lépések a pénzügyi függetlenség felé vezető úton. Akár nyugdíjkalkulátorokat, akár a 3–4%-os hüvelykujjszabályt használ, ezek a módszerek segíthetnek megbecsülni a célt, irányítani a tervezést, és ragyogó északi csillagot adhatnak a FI felé vezető úton.

Ezután rövid távú célokat kell létrehoznia, amelyek segítenek elérni FI célját és idővonalát. Például megcélozhat egy bizonyos összeg befektetését minden évben, például 50 000 USD-t az első évben és 60 000 USD-t a második évben. A pénzügyi kalkulátorok segíthetnek a cél eléréséhez szükséges éves beruházási összegek becslésében.

napi cselekvésekre bontani, amelyek segítenek elérni őket.

Célkitűzés alatt értjük ezt az egész folyamatot, amelyben a jövőkép, a hosszú és rövid távú célok kialakítása, valamint a napi cselekvések megtétele zajlik. Ambícióra van szükség a megfelelő típusú célok kitűzéséhez, és bátorságra van szükség az utazás során felmerülő kihívások leküzdéséhez.

Achani Samon Biaou: Gondoljon a célok kitűzésére, mint a cukorra – ez rohanást és érzelmi elégedettséget ad nekünk. Amikor kihívást jelentő feladatokat vállalunk, vagy kilépünk a rutinból, nehéz lehet folyamatosan motiváltnak maradni. Vegyük például Usain Boltot. Ha minden nap csak a kedvéért futna, nehezen tudja fenntartani a motivációját. De annak tudatában, hogy hat hónap van hátra az olimpiáig, és az a célja, hogy aranyat nyerjen, ez a cél tüzet gyújt benne, és tovább edzi.

Fontos különbséget tenni a hosszú távú és a rövid távú célok kitűzése között. Sokan, köztük jómagam is elkövették azt a hibát, hogy kizárólag a hosszú távú célokra koncentráltak napi cselekvések vagy rövidebb távú célok nélkül. Ez azonban gyakran kudarchoz vezet ezek elérésében.

Olumide Ogunsanwo: Egyesíteni kell a célokat és a tetteket. Nem lehet egyik a másik nélkül. Célok nélkül gyorsan vezetsz a semmibe. Napi cselekvések nélkül pedig a céljai nem valósulnak meg, mert nem tesz következetesen összetett tevékenységeket, és nem követi nyomon a fejlődést. Jobban teljesítünk, ha nyomon követjük és mérjük a dolgokat.

Achani Samon Biaou: Pontosan. Ha egyszer kitűztél egy hosszú távú célt, akkor azt olyan elérhető lépésekre kell bontanod, amelyeket minden nap megtehetsz. Ennek a megközelítésnek két előnye van. Először is rájössz, hogy a szükséges napi tevékenységek általában kisebbek és kevésbé nyomasztóak az általános elképzeléshez képest. Másodszor, kulcsfontosságú, hogy legyen egy módja annak, hogy mérje előrehaladását és erőfeszítéseit.

Olumide Ogunsanwo: Ezért fontos ezeket az elveket meghatározott sorrendben figyelembe venni. Célok kitűzése és a szükséges napi cselekvések megtétele önbizalom, önálló gondolkodás, bátorság és ambíció nélkül kihívást jelenthet. Ha elképzelése nincs összhangban értékeivel és vágyaival, akkor lehet, hogy nem fenntartható.

Achani Samon Biaou: A célok kitűzése segít a hatékony problémamegoldásban. Hadd mondjak egy példát. Vezetési tanácsadóként, aki gyakran utazott, különböző hitelkártyákon és hűségprogramokon gyűjtöttem pontokat. Azonban csak akkor jöttem rá, amikor konkrét célt tűztem ki magam elé, hogy élethosszig tartó platinatag legyek egy légitársaságnál, és csak akkor jöttem rá, hogy milyen konkrét napi lépésekre van szükség ennek eléréséhez. Kiszámoltam, hogy hány járatra van szükségem havonta, és megbecsültem, hogy mennyi időbe telik az állapot elérése. Innentől kezdve olyan stratégiát dolgoztam ki, hogy prioritásként kezeltem a projekteket és tevékenységeket, amelyek maximalizálják az utazásomat, például interjúkat készítettem a képzés helyett. Ezenkívül meghatározott régiókat céloztam meg, például az Egyesült Államokat a hosszabb távú járatokhoz. Azáltal, hogy ezt az ijesztőnek tűnő célt apró, kezelhető akciókra bontottam, öt éven belül elértem az élethosszig tartó platina státuszt.

Olumide Ogunsanwo: A jövőkép, a hosszú és rövid távú célok, valamint a napi cselekvések megfogalmazása után úgy érezheti, hogy túlterheli a havonta megtakarítandó összeg. Ha ez félelmet és aggodalmat okoz, akkor újra kell értékelnie ambícióit és bátorságát. Valóban elsajátítottad ezeket a tulajdonságokat, és aktívan gyakorolod őket? Ha igen, akkor nem lehet gond, mert világos elképzelésed van arról, hogy mit szeretnél az életben, és kibontakozhatsz a bátorságodban, ami ennek eléréséhez szükséges.

Egy másik szempont, amit figyelembe kell venni, hogy egyetlen terv sem tökéletes. Egy elég jó kezdési tervre van szükséged. Hozzon létre egy tervet, hajtsa végre, tekintse át, módosítsa, és ismételje meg. Ne várja meg a tökéletes tervet, mert az nem létezik. A legfontosabb az, hogy elkezdjük. Később bármikor módosíthatja. Ez nem a rendkívüli pontosságról szól, hanem az izgalomról és a kivitelezésről. Tudományos és mérnöki háttérrel rendelkező személyként megértem a precizitás iránti elfogultságot, de ebben az esetben az izgalom, a lendület, a kivitelezés és a rugalmasság a legfontosabb.

Achani Samon Biaou: Szeretnék megosztani néhány gyakorlatot, amelyek segíthetnek a gyerekeknek a célok kitűzésében. Például hat keresztgyerekem van, és amikor hosszabb időre meglátogatom a szüleiket, az egyikükkel napi gyakorlatot hajtok végre. A napot azzal kezdjük, hogy célokat tűzünk ki magunk elé. Ő a céljaimról kérdez, én pedig az övéiről. Este megbeszéljük az elért előrehaladást, azt, hogy mi segített elérni céljainkat, és milyen akadályokkal szembesültünk.

A célkitűzés gyakorlata szórakoztató szertartássá vált közöttünk, és segített szorosabbra építeni a kapcsolatot keresztgyermekemmel. Nem csak én kérdeztem a céljairól; az enyémet is érdekelte. Néha játékosan emlékeztet, hogy tartsam a céljaimat, és élvezi, hogy felelősségre von. Miután elmentem, megkérte az apját, hogy folytassa a gyakorlatot.

Olumide Ogunsanwo: Szerinted lehetséges anyagilag függetlenné válni célok kitűzése nélkül?

Achani Samon Biaou: Valószínűleg nem.

Olumide Ogunsanwo: Célok nélkül hihetetlenül nehéz lenne anyagilag függetlenné válni. Még ha valahogy sok pénzhez jut is, könnyen elveszítheti az egészet. Az FI-vé válás és az FI-ben maradás különböző képességek.

Achani Samon Biaou: Megtarthatja ezt a gazdagságot, ha szerencséje van. Vannak barátaim, akik egyértelmű irányvonal nélkül fejezték be az iskolát, és belebotlottak egy startupba. Nem kerestek aktívan állást, és a lehetőség, hogy csatlakozzanak a startuphoz, valaki más kemény munkáján keresztül jutott el hozzájuk. A startup végül sikeres lett, és hirtelen minden érintetthez pénz áramlott. Az egyik barátom olyan szerencsésnek bizonyult, hogy hozzáment egy pénzügyileg hozzáértő házastársához. Fontos azonban megjegyezni, hogy ez a forgatókönyv ritka. Számtalan ember gazdagodott gyorsan, de éppoly gyorsan elveszítette.

Olumide Ogunsanwo: Valószínűleg jobb a medián (realisztikus) forgatókönyvekre összpontosítani, nem pedig a kiugró forgatókönyvekre. A pénzügyi függetlenség megköveteli, hogy különböző mikrointézkedéseket tegyen, megértse a kompromisszumokat, kezelje a kockázatokat, és ne essen a FOMO áldozatává. És még ha véletlenül is megbotlik anélkül, hogy keményen dolgozna, ez a pénz valószínűleg nem fog sokáig tartani, mert nem fejlesztette ki a kezeléséhez és értékeléséhez szükséges készségeket. Ahogy Jim Rohn mondta, a cél az kell legyen, hogy meggazdagodjunk, ne csak a pénzért, hanem az emberért, akivé válunk közben.

Achani Samon Biaou: Vannak, akik azzal érvelnek, hogy ha sok pénzt keresel, könnyebb anyagilag függetlenné válni konkrét célok kitűzése nélkül. Ellent kell mondanom. A probléma az, hogy amikor hiányzik a fegyelem, a bevételek növekedésével a kiadások is növekednek. Anélkül, hogy jó célt kitűző lennél, nagyon valószínűtlen, hogy elérnéd az anyagi függetlenséget.

A mindennapi következetes cselekvés hihetetlenül erős lehet. Ezt tapasztaltam, amikor úgy döntöttem, hogy megtanulok mandarinul. Célul tűztem ki, hogy minden nap megtanulok egy-egy új kifejezést a nyelven, és mielőtt rájöttem volna, jó néhány dolgot el tudtam mondani. Valahányszor találkoztam egy kínai emberrel a liftben, elkezdtem beszélgetni, és gyakran szereztem új barátokat. Ez a szokások ereje – váratlan eredményekhez vezethetnek. A napi cselekvések kumulatív hatása elsajátításhoz vezethet, ami aztán lehetővé teszi, hogy túllépjen a kezdeti célon.

Olumide Ogunsanwo: Nem lehet alábecsülni azt az izgalmat, ami abból fakad, hogy nyomon követed az anyagi függetlenség felé vezető utat. Olyan energikusnak éreztem magam, amikor láttam, milyen sokat fejlődtem. Talán egy kicsit őrült vagyok, de valójában azt követtem nyomon, hogyan nő a nettó vagyonom, hogy napi szinten elérjem az FI-célomat.

Achani Samon Biaou: [Mosoly] Csodálatos. Ha csak azt képzelem, hogy követed, mosolyt csal az arcomra.

Olumide Ogunsanwo: Hihetetlenül éreztem magam.

Achani Samon Biaou: Néha az emberek azt gondolják, hogy az anyagi függetlenségre vonatkozó célok kitűzése azt jelenti, hogy nyomorult életet kell élned. Elolvashatják ezt, és azt gondolhatják, hogy szenvedsz. De hadd mondjam el, Olumide egyáltalán nem szomorú. Valójában szerelmes az optimalizálásba.

Olumide Ogunsanwo: Abszolút! Nagyon jól éreztem magam a folyamat során, és határozottan nem voltam szerencsétlen. A lényeg a kiadások optimalizálása és kezelése az Ön értékei alapján, amiről a 6C. fejezetben fogunk még beszélni.

Achani Samon Biaou: Nagyon jó hallani! Most arra voltam kíváncsi, hogy megosztanál néhány tippet, gyakorlatot, könyvajánlót vagy bármilyen más tanácsot az anyagi függetlenség iránt érdeklődő olvasóinknak.

Olumide Ogunsanwo: Igen, van két könyvajánlásom.

Először is Jeff Olson " The Slight Edge ". [1] A könyv csodálatos és gyönyörű. Arról szól, hogy az élet minden célját napi cselekvésekké alakítsa. Céljai lehetnek pénzügyi célok, egészségügyi célok, kapcsolati célok, közösségi célok, karriercélok. Ez volt az egyik könyv, amely megváltoztatta az életemet, mert korábban célokat tűztem ki, de soha nem értettem a következetes napi cselekvés fontosságát. Ha minden nap csinálsz valamit, az valóban megváltoztatja a gondolkodásmódodat, és segít a fejlődésben. Például Samon és én körülbelül két és fél hónapja dolgozunk ezen a könyvön, és minden nap dolgozom rajta. Ez nagy különbséget jelent a fejlődésben, ha

---

1.   http://www.amazon.com/Slight-Edge-Jeff-Olson/dp/1935944312

minden nap teszek egy keveset.

Kézenfekvőnek tűnik, hogy mindennapi cselekvésekkel szokásokat alakítsunk ki, de én ezt soha nem tettem, amíg el nem olvastam a könyvet. Valójában a Gen Y Finance Guy Blog [2] nagyon erős ajánlásának köszönhetően találkoztam vele .

A második könyv az „ Atomic Habits [3]", James Cleartől. Hasonló a "The Slight Edge"-hez, és hangsúlyozza a napi cselekvések fontosságát, a célokat kisebb lépésekre bontva, és automatikus szokásokká alakítva. Mondok egy példát: szinte minden nap járok edzőterembe, és nem is gondolok rá kétszer. Ez csak a napi rutinom része, mint a fogmosás. Szokássá vált, hogy nem kell aktívan döntenem. Örökre a programom része. Arra bátorítom az embereket, hogy olvassák el ezeket a könyveket, és gondolkodjanak el a napi gyakorlatokon, hogy eljussanak oda, ahol szeretnének.

Achani Samon Biaou: A célmeghatározás egyik kulcsfontosságú szempontja az elfordulás képessége. Néha, amikor a jelenlegi utad nem vezet a kívánt eredmények felé, vagy amikor a körülmények megváltoznak, jelentős változtatásra van szükséged karrieredben, céljaidban vagy életedben. Ezt az irányváltoztatást, hogy igazodjon a céljaihoz, elfordulásnak nevezzük.

Olumide Ogunsanwo: A forgás azt jelenti, hogy nyitottnak kell lenni az irány megváltoztatására, hogy elérje céljait. Ez lehet jelentős változtatás vagy kisebb módosítás; a változás nagysága nem számít. Az a fontos, hogy legyünk elég rugalmasak ahhoz, hogy felismerjük, mikor van szükség változtatásra, és kényelmesen el tudjuk végezni ezt a változtatást. A rugalmasság kulcsfontosságú eszköz az anyagi függetlenség felé vezető úton. Ha túl merev és ellenáll a változásoknak, akkor nehéz lesz elérni az anyagi függetlenséget, mert nem tudja megjósolni, hogyan fog alakulni a jövő.

Achani Samon Biaou: Beszéljük meg az elfordulás gyakorlati hatását a pénzügyi függetlenség útjára. Sokan, akik üzleti iskolába jártak, karriert váltanak. Akár szakmai identitásukat is megváltoztathatják. Például távközlési mérnök voltam, mielőtt az üzleti főiskolára jártam, de az ott töltött idő alatt megfordultam és beléptem a vezetési tanácsadás területére. Ez a változás kulcsfontosságú volt az életemben. A kulcs az, hogy kitűzzünk célokat, és aktívan dolgozzunk azon, hogy megoldásokat találjunk e célok eléréséhez.

2. https://www.genyfinanceguy.com/

3. https://jamesclear.com/atomic-habits

Olumide Ogunsanwo: Amikor elkezdi megfogalmazni a terveket, elengedhetetlen annak megértése, hogy az elkészített tervek valószínűleg megváltoznak. Itt jön képbe a pivoting. Kényelmesnek kell lennie a kétértelműséggel és a változással, mert az élet folyamatosan fejlődik. Ahogy a dolgok változnak, kellően alkalmazkodónak kell lenned ahhoz, hogy haladj az áramlással, mivel a legfelső szintű elképzelésed változatlan maradhat, de a napi terv változhat. Carl Richards (a behaviourgap.com-ról) azt mondta: "Ne legyen elkötelezett a terv mellett, legyen elkötelezett a tervezés folyamata mellett." Jeff Bezos népszerűsítette a „Develop a bias for action" kifejezést. Brian Tracy, egy csodálatos személyiségfejlesztő szerző azt mondta: „A siker a kudarc túlsó oldalán rejlik."

Ezeket az ötleteket összerakni azt jelenti, hogy úgy kell cselekedni, hogy közben nyitottak vagyunk a változásra, és nem csüggedünk el, ha a dolgok nem a tervek szerint alakulnak. Haladjon előre, próbáljon ki különböző megközelítéseket, forduljon el, ha szükséges, és mindig tartsa szem előtt a hosszú távú elképzeléseit és céljait. Ez a stratégiák kiigazításáról és módosításáról szól, miközben továbbra is a nagyobb összképre összpontosít.

Achani Samon Biaou: Ez megvilágosító. Ami az ajánlásokat illeti, van néhány könyv a célok kitűzésével kapcsolatban, amelyek szerintem erősek. Ezek a könyvek a karrierváltással kapcsolatosak, de úgy gondolom, hogy az élet más területein is alkalmazhatók, mint például az egészség, a fitnesz, a szerelem és a kapcsolatok. Az egyik könyvet Adam Markle „ Pivot "-nak [4] hívják . Adam Markle könyve egy útitervet kínál azoknak az egyéneknek, akik karrierjük átmenetén állnak, és igyekeznek kiaknázni teljes potenciáljukat, miközben kezelik a kockázatokkal és kudarcokkal kapcsolatos aggodalmaikat. Ez a könyv gyakorlati útmutatóként szolgál azoknak az egyéneknek, akik a karrierváltás során navigálnak, és igyekeznek teljes potenciáljukat kiaknázni, kezelve a kockázatokkal és kudarcokkal kapcsolatos aggodalmakat. Lépésről lépésre gyakorlatokat és utasításokat tartalmaz, amelyek megkönnyítik az önreflexiót, és segítenek az olvasóknak azonosítani és leküzdeni azokat az akadályokat, amelyek akadályozhatják fejlődésüket. Egy világos jövőkép kialakításával, az akadályok közvetlen leküzdésével és a céljaik felé tett határozott fellépéssel az egyének kikövezhetik az utat a képességeik teljes kiaknázása felé.

---

4.   https://www.amazon.com/Pivot-Science-Reinventing-Your-Career/dp/1476779473

Olumide Ogunsanwo: Samon, mi van, ha egy FIREDOM-olvasó túl elvontnak találja a vízió létrehozásának koncepcióját, és kételkedik annak hasznosságában? Mit mondanál annak, aki szerint a látásmód túl "puha" és nem praktikus?

Achani Samon Biaou: A jövőkép azért hasznos, mert kiindulópontot ad ahhoz, amire vágysz.

Olumide Ogunsanwo: Arról van szó, hogy égő vágyad legyen, és kezedbe vedd az életed irányítását. Senki más nem állíthatja be helyetted.

Achani Samon Biaou: Ha valaki úgy érzi, hogy a látása túl homályos vagy homályos, akkor lehet, hogy még nem a megfelelő látásmód. Fontos, hogy finomítsd és tisztázd látásodat, amíg az vissza nem hangzik, és fel nem izgat.

Olumide Ogunsanwo: A gólok gyakran nem egyenes vonalúak. Ez egy kanyargós utazás, ahol rájössz, mi a legjobb az Ön számára. Ne feledje, Samonnak még nem volt teljesen végleges terve az úti célt illetően, amikor elindította a Deutsche Telekomot. Felismerte a vezetési tanácsadásban rejlő lehetőséget, és elhatározta, hogy élni akar vele.

Achani Samon Biaou: Gyakorlati példaként tegyük fel, hogy célul tűzte ki, hogy 30 évesen 35 évesen elérje az anyagi függetlenséget. Jelenleg ügyvédként dolgozik, és bár szereti ezt a területet, és jól fizet, ez nem feltétlenül az. a szenvedélyed. Egy nap egy barátja egy lenyűgöző ötlettel ajándékozza meg Önt egy orvosi eszköz szoftveréhez az egészségügyi ágazatban. Kezdetben nem biztos abban, hogy ez a lehetőség megfelel-e ügyvédi készségeinek. Ahogy azonban többet megtud az ötletről és a benne rejlő lehetőségekről, izgalomba jön a lehetőség. Úgy dönt, hogy él a lehetőséggel, és karrierjét a jogból az egészségügyi ágazatba választja. Ez a változás jelentős változást jelent a karrierjében.

Olumide Ogunsanwo: Ennek a fordulatnak a megtételéhez bátorságra és ambícióra van szükség ahhoz, hogy megértsd, mi az igazán fontos számodra.

Achani Samon Biaou: Még a legrosszabb forgatókönyv esetén is, ha az új lehetőség nem jön be, ezt két éven belül megtanulta volna. A kockázat mérséklése érdekében olyan fizetésről tárgyalhat a startuppal, amely 80%-a annak, amit ügyvédként keresett. A kiadásait úgy is módosíthatja, hogy még mindig ugyanannyit megtakarítson, miközben saját tőkét épít, amely milliókra nőhet, ha jól mennek a dolgok.

Olumide Ogunsanwo: Ha valaki hallgatja ezt a fejezetet, és eleinte túlságosan elvontnak vagy célszerűtlennek találja a jövőkép és a célmeghatározás fogalmát, arra buzdítom, hogy emlékezzen a kíváncsiság elvére. Legyen elég kíváncsi, hogy megértse, miért hangsúlyozzuk ezt. Samon és én a harmincas éveinkben elértük az anyagi függetlenséget, és ezért hisszük, hogy ez fontos. Tedd félre a kétségeket, és légy nyitott a célmeghatározásra. Nem árt kipróbálni. Állítson fel valami elképzelést, és állítson fel napi célokat, hogy lássa, mi történik.

Szeretem a kísérleteket, ezért arra biztatlak, hogy tekintsd ezt kísérletnek. Mit veszíthetsz? Ha olyan ötletekkel találkozik, amelyekkel nem ért egyet, kíváncsian közelítse meg őket, és kísérletezzen, hogy kiderüljön, beválik-e az Ön számára. Ne utasítsd el automatikusan a hozzáértő forrásokból származó információkat csak azért, mert az egódat vagy az előzetes elképzeléseidet megkérdőjelezi.

Achani Samon Biaou: Ismerje fel e cselekvések összetett természetét. Ha gyerekkorában szokása volt kísérletezni, nagyobb valószínűséggel folytatja a kísérletezést felnőttként is. Ha gyermekkorában fordulatokat tapasztalt, például iskolát váltott vagy új hobbival foglalkozott, felnőttként nagyobb valószínűséggel elégedett lesz a fordulatokkal.

A szülőknek szeretném hangsúlyozni, hogy a változást nem ellenségnek kell tekinteni, hanem lehetőségnek kell tekinteni gyermekeik ellenálló képességének kifejlesztésére a kihívásokkal teli tapasztalatokon keresztül. Sok szülő úgy gondolja, hogy a stabil környezet biztosítása a legjobb gyermekei számára, és például egy másik országba költözés összezavarná és félrevezetné őket.

Ez azonban nem biztos, hogy az optimális perspektíva. Szülőként az Ön kötelessége, hogy felkészítse gyermekeit a rugalmasságra azáltal, hogy olyan élményeknek teszi ki őket, amelyek kihívást jelentenek számukra. Ezek az élmények önbizalmat, önbizalmat, bátorságot és kíváncsiságot építenek gyermekeiben. Amikor a gyerekek új környezettel szembesülnek, olyan megküzdési stratégiákat dolgoznak ki, amelyek hasznukra válhatnak a jövőbeni helyzetekben. Például, ha egy családnak új országba kell költöznie munkahely elvesztése és vízumkérdések miatt, egy gyermek, aki már átélt ilyen változásokat, jobban felkészült az új környezethez való alkalmazkodásra. Ha megvédjük a gyermekeket a változásoktól, nem biztos, hogy kellőképpen készítjük fel őket az elkerülhetetlen változásokra, amelyekkel az életben találkoznak. A változás pozitívan hathat gyermeke fejlődésére. Segíthet nekik tanulni és új módokon fejlődni.

Olumide Ogunsanwo: Imádom. Ez olyan szép. Köszönöm ezt, Samon.

Achani Samon Biaou: 26 éves koromban egy mentor intuitív, de hasznos tanácsokat adott a karriercélok meghatározásához. Nemrég kezdtem a Deutsche Telekomnál, és a mentorom megkérdezte: "Milyen céghez csatlakozol legközelebb?"

Megdöbbentett a kérdés, mert csak nemrég kezdtem el, és azt hittem, túl korai lenne a következő lépésre gondolni. Így folytatta: „A legkésőbb azon a napon kell elkezdenie a következő lépés előkészítését, amikor ajánlatot kap jelenlegi cégének." Mentorom tágabb álláspontja a célmeghatározás fontosságáról szólt. Úgy vélte, hogy a lehetséges következő lépésekről való világos kép segít meghatározni a személyes karriercélokat és a jelenlegi munkakörhöz kapcsolódó kezdeményezéseket. Akkoriban még tapasztalatlan voltam, és nem értettem teljesen, hogyan kell alkalmazni a tanácsait. De azóta a fiatalabb csapatok edzéseim részévé tettem, és legalább hárman sikeresen alkalmazták.

Például az egyik mentorált csatlakozott egy élelmiszertechnológiai startuphoz, és arra biztattam, hogy tisztázza a következő két-három évre és az azt követő évre vonatkozó céljait. Arra vágyott, hogy vezérigazgató legyen egy érettebb európai vagy amerikai vállalatnál. Tanácsomat követve, agresszíven elkezdett kiadni játékkönyveket arról, hogyan kell működtetni egy élelmiszertechnológiai startupot a munkája megkezdését követő egy hónapon belül. Konferenciákon vett részt, hálózatba kötötte a COO-kat és az alapítókat, és belsőleg szorgalmazta a műveleti vezető címének megváltoztatását. Két évvel később, amikor készen állt a továbblépésre, egyszerűen felhívott, és egy héten belül két állásajánlatot kapott.

Olumide Ogunsanwo: Kiváló. Térjünk át a személyes fejlődésre. Ebben a részben megvitatjuk, hogyan gyorsíthatja fel a személyes fejlődés az anyagi függetlenséget, és adunk néhány ajánlást. A személyes fejlődés azt a folyamatot jelenti, amely során fizikailag és mentálisan fejlődünk, hogy nagyobb beteljesülést, boldogságot és sikereket érjünk el az életben. Nemcsak a személyes pénzügyekre vonatkozik, hanem az egészségre, a karrierre, az üzleti életre és más életcélokra is. Bár ez a könyv elsősorban az anyagi függetlenségre és a személyes pénzügyekre összpontosít, elengedhetetlen annak felismerése, hogy a személyes fejlődés miként gyorsíthatja fel céljait. Az önfejlesztés folyamata alapvető és az élet minden területén alkalmazható. A fejezet előző részében a célok kitűzését tárgyaltuk. Ha kitűzted a céljaidat, a következő természetes lépés az, hogy azon dolgozol, hogy fejleszd magad, hogy elérd azokat. Ez egy zökkenőmentes átmenet.

Achani Samon Biaou: A személyes fejlődésről szóló eszmecsere elindításához tárjuk fel a szándékos gyakorlat fogalmát. A szándékos gyakorlás a tanulás és a képesség vagy képesség fejlesztésének fókuszált megközelítése. Ez magában foglalja az összetett feladatok kisebb részekre bontását, a fejlesztésre szoruló területek azonosítását, és célzott képzési technikák alkalmazását ezeknek a területeknek a kezelésére. A szándékos gyakorlat három kulcsfontosságú összetevőből áll.

Először is kulcsfontosságú, hogy kimutassa magát a kiváló teljesítmény példáinak. A kivételes teljesítmény megtapasztalása érzékennyé teszi az agyat, és ad valamit, amire törekedni vagy törekedni. Ezután egy visszacsatolási mechanizmusra van szüksége saját teljesítményének értékeléséhez. Általában valaki, aki elérte vagy elismeri a kiválóságot, értékes visszajelzést tud adni azáltal, hogy meghatározza azokat a területeket, ahol esetleg alulmarad. Végül, amikor szándékos gyakorlatot folytat, fontos, hogy tisztában legyen saját elfogultságával, és konkrét fejlesztési célokat határozzon meg. Gyakorolj, figyeld meg a teljesítményedet, és folytasd a munkát, amíg el nem sajátítod a gyakorlatot.

Szándékos gyakorlat is alkalmazható az értékalapú költés javítására (ami a kiadások átrendezése az Ön egyedi értékei alapján, és a 6C fejezetben részletesebben foglalkozunk). Kezdje azzal, hogy megértse, hogyan néz ki a példaértékű, értékalapú kiadás, és keressen megfelelő példákat. Például sikerült megélnem havi 800 dollárból Dubaiban, miközben Olumide úgy optimalizálta a kaliforniai lakbérét, hogy szobatársaim voltak, és közel laktam a munkahelyhez. Ez jól mutatja a valódi értékeken alapuló költekezés fókuszált jellegét.

Gondolkodjon el saját életén, és helyezzen előtérbe egy javítandó szempontot. Hozz létre egy személyre szabott stratégiát magadnak, ne másolj másokat. Például, ha az értékalapú költés azt jelenti, hogy nullára csökkentjük a szállítási költségeket, tűzzünk ki célt és dolgozzunk ki stratégiát, például az ingyenes buszjárat igénybevételét. Az első nap kihívásokkal teli lehet, amikor hozzászokik ahhoz, hogy egy adott időpontban ébredjen, és elinduljon a buszon. Figyelje meg magát, amikor a buszpályaudvarra sétál és buszon utazik. Vegye figyelembe, hogy mi történik, és milyen érzelmeket tapasztal. Határozza meg, mely pozitív érzéseket kell befogadnia, és mely negatív érzéseket kell legyőznie. Tűzz ki célt az iterációhoz, és másnap végezd el a módosításokat. Az iteráció és a mérlegelés révén folyamatosan fejlesztheti az értékalapú költekezés gyakorlatát.

Olumide Ogunsanwo: Köszönöm, Samon, hogy megosztotta ezt az értékes betekintést. Mivel példát adtál a személyes fejlődésről és a kiadásokról, hadd mondjak egy példát arra, hogy az önfejlesztés hogyan növelheti a bevételt. Tegyük fel, hogy Ön 35 éves, és 50 éves korára 3 millió dolláros nettó vagyonnal kíván pénzügyi függetlenséget elérni, a nulláról indulva.

Ha valóban izgatott ez a hosszú távú cél, akkor továbbléphet a következő lépésre: rövid távú közvetlen célok kitűzésére. Tegyük fel, hogy a 3. évre évente 100 000 dollárt kell megtakarítania, de jelenleg csak 3 000 dollárt takarít meg. Nyilvánvaló, hogy szakadék van a jelenlegi helyzete és a kívánt eredmény között. E szakadék áthidalásához meg kell határoznia azokat a konkrét intézkedéseket, amelyeket napi, havi és rendszeresen megtehet pénzügyi helyzetének javítása érdekében.

Ebben a szakaszban a személyes fejlődés kulcsfontosságúvá válik, amikor elkezdi kidolgozni a készségeinek fejlesztésére, vállalkozása bővítésére vagy magasabb fizetésre vonatkozó módszereket. A személyes fejlődési stratégiák magukban foglalhatják egy vállalkozói mestercsoport létrehozását, ahol a többi cégtulajdonos együttműködhet és ötleteket cserélhet. Ez azt is jelentheti, hogy olyan tanulási platformokat kell kihasználni, mint a Coursera, az edX vagy az Udemy, hogy új készségeket sajátítsanak el a jobb álláskilátások érdekében.

A személyes fejlődés különféle célokat szolgál, mint például a kereseti potenciál növelése, az értékalapú költési szokások javítása, vagy a szociális készségek fejlesztése a kapcsolatok előmozdítása és a közösségek kialakítása érdekében. Ezenkívül fontos felismerni, hogy a személyes fejlődés kedveltebbé teheti Önt, és segíthet a hálózat bővítésében, ami felbecsülhetetlen értékű lehet a személyes és szakmai célok elérésében.

Achani Samon Biaou: Tekintse hálózatát átfogó értékelése részének. Célul tűzheti ki, hogy a következő két éven belül 500 emberrel lép kapcsolatba a Google-lal. Bontsa le kisebb célokra, például találkozzon öt új emberrel minden héten. Folyamatosan értékelje előrehaladását azáltal, hogy felteszi magának a kérdést, hogy hány kapcsolatot létesít, és ha valamelyik kapcsolat elenyészik. Gondolja át, mi nem ment jól a korábbi interakciókban, és használja ezt a tudást a jobb kapcsolatok alapjaként a jövőben. Folytassa az iterációt és a megközelítés finomítását.

Olumide Ogunsanwo: Hangsúlyoztuk a kíváncsiság és az ambíció jelentőségét, mint alapvető elveket. Küzdenek az önelégültség és az elgondolás ellen, hogy az ember az életben elérte teljes potenciálját. Kíváncsiság nélkül nincs késztetés a felfedezésre és a további tanulásra, ambíció nélkül pedig nincs motiváció a célok kitűzésére és azok felé való törekvésére.

Egyesek azt gondolhatják, hogy miután elértek bizonyos mérföldköveket, mint például az egyetem elvégzése, nem kell tovább fejleszteniük magukat. A személyes fejlődés azonban egy folyamatos folyamat, amely az ember egész életére kiterjed. Az élet különböző területein mindig van hova fejlődni és fejlődni. Ha azon kapod magad, hogy azt mondod: "Elvégeztem az egyetemet. Miért kellene az önfejlesztésre koncentrálnom?" akkor eltévesztetted a lényeget. A személyes fejlődés nem csupán az oktatásról vagy a diploma megszerzéséről szól. Magában foglalja az emberi képességek és a céljai eléréséhez szükséges képességek fejlesztését. Noha ez a könyv tartalmaz egy fejezetet az üzleti iskoláról, a személyes fejlődés különféle formákat ölthet, és lehetővé teszi a következő szint elérését.

Derek Sivers egyszer kijelentette: "Ha több információ lenne a válasz, mindannyian milliárdosok lennénk hatcsomagos hasizmokkal." A személyes fejlődés túlmutat az új információk megszerzésén; magában foglalja az ismeretek internalizálását és következetes alkalmazását az idő múlásával. Azt is be kell építenie a mindennapi életébe, és rutinja szokásos részévé kell tennie, hogy valódi személyes növekedés történjen.

Azért olvassa ezt a könyvet, mert kíváncsi az anyagi függetlenségre. És képzeld csak? Már megtetted az első lépést a személyes fejlődés útján! Ez a könyv az anyagi függetlenségről szól, de sokkal több annál. Arról szól, hogy az életed minden területén felkarold a személyes fejlődést. A személyes fejlődés olyan, mint egy szupererő. Ez a folyamatos szintlépésről és a véget nem érő törekvésről szól, hogy önmagad minden nap jobb verziója legyen. Beteljesülés érzését és megnövekedett önértékelését fogja érezni, miközben folyamatosan fejleszti magát, és aktívan dolgozik azon célok felé, amelyek összhangban vannak értékeivel és szenvedélyeivel.

Szerelmes vagyok ebbe a koncepcióba. Minden nap egy órát szánok a személyes fejlődésre a számomra fontos területeken. Ezt már az anyagi függetlenség elérése előtt is gyakoroltam, és ezt fogom is tenni életem végéig.

Achani Samon Biaou: Mélyen rezonálok arra, amit Olumide megosztott. Így valósítom meg az életemben. Rájöttem, hogy boldogságom a sikerélményen múlik, míg a boldogtalanság a stagnálásból vagy az elakadtság érzéséből fakad. Miután elértem az anyagi függetlenséget, úgy döntöttem, hogy időnként új nyelveket tanulok.

A rutinom egyszerű: felébredek, elindítom az ingyenes nyelvtanuló alkalmazásomat, és ezzel kezdem a napomat. Körülbelül 15 percet szánok egy egység elkészítésére. Személyes kihívásom az, hogy minden évben hozzáadjak egy vagy két új nyelvet 50 éves koromig, egyéb kötelezettségeimtől függően. Ez a személyes fejlődés szemléltetéseként szolgál. Szenvedélyes vagyok a nyelvek iránt, így az új nyelvek tanulásának izgalma motivál.

Olumide Ogunsanwo: Rendkívül hálás vagyok, hogy élek ebben a korszakban, ahol számos online tanulási platform kínál ingyenes tanfolyamokat (pl. YouTube) vagy ingyenes összetevőket (például Coursera és Udemy). A pénz és a rendelkezésre állás többé nem akadály; az igazi kihívás most a tanulási hajlandóságunkban rejlik. Ezt a hajlandóságot az izgalom táplálja, ezért hangsúlyozzuk azt a döntő lépést, hogy megalkossunk egy jövőképet, és lelkesedjünk az életünkről.

Az 1960-as és 1970-es évek emberei ölni kezdtek volna a mai lehetőségeinkért. Nincs más dolgod, mint időt szakítani, izgalmat kelteni, és cselekedni. Gondoljunk csak arra a hihetetlen történetre, amelyet Samon most megosztott. Ingyenesen használja a Duolingo-t több nyelv tanulására. Milyen kifogásod van?

Achani Samon Biaou: Igen. Amikor utazom, azokat a légitársaságokat részesítem előnyben, amelyek eredeti nyelvükön nyújtanak filmeket, így gyakorolhatom nyelvtudásomat. Manapság gyakran választom az Emirates-szel repülést, még akkor is, ha ez hosszabb útvonalat jelent, mert az "etnikai" filmek változatos választékát kínálják. Például az utam Kaliforniából az

Egyesült Arab Emirátusokba körülbelül 14 órát vesz igénybe, majd további 6 vagy több órám van a végcélomtól függően. Mivel gyakran utazom, a repülési időmet filmnézéssel és nyelvtudásom gyakorlásával kamatoztatom. Ez azt jelenti, hogy meg kell nézni egy filmet felirattal, visszatekerni a részeket, majd újra megnézni. Néha akár négy órát is töltök egyetlen filmmel, mert gyakran megállok, hogy gyakoroljam a mondatok hangos kimondását. És amikor nem túl zsúfolt a járat, még szünetet is tartok, és hangosan mondok mondatokat.

Olumide Ogunsanwo: Hihetetlen! Nyomatékosan kérek mindenkit, hogy tegyen magáévá az ambíciót, fogalmazzon meg világos jövőképet, tűzzen ki életcélokat, és induljon el a személyes fejlődés véget nem érő útjára. Megvan az az ereje, hogy átalakítsa az egész életét. Íme néhány ajánlás, amelyek elősegítik a személyes fejlődést:

Először is: Jim Rohn „ Egyéves sikerterve ". [5]Ez a program elképesztő, és megváltoztathatja az életét. Ez egy egész éves személyes fejlődési út gyakorlatokkal tele. Sajnos az eredeti verzió már nem elérhető, de a frissített verziót [6]kipróbálhatod , bár a minőségét nem tudom garantálni, mivel az eredetit megcsináltam.

Második: Harry Browne : „ Hogyan találtam meg a szabadságot egy szabad világban " [7]A könyv a szabadság fogalmával foglalkozik, amely szorosan illeszkedik a FIREDOM-ban feltárt pénzügyi függetlenség és szabadság témáihoz. Browne feltárja azokat a mentális kereteket, amelyek szükségesek ahhoz, hogy azonosítsuk és leküzdjük azokat a korlátokat, amelyek visszatartanak bennünket, betekintést nyújtva abba, hogyan tegyünk cselekvést és érjük el a valódi szabadságot. Háromszor olvastam el, és minden egyes olvasással jobban szeretem.

Achani Samon Biaou: Köszönjük, hogy megosztotta ezeket az ajánlásokat. Szeretnék felajánlani egy hacket, amely beindíthatja személyes fejlődési útját. Erősen irtózom mások cserbenhagyásától, és ez a tulajdonság jelentős szerepet játszik az életemben. Amikor célt tűzök ki magam elé, olyan sürgősségi vagy válságérzetet kelt bennem, ami arra késztet, hogy elkötelezett maradjak. Az egyik hatékony stratégia az, ha megkeresek valakit, akiről tu-

5.   https://www.amazon.com/Rohn-Year-Success-Plan-Workbook/dp/B003OYMDKY

6.   https://store.jimrohn.com/the-new-jim-rohn-one-year-success-plan.html

7.   http://www.amazon.com/How-Found-Freedom-Unfree-World/dp/0965603679

dom, hogy felelősségre von, és szégyenérzetet kelt bennem, ha nem sikerül elérni a célomat. Például, amikor úgy döntöttem, hogy megtanulok arabul, tájékoztattam az Öböl-térség magas rangú vezetőit, hogy vállalkozom erre a törekvésre, és szándékomban áll rendszeresen arabul megosztani a frissítéseket. Ez óriási nyomás nehezedik rám, de erőteljes motivációként szolgál a követéshez. Kialakíthatod saját hackedet a személyiséged és az alapján, ami a legjobban rezonál neked.

Olumide Ogunsanwo: Igen, a „nyilvános elkötelezettség" vagy „elszámoltathatósági partner" stratégia megerősítheti motivációját és kitartását céljai elérésében. Szándékainak nyilvános kinyilvánításával vagy egy megbízható, elszámoltatható partner támogatásával hatékony támogató hálózatot hoz létre.

Az évek során inspiráló idézetek gyűjteményét gyűjtöttem össze. A fejezet végéhez közeledve szeretettel gyűjtöttem össze őket, remélve, hogy benned is szikrát gyújtanak. Igyekeztem megfelelő attribútumokat megadni, bár előfordulhatnak olyan esetek, amikor néhány idézetet hibásan adnak meg. Remélem értékesnek találja őket. Találkozunk a következő fejezetben!

" *Ahhoz, hogy több legyen, többnek kell lenned* " (Jim Rohn)

" *Az életedet úgy töltheted, ahogy akarod, de csak egyszer töltheted el* " (Lillian Dickson)

" *Bármi lehet, amit csak akarsz, ha elég sok embernek segítesz megkapják, amit akarnak* " (Zig Ziglar)

" *Ne kívánd, hogy könnyebb lenne, bárcsak jobban lennél* " (Jim Rohn)

" *Nem vagyok áldozat, túlélő vagyok* " (Elizabeth Edwards)

" *A siker nem olyasvalami, amire törekszel. A siker olyasvalami, amit az ember vonz, akivé válsz* " (Jim Rohn)

" *Kezdje a célt szem előtt tartva* " (Steve Covey)

" *Ne felejtsen el fantasztikusnak lenni* " (John Green)

" *Gondolkodj bajnokként* " (Zig Ziglar)

„ *A problémák megoldhatók* " (David Deutsch a „The Beginning of Infinity" c.

" *A győzelem egyszerű. Ébredj fel minden nap, és csináld azt, amit mindenki más elkerül.* " (Jim Rohn)

" *Vigyázz azokra a lábujjakra, amelyekre ma rálépsz, mert összefügghetnek azzal a seggével, amelyet holnap meg kell csókolnod* " (Ismeretlen)

" *A siker a kudarc túlsó oldalán rejlik* " (Brian Tracy)

" *Alakíts ki egy elfogultságot a cselekvésre* " (Jeff Bezos)

" *A jó terv legnagyobb ellensége a tökéletes terv álma* " (Carl von Clausewitz)

" *Menekülési verseny a hitelességen keresztül* " (Naval Ravikant)

" *Légy a bocsánatkérően furcsa éned* " (Chris Sacca)

" *Amikor megváltoznak a tények, meggondolom magam. Mit csinálsz, uram?* " (John Maynard Keynes)

" *Úgy tűnik, hosszú idő vár rád, családom. Attól a naptól kezdve, hogy eszembe jutott ez a ravasz terv. Egy nap volt egy álmom, megpróbáltam üldözni. De nem mentem sehova, futó ember. Tudtam, hogy egyszer talán megértem. Próbálj meg egy tízest százezresre váltani. Mindenki egy gyerek, akivel senki sem törődik. Csak meg kell tartani sikoltozás, amíg meg nem hallanak* " (Tinie Tempah)

" *Ahogyan a kiadások kontrollálása annál nehezebb, minél többet keresel, az egódat is annál nehezebb kontrollálni, minél sikeresebb leszel.* " (Sam Dogen, más néven pénzügyi szamuráj)

" *Ellenőrizze az üzemanyagot, elhozta, ahová menni akart* " (John Galt karakter Ayn Rand „Atlas Shrugged" című könyvéből)

" *Szerintem helytelen az életben elért értékeimet és elvárásaimat másokra vetíteni.* " (Wayne Dyer)

" *A gyávák soha nem indultak el, a gyengék pedig meghaltak útközben. Ez hagy minket.* " (Phil Knight)

" *Tegnap járt le minden panasz benyújtásának határideje* " (Bryan Tracy)

" *Az önfegyelem azt teszi, amit kell, amikor kell, akár tetszik, akár nem.* " (Bryan Tracy)

" *A sikerhez vezető lift nem működik, de a lépcső mindig nyitva van* " (Zig Ziglar)

" *Ne légy elkötelezett a terv, hanem a tervezés folyamata mellett.* " (Carl Richards)

" *A Resolve megígéri magadnak, hogy soha nem adod fel* " (Jim Rohn)

„ *Az olvasás iránti őszinte szeretet, ha ápolják, szupererő. A tanulás eszközei bőségesek – a tanulás iránti vágy az, ami kevés* " (Naval Ravikant)

" *Ha kemény leszel magaddal, akkor az élet könnyű lesz veled, de ha ragaszkodsz ahhoz, hogy könnyű legyen magaddal, akkor az élet nehéz lesz veled.*

" (Zig Ziglar)

" *A boldogság a problémák megoldása. A problémák megoldása új problémák létrehozásához vezet.* " (Mark Manson)

" *A férfiakat a példa iskolájában kell tanítanod, mert máshol nem tanulnak.* " (Albert Schweitzer)

" *A tortáért jöttem, nem a morzsáért* " (Katie Stanton)

" *Az, hogy megértem és elfogadom, hogy én vagyok a probléma, lehetővé teszi számomra, hogy a megoldás legyek* " (Ismeretlen)

" *Nagyon sok a verseny a hétköznapinál, de kevés a rendkívülinél* " (Robin Sharma)

" *Ha a kötél végéhez érsz, köss bele egy csomót, és kapaszkodj* " (Ismeretlen)

" *Nincsenek meggazdagodni programok, csak emberek gazdagodnak meg belőled* " (Naval Ravikant)

" *Az ügyek intézésének ez a hétköznapi módja nem vonzott engem.* " (John D. Rockefeller)

" *Minél többet tanulsz, annál kevésbé félsz. "Tanulj" nem a tudományos tanulás értelmében, hanem az élet gyakorlati megértésében. Minél többet tudsz a világ működéséről, annál kevésbé fogsz félni tőle. látni fogja, hogy nincs mitől félni, csak a tudatlanságtól .*" (Julian Barnes)

„*Használja ki a fiatalság előnyeit, amikor megvan, és az életkor előnyeit, ha már megvan. A fiatalság előnyei az energia, az idő, az optimizmus és a szabadság. A kor előnyei a tudás, a hatékonyság, a pénz és a hatalom. Erőfeszítéssel az utóbbi egy részét fiatalon megszerezheti, az előbbiek egy részét pedig öregen megtarthatja.*" (Paul Graham)

" *Nem a kritikus számít, nem az az ember, aki rámutat, hogyan botlik meg az erős ember, vagy hol tudta volna jobban megcsinálni a tettet. Azé az emberé, aki valójában az arénában van, akinek az arca megrongálódott. porral, verejtékkel és vérrel, aki vitézül törekszik; aki téved, aki újra és újra elbukik, mert nincs erőfeszítés hiba és hiányosság nélkül.* " (Theodore Roosevelt)

6: Késői karriertörténetek és a bevételmaximalizálás és az értékalapú kiadások elvei

Olumide Ogunsanwo: Üdvözöljük ebben az izgalmas fejezetben, ahol beleásunk abba a kalandos utazásba, amely üzleti iskolai tapasztalatainkat követte. Csatlakozzon hozzánk, amikor bemutatjuk, milyen utakat jártunk be a pénzügyi függetlenségre való törekvésünk során.

Achani Samon Biaou: Értékes időnket és pénzünket fektettük az áhított üzleti iskolai diplomák megszerzésébe. Itt volt az ideje, hogy visszatérjünk a szakmai világba, és fokozzuk a pénzügyi függetlenség felé tett előrehaladást.

Olumide Ogunsanwo: Két kulcsfontosságú elvet is kibontakozunk: a bevétel maximalizálását, a lehető legtöbb pénz megszerzését és az értékalapú költekezést, minden nehezen megkeresett dollár elköltését értékeinek és elképzeléseinek megfelelően. Ezek az alapelvek kulcsfontosságúak, mivel szinte a pénzügyi függetlenség elérésére irányuló erőfeszítéseinek csúcspontját jelentik.

6A: Olumide késői karrierjének története

Achani Samon Biaou: Olumide, térjünk vissza az üzleti iskolád végére és új karriered kezdetére. Milyen pályát választott, és az anyagi függetlenség hogyan befolyásolta ezt a döntést?

Olumide Ogunsanwo: Ahogy az utolsó fejezetből emlékszik, 2010 és 2012 között Oxfordban és az MIT-ben jártam üzleti egyetemre. Előtte mérnökként dolgoztam, és korábban nem hallottam vezetési tanácsadásról. A legtöbb barátom is mérnök volt, és ezt a világot ismertem. De aztán felfedeztem ezt a vezetési tanácsadásnak nevezett területet olyan cégekkel, mint a McKinsey, a Bain és a BCG. Díszes öltönyöket viseltek, tanácsokkal látták el a cégeket, és ez érdekes volt.

Még nigériai gyerekkoromban anyukám vett nekünk egy számítógépet, és még mielőtt Amerikába költöztem volna, elkezdtem felfedezni az internetet. Ez a korai megjelenés felkeltette az érdeklődésemet a technológiai cégek iránt. Az üzleti egyetem alatt a vezetési tanácsadói vagy a műszaki szakmát tűztem ki célul, de erősebben hajlottam a technológiai ipar felé.

Az üzleti iskola előtt 50 000 és 60 000 dollár közötti éves fizetést kerestem, az üzleti iskola után pedig 110 000 és 130 000 dollár közötti fizetést vártak a korábbi MIT Sloan hallgatók medián fizetése alapján. Ez lényegében egy esély volt a bevételem megduplázására. Végigmentem az MIT álláspályázatán, és ajánlatokat kaptam nagy technológiai cégektől, ami fellelkesített. De ekkor McKinsey Lagos megkeresett. Eleinte nem gondoltam erre, mivel a McKinsey-re összpontosítottam San Franciscóban, Bostonban vagy New Yorkban. Viszont érdekesnek találtam, amikor elkezdtem velük beszélgetni. Úgy tűnt, Nigéria fordulóponton megy keresztül a politikai helyzettel, az inflációt és az árfolyamot többnyire kontroll alatt tartották.

Miután 2002-ben elhagytam Nigériát, most pedig 2012-ben, nem voltam benne biztos, hogy a visszaköltözést akarom-e. Azonban a McKinsey Lagos vonzó ajánlata, a többi helyhez hasonló fizetéssel, alacsonyabb adókkal és lakhatási költségekkel, valamint a javuló makrokörülmények arra késztetett, hogy lemondjam a műszaki ajánlatokról, és visszatérjek Nigériába.

Akkoriban még nem fogtam fel teljesen az anyagi függetlenség fogalmát. De hamar megtanultam, hogy a vezetési tanácsadás jövedelmező szerep a pénzkeresetben és a megtakarításban. Ez egy egyszerű képlet volt számomra: teljesíts jól a munkámban, hogy a teljesítményemhez kötött bónuszokat és előléptetéseket szerezzek, és a lehető legtöbbet spóroljak. A vezetési tanácsadásban rengeteg lehetőség adódik a megtakarításra. Például az egyik barátomnak nem volt lakása a terepen töltött két éve alatt. Ami engem illet, béreltem egy olcsó lakást havi 700-800 dollárért. Sűrűn utaztam is, pontokat gyűjtöttem, amiket megtanultam hasznosítani.

Megtanultam maximalizálni a McKinsey által nyújtott előnyöket. Kulcsfontosságú annak megértése, hogy vállalata milyen pénzügyi és nem előnyös előnyöket kínál.

Achani Samon Biaou: Úgy döntött, hogy elutasítja a műszaki ajánlatokat, és vezetési tanácsadást folytat Lagosban. Mi járt a fejedben? Rövid távú kitérőnek tartottad?

Olumide Ogunsanwo: Akkoriban nem igazán tudtam, hogyan kell hosszú távú célokat kitűzni és követni, és nem voltak konkrét terveim sem a helyszínnel, sem a karrierrel kapcsolatban. Arra koncentráltam, hogy a lehető legtöbbet hozzam ki a McKinsey lehetőségéből, és a dolgok alakulása alapján hozzak döntéseket. A McKinsey-nél eltöltött idő alatt inkább a rövid távra orientáltam, és arra törekedtem, hogy a lehető legjobb teljesítményértékelést érjem el, miközben minimálisra csökkentem a kiadásaimat. Ezt a gondolkodásmódot nem az anyagi függetlenség megértése vezérelte, amelyet akkor még nem vettem át teljesen. Ehelyett abból fakadt, hogy 2009 óta több mint három éve munkanélküli voltam. Ennek eredményeként a hatékonyság és az optimalizálás volt számomra a legfontosabb.

A Lagosban szerzett tapasztalataim fantasztikusak voltak, mert úgy optimalizáltam a kiadásaimat, hogy igazodjak az alapvető értékeimhez, és a lehető legalacsonyabb költség mellett megtaláljam a maximális élvezetet, ahelyett, hogy a költségeket a minimumra csökkentettem volna. Ezt az értékalapú kiadásként ismert elvet a 6C. fejezet részletesebben tárgyalja. Ne feledje, hogy a cél nem a költségek véletlen lefaragása a pénzügyi függetlenség felé vezető úton; arról van szó, hogy összhangba hozza a kiadásait azzal, ami valóban számít a lelkednek. A válogatás nélküli költségcsökkentés valószínűleg boldogtalansághoz és a korábbi költési szokások esetleges visszapattanásához vezet.

Achani Samon Biaou: Látok itt néhány kulcsfontosságú meglátást. Hadd próbáljam összefoglalni, és meg tudod mondani, jól tettem-e. Úgy tűnik, az önálló gondolkodás és az értékalapú költekezés fontos tényező. Ha olyan ember vagy, aki hajlamos követni a tömeget, akkor a végén olyan dolgokra költhetsz pénzt, amelyek nem igazán adnak hozzáadott értéket az életedhez.

Például meg lehet győződve arról, hogy négy órára csatlakozzon barátaihoz egy bárban, még akkor is, ha nem szeret inni.

Olumide Ogunsanwo: Abszolút. És ez nem csak a pénzről szól. Az értékalapú kiadások túlmutatnak a pénzügyi döntéseken; ez arra is vonatkozik, hogyan fekteti be az idejét. Minden pillanat alternatív költséggel jár, és például órákat egy bárban tölteni azt jelenti, hogy fel kell áldozni a lehetőséget, hogy más értelmes tevékenységekben vegyenek részt. Míg az időráfordítást gyakran figyelmen kívül hagyják immateriális természete miatt, jelentősége egyre nyilvánvalóbbá válik az életkor előrehaladtával. Az élet legértékesebb dolgai közül néhányat nehéz számszerűsíteni.

Achani Samon Biaou: Úgy tűnik, a saját feltételeid szerinti élethez vezető út magában foglalja önmagad megértését, és a tetteid igazítását a valódi értékeidhez. Például, ha korábban élvezte a bulizást, gondolja át, milyen gyakran vesz részt benne, és milyen örömet okoz Önnek. Ha a bulizás nagyon fontos számodra, akkor koncentrálj rá, és gondold át, mit kell kiiktatnod az életedből, hogy igazán élvezd. A kiadások esszencializmuson alapuló priorizálása azt jelenti, hogy a sok közül azonosítani kell azt az egy dolgot, amely a legnagyobb örömet okozza Önnek, és erre fordítja erőforrásait.

Olumide Ogunsanwo: Hadd mondjak egy gyakorlati példát. A különféle kiadások közül, amelyekkel szembesülünk, általában a lakhatás, az élelem és a közlekedés a legjelentősebb. A költséghatékony döntések meghozatalához gondolja át, mi számít igazán Önnek. Ön olyan ember, aki örömét leli a fényűző és tágas lakóházakban, vagy egy kisebb, megfizethetőbb lakás is elegendő lenne az Ön igényeinek és vágyainak kielégítésére? A csúcsminőségű bútorok vonzereje valóban fontos, vagy választhat pénztárcabarátabb alternatívákat anélkül, hogy a boldogságot veszélyeztetné? Ha a kiváló helyen élés nem elsődleges szempont, fedezze fel a megfizethetőbb környéken való letelepedés lehetőségeit. Ne feledje, fontos, hogy alaposan mérlegelje lehetőségeit, és nyitott és rugalmas maradjon a pénzügyi céljaival összhangban lévő kompromisszumokra.

Ugyanez az elv vonatkozik a szállításra is. Ha egy luxusautó birtoklása nem alku tárgya számodra, akkor törekedj rá teljes szívvel. Ha azonban nem vezet a prioritási listája élén, fontoljon meg megfizethetőbb alternatívákat, például egy megbízható használt Hondát. Mindig tartsa észben, hogy minden alkalommal, amikor a drágább opciót választja, gyakran hosszabb ideig kell dolgoznia, hogy megengedhesse magának. Ha például tudatosan egy használt Hondát választ egy vadonatúj Teslával szemben, akkor 45 helyett 35 évesen pénzügyi függetlenséget érhet el, és gyakorlatilag további 10 évnyi szabadságot élvezhet a munkája követelményei alól.

Most pedig beszéljünk a bevételi oldalról. Az álláslehetőségek értékelésekor ne csak a fizetést vegye figyelembe, hanem a boldogságot és az elégedettséget is. Ha úgy gondolja, hogy egy alacsonyabb fizetésű munka nagyobb valószínűséggel hoz kiteljesedést, akkor nem árt ebbe az irányba menni. Készüljön fel azonban arra, hogy hosszabb ideig dolgozhat a kívánt pénzügyi céljai elérése érdekében. Ne feledje, hogy az idő múlásával változhat, hogy mi hozza a kiteljesedést, és előfordulhat, hogy az alacsonyabb fizetésű munka melletti döntése nem mindig hozza meg a kívánt eredményt. Az élet tele van kompromisszumokkal, és el kell döntened, hogy a boldogságot vagy a rövid és hosszú távú jövedelem maximalizálását részesíted előnyben, és ennek megfelelően kövesd a szükséges kompromisszumokat. Ezeket a döntéseket nem hozhatjuk meg helyetted; mély személyes gondolkodást igényelnek az Ön értékei és törekvései alapján.

Például, ha szenvedélye a zenész karrierje, akkor az életének egy későbbi szakaszáig, esetleg 85 éves koráig való munkával járhat. Ha azonban ez hatalmas örömet és kiteljesedést okoz, akkor a hosszabb út lehet megéri neked. Ezzel szemben, ha erős elemző készségekkel rendelkezik, és azon kapja magát, hogy egy tanácsadó cégnél dolgozik, de a zene a szenvedélye, akkor a végén örökösen boldogtalannak és beteljesületlennek érezheti magát.

Achani Samon Biaou: Mit tanácsolna annak, aki zenész szeretne lenni, de aggódik amiatt, hogy a döntés visszafordíthatatlan?

Olumide Ogunsanwo: Szerencsére sok döntés visszafordítható. Azonban még akkor is, ha megváltoztat egy döntést, a kezdeti döntésre fordított időhöz kapcsolódó költségek továbbra is járnak. Ez az idő elmúlt, ezért el kell engedned, és nem szabad hagynod, hogy befolyásolja a döntéshozatali képességedet. Ne essen áldozatul az elsüllyedt költségek tévedésének. Azt mondom az embereknek, hogy legyenek merészek, amikor döntéseket hoznak, és felejtsék el az összes korábbi döntést, amit meghoztak.

Azt tanácsolom az embernek, hogy dolgozzon a gondolkodásmódján, összpontosítva az önmagába vetett hitre, az önállóságra, a kíváncsiságra és a független gondolkodásra. Ezután határozzon meg ambiciózus hosszú és rövid távú célokat, amelyek figyelembe veszik az alacsonyabb jövedelmű, de rendkívül kielégítő karrier és a magasabb jövedelmű, de kevésbé kielégítő karrier közötti kompromisszumot. Arra is biztatnám őket, hogy gondolkodjanak kívülről. Például létezhetnek olyan módok, hogy jól fizető karriert csináljanak, miközben szabadidejükben zenélnek, vagy több munkát vállalnak a bevételi szükségletek fedezésére. A lehetőségek végtelenek, ha az oldaladon van a kíváncsiság és a problémamegoldás.

Ahelyett, hogy túlságosan kritikusak lennénk önmagunkkal szemben, és azon elmélkednénk, hogy a dolgok másként alakulhattak volna a múltban, gyakoroljunk önmegbocsátást, és összpontosítsunk a jelen pillanatra. Ehelyett abban hiszek, hogy a pozitivitásra, az optimizmusra kell összpontosítani, a nulla alapú gondolkodást kell gyakorolni, tanulni a múltból, de nem rágódni, és továbblépni.

Achani Samon Biaou: Tudsz példát mondani arra, amikor a McKinsey-nél gyakoroltad a nulla alapú gondolkodást?

Olumide Ogunsanwo: Amikor közeledtem a McKinsey elhagyásának keresztútjához, kísértésbe estem, hogy maradjak egy esetleges előléptetésre, miután két évet befektettem a cégbe. Felismertem azonban, milyen csapdát jelent ez a gondolkodásmód, és elfogadtam a nulla alapú gondolkodás fogalmát. Tettem egy lépést hátra, és átértékeltem céljaimat és szenvedélyeimet. Mindig is szenvedélyem volt a technológia iránt, sőt a diplomamunkámat is az okostelefonok operációs rendszereiről írtam. Emellett a McKinsey előtt számos technológiai cég ajánlatát visszautasítottam, és ott voltam technológiai projektek megvalósítására. Végső soron a nulla alapú gondolkodás kulcsa az, hogy újra kezdjük, és az alapvető értékeink és szenvedélyeink vezérlik, nem pedig a múltbeli tettek vagy külső nyomás.

Elkezdtem többet tervezni az életemet, és feltárni, mit jelentene műszaki területen dolgozni. Úgy éreztem, a technológia a megfelelő hely. Az Oxford

& MIT timsó webhelyein keresztül elértem a technológiai szektorban dolgozó embereket, és beszélgetéseket folytattam. Végül ajánlatot kaptam a Google-tól, és 2014-ben ismét elbúcsúztam Nigériától, hogy csatlakozhassak a technológiai óriáshoz.

Achani Samon Biaou: Merüljünk el a Google-nál szerzett tapasztalataiban. Mire gondolt, és milyen céljai voltak az anyagi függetlenség elérése érdekében, amikor elkezdett ott dolgozni?

Olumide Ogunsanwo: Ekkor vált valósággá a pénzügyi függetlenség! Pontosítsuk az idővonalat: 2014 van, 29 éves vagyok, és ajánlatot kaptam a Google-tól, hogy októberben kezdjem. Ahelyett, hogy a McKinseynél maradtam volna a Google kezdési dátumáig, úgy döntöttem, hogy 2014 augusztusában távozom, ami nagyszerű döntésnek bizonyult. Szabadságot adott arra, hogy augusztusban és szeptemberben felfedezzem és megtervezhessem az életem. Szakítottam időt arra, hogy átgondoljam az életemet, és kitaláljam, hogyan léphetnék át a technológiai iparba, és hogyan térhetnék vissza Amerikába. Ebben az időszakban fedeztem fel újra a pénzügyi függetlenség (FI) mozgalmát.

Pályafutásom elején olvastam néhány személyes pénzügyi blogot, hogy megismerjem a kiadások optimalizálását. Amikor azonban másodszor is belebotlottam az anyagi függetlenségbe, beleszerettem. Elmerültem számos kiváló forrásban, ezek közül a legfontosabbak: Stock sorozatok (JL Collins) [1], Mad Fientist [2], Get Rich Slowly (JD Roth) [3], Mr. Money Bajusz [4], Living a FI [5] és természetesen a Reddit pénzügyi függetlenségi csoport [6]. A legbefolyásosabb forrás a JL Collins által írt Stock sorozat volt. Felnyitotta a szemem, hogy milyen egyszerű lehet elérni az anyagi függetlenséget. Megszállottá váltam, napi öt-hat órát töltöttem két hónapon keresztül, és elragadtatott a portfólióépítés, a kockázatkezelés, a befektetési stratégiák, a biztonságos kivonási arányok bonyolult világa és a befektetési számlák széles skálája, mint például az adóköteles számlák, 401K-k, IRA-k, és HSA-k. Tudtam, hogy

1. https://jlcollinsnh.com/stock-series/

2. https://www.madfientist.com/

3. https://www.getrichslowly.org/the-get-rich-slowly-philosophy/

4. https://www.mrmoneymustache.com/

5. https://livingafi.com

6. https://www.reddit.com/r/financialindependence/

meg tudom csinálni. Éreztem, ahogy az elmém kitágul. Erősnek éreztem magam. Dicsőséges volt.

Még mielőtt hivatalosan elkezdtem volna dolgozni a Google-nál, világos cselekvési tervem volt. Megtakarítási célt tűztem ki: a bruttó jövedelmem 50%-át vagy az adózás utáni fizetésem 90%-át megtakarítom. Hogy a pályán maradhassak, elkészítettem egy költségvetést a fejlődésem nyomon követésére. Kidolgoztam egy széles bázisú indexalapokra fókuszáló befektetési stratégiát is. Amint csatlakoztam a Google-hoz, elkezdtem kivégezni, mint egy szörnyeteg.

A tájékozódás során az egyik első kérdésem az volt, hogyan lehet maximalizálni a Google 401 ezer egyezését. A segítő elmagyarázta, hogy mivel már október van, a legtöbb alkalmazott nehezen tudná megtakarítani a teljes 17 500 dollárt, amely ahhoz szükséges, hogy néhány hónapon belül megkapja a maximumot. Mosolyogtam. Nem értette, milyen ember vagyok. Nem voltam olyan, mint a legtöbb ember.

Az anyagi függetlenség elérése az egyik legfontosabb dologgá vált számomra, és ennek megszállottja lettem. 2014-től 2020-ig, abban az évben, amikor elértem az anyagi függetlenséget, olyan volt, mint a karikacsapás: Végrehajt, tanul, kísérletez, igazít, majd hajt végre még egy kicsit. Stratégiailag megtaláltam a legjobb lakásokat a költségek optimalizálásához úgy, hogy szobatársakkal élek. Nem törődtem azzal, hogy autót vegyek, mivel közel laktam a munkahelyemhez; ehelyett a buszra vagy a biciklimre hagyatkoztam, és csak szükség esetén béreltem autót hétvégén. Szakértővé váltam az utazási költségeim támogatására szolgáló pontok felhasználásában. Szinte minden étkezésemet élvezték a Google-nál, így nem volt szükség költséges étkezési szokásra. Kihagytam az edzőterem-tagságot, és kihasználtam a Google edzőtermi lehetőségeit. Többször előléptem. Boldog voltam és nagyon jól éreztem magam. **A napi tevékenységek megtétele és a nettó vagyonom fejlődésének nyomon követése volt a tervem alapvető része** . Pályafutásom során folyamatosan teljesítettem megtakarítási céljaimat, és 2020-ban 35 évesen pénzügyileg függetlenné váltam.

Az anyagi függetlenség felé vezető utam fordulópontját 2014 gyönyörű augusztusi és szeptemberi hónapjai jelentették, amikor beleszerettem az anyagi függetlenségbe, őszintén izgatott lettem a jövőm miatt, és világos célokat tűztem ki magam elé. Az anyagi függetlenség a kulcs, amely felszabadítja azt a képességet, hogy gyorsabban elérje jövőbeli álmait, mivel ezek az álmok gyakran járulékos költségekkel járnak. Szerencsére már olyan iparágban – a technológiában – jártam, amely bőséges lehetőséget kínált jelentős részvénytámogatásra és teljesítményen alapuló promóciókra.

Az emberek gyakran fordulnak hozzám személyes pénzügyi kérdésekkel, például: "Hogyan becsülhetem meg a nyugdíjhoz szükséges összeget?" vagy "Mennyit kellene megtakarítanom a céljaim eléréséhez?" vagy "Mi a legjobb befektetés?" Ezekre a kérdésekre a válaszok könnyen elérhetők az interneten. A pénzügyi függetlenség eléréséhez szükséges összes információ már rendelkezésre áll. Több ezer, talán milliónyi könyv, blog, tanfolyam, podcast, videó és cikk található a személyes pénzügyekről. Már most is rengeteg információ áll rendelkezésre arról, hogyan becsülheti meg, hogy mennyi nyugdíjra van szüksége, hogyan takaríthat meg pénzt, milyen különböző típusú befektetéseket hajthat végre céljainak elérése érdekében, és így tovább.

Azonban az emberek nehezen találják meg ezeket az információkat, mert még nem alakult ki bennük elég izgalom és motiváció saját pénzügyi utazásukkal kapcsolatban . Ezért az a kérdés, amelyet az egyéneknek fel kell tenniük maguknak, hogy hogyan kelthetik fel ezt a mély érdeklődést és lelkesedést jövőbeli életük iránt, és hogyan szolgálhatnak a pénzügyek katalizátorként egyedi elképzelésük támogatásában. Ha valamiért őszintén izgatott vagy, fellebben a fátyol, és hirtelen úgy tűnik, hogy mindenütt információ van. A szükséges erőforrások fókuszba kerülnek, és fogékonyabbá válik a bölcsesség és a meglátások iránt, amelyek a pénzügyi függetlenség felé terelhetik. Ennek az izgalomnak a ápolása személyes utazás. Ez magában foglalhatja ideális jövőjének elképzelését, értelmes célok kitűzését, pénzügyi döntései céljának megtalálását, vagy inspiráció keresését másoktól, akik pénzügyi sikereket értek el.

Szánjon időt arra, hogy megvizsgálja, mi az, ami igazán izgatja Önt pénzügyi utazása során. Képzelje el, milyen lehetőségeket rejthet az anyagi függetlenség az életében, és milyen szabadságot kínálhat. Vegyen részt beszélgetésekben, csatlakozzon közösségekhez, és merüljön el azok történeteiben és élményeiben, akik már elindultak ezen az úton. Szenvedélyének és motivációjának ápolásával olyan erős erőt hoz létre, amely elősegíti az anyagi függetlenségre való törekvést. Ne feledje, a keresett információ már odakint van, és arra vár, hogy befogadja. Izgalmának és motivációjának ápolása révén szabadul fel az egyedülálló pénzügyi sikertörténet megalkotásához szükséges tudás és erőforrások bősége. Hagyja, hogy lelkesedése vezessen, miközben felfedezi a rendelkezésre álló információk tárházát, és elindul az átalakuló utazáson a pénzügyi függetlenség jövője felé.

Íme az igazság: nincs titok az anyagi függetlenség elérésében. Ha egy titokban reménykedve vásárolta meg ezt a könyvet, nos, meglepetés! Nincs egy sem. Ne küldje vissza a könyvet [Smile]. Ehelyett kezdjen el elképzelni egy izgalmas jövőbeli életet, és kezdje el keresni az ott található információkat. A tanulási görbe soha véget nem ér. Még mindig szerelmes vagyok a személyes pénzügyekbe, még ezekben az években is. Alig néhány órával ezelőtt másfél órát töltöttem azzal, hogy keresgéljek egy hitelkártyát, amelyet tervezek igényelni. Képzeld el, mennyire izgatott lehettem 2014-ben, hogy ez az izgalom ennyi éven át kitartson.

Ez az egész könyv lényege. Nem kínálunk gyorsbillentyűket, ezüstgolyókat, titkos szószokat, mágikus formulákat, varázsbabot, aranykulcsokat vagy szuper-speciális mágikus befektetési stratégiákat. Az egész baromság. Mi arra biztatjuk, hogy képzeljen el egy olyan életet, amelyre vágyik, és gyűjtse össze bátorságát egy napi terv végrehajtásához, amely elvezeti Önt is.

Achani Samon Biaou: Hűha! Szuper idézhető pillanatok. Nagyon köszönjük, hogy megosztotta velünk utazását. Vissza tudsz vinni minket abba a pillanatba, amikor először érezted ezt az izgalmat? Mi volt az, ami ennyire izgalomba hozott?

Olumide Ogunsanwo: Izgatott lettem, amikor rájöttem, hogy elérhetek egy olyan pontot az életemben, ahol már nem kell dolgoznom. Lenne elég anyagi forrásom ahhoz, hogy életem végéig eltartsam. Ez a gondolat erőteljes szikrát gyújtott bennem. Ez egy olyan kinyilatkoztatás volt, amilyenre még soha nem gondoltam ilyen világosan és egyszerűen. Ahelyett, hogy elérhetetlen álomnak tekintettem volna, kézzelfogható és elérhető célként kezdtem elképzelni. Soha nem találkoztam senkivel, aki anyagilag független vagy korán nyugdíjba vonult volna. Soha nem találkoztam olyannal, aki kényelmesen elhagyta volna a munkáját. Soha. A koncepció teljesen idegen volt számomra.

Múltbeli tapasztalataimon elmélkedve rájöttem, hogy a személyes növekedés ciklusain mentem keresztül, világnézetem kiszélesedésével és társadalmi normák kihívásával. Például elindultam a független gondolkodás útján, és felfedeztem az ateizmust, megkérdőjelezve a belém ivódott vallási meggyőződést, és rájöttem, hogy minden vallási dolog kitalált. Hasonlóképpen tudatosan döntöttem úgy, hogy vegetáriánus leszek, átértékelve a döntéseimet és összhangba hozva azokat értékeimmel. Ezek a múltbeli átalakulások és az általuk előidézett jelentős változások az izgalom érzését és az abban való hitet ébresztették belém, hogy elérhetem azt, amire igazán vágytam. Nagyon könnyen izgultam, és az anyagi függetlenségre való törekvés természetes meghosszabbítása lett az önálló gondolkodás és a személyes fejlődés élethosszig tartó utamnak.

Achani Samon Biaou: El tudom képzelni, hogy sok olyan személy van, aki úgy érzi, elakadt. Rezonálnak az anyagi függetlenség gondolatával, és szeretnék megtapasztalni az ezzel járó izgalmat, de nem tudják, hogyan tovább, vagy milyen lépéseket tegyenek.

Olumide Ogunsanwo: Rendben, az 5C. fejezet elején sok részletbe mentem a célok kitűzésével kapcsolatban, de ugorjunk bele egy másik példába. Ez a rész kifejezetten azoknak szól, akik értékelik a részletes információkat. Íme néhány lépés, amelyet követhet:

1. lépés (vízióalkotás): Kezdje azzal, hogy elképzeli jövőbeli életét. Képzeld el, milyennek szeretnéd látni az életedet adott számú év múlva. Hozzunk létre egy példát. Tegyük fel, hogy egyenlően szeretné beosztani az idejét Párizs és London között, és egy szép három hálószobás házban lakik három gyermekkel. Jelenleg 40 éves vagy, és arra törekszik, hogy 55 éves koráig elérje ezt az életmódot.

2. lépés (FI célszámítás): Lépjen fel az Internetre, és írja be ezeket az adatokat egy nyugdíjkalkulátorba. A nyugdíjkalkulátor rákérdez a kívánt nyugdíjkorhatárra (55), a jelenlegi kiadásaira (az alapérték becsléséhez nyomon kell követnie jelenlegi kiadásait) és a jövőbeli kiadásairól (a jövőkép egyes részeinek költségét meg tudja becsülni, például rákereshet, hogy egy három hálószobás lakás ára Londonban 750 000 euró). Tegyük fel, hogy a nyugdíjkalkulátor szerint 2,8 millió euróra lesz szüksége 15 év múlva. Ez lesz a FI célpontja és dátuma. Alternatív megoldásként használhatja a 3–4%-os hüvelykujjszabályt (25X-33X többszörös), amelyet az 5C. fejezetben tárgyaltunk, hogy a jövőbeni kiadásai alapján háromszögelje meg FI-célját.

3. lépés (Célbeállítás): Hozzon létre konkrét célokat a FI-cél és a dátum eléréséhez. Készítsen bevételi és megtakarítási tervet a FI-cél eléréséhez. Ha úgy érzi, hogy 2,8 millió euró elérése 15 év alatt szinte lehetetlen lesz, a terv elkészítése előtt módosíthatja a célszámot és a dátumot. A céldátum és szám módosítása olyan változók módosításával járhat, mint például:

1) Az idővonal módosítása (esetleg 15 évről 30 évre meghosszabbítása).

2) A preferált hely megváltoztatása (egy Párizson kívüli olcsóbb város figyelembevételével) 3) Lakástervek módosítása (egy három hálószobás ház helyett egy kisebb, egy hálószobás apartman választása).

4. lépés (Napi cselekvések és végrehajtás): Készítsen rövid távú terveket és tegyen napi lépéseket hosszú távú pénzügyi függetlenségi céljainak elérése érdekében. Ez azt jelenti, hogy a hosszabb távú céljait minden évben kisebb, elérhető lépésekre bontja. Például az első évben előfordulhat, hogy 84 000 eurót kell keresnie, és ennek 50%-át megtakarítania. Ehhez olyan munkát kell találni (vagy vállalkozást indítani), amely 84 000 eurót fizet, és meg kell találnia a kiadások csökkentésének módjait, hogy bevétele 50%-át megtakarítsa.

A rugalmasság kulcsfontosságú. Ha ragaszkodunk tervének bizonyos aspektusaihoz, például Párizsban élünk, vagy három hálószobás házra van szükségünk, akkor évtizedekig tovább kell dolgoznia, mintha rugalmasan választhatna más életmódot.

Achani Samon Biaou: Szeretem az általad felhozott példát, és hadd próbáljak meg néhány alapelvet levonni belőle. Az első alapelv az, hogy az izgalom egy értelmes jövőkép felállításával kezdődik. Az izgalom belülről jön, és erősen motiválja Önt. Ha látásmódod valóban összhangban van belső értékeiddel és vágyaiddal, akkor kiállja az idő próbáját. Ha azonban csak azért tűz ki egy jövőképet és célokat, hogy utánozzon valaki mást vagy kövessen egy trendet, akkor előfordulhat, hogy beteljesületlennek érezheti magát, amint az adott személy vagy irányzat elhalványul, vagy amikor ténylegesen eléri a célt.

Önmagunk megértése az első lépés. A második dolog, amit a tapasztalataiból hallottam, az a rugalmasság fontossága, amit esszencializmusként szeretnék megfogalmazni. Összefoglalva: Kezdje azzal, hogy belülről keres egy jövőképet; másodszor: alkalmazza az esszencializmust a pénzügyek megtervezéséhez; harmadszor pedig a végrehajtási fegyelem fenntartása. Ha világosak a céljaid, olyan lesz, mint Usain Bolt edzése, hogy a leggyorsabb futóvá válj. Nincs benne varázslat. Ne dőlj be a FOMO-nak (Fear of Missing Out), mert van valami nagyobb dolog, amiért igazán szenvedélyes vagy.

Olumide Ogunsanwo: Nincs okod a FOMO-ra, ha tudod, merre tartasz. Tegyük fel, hogy három szobatársad van, és a bérleti díjad 2000 dollár. Most pedig menj a barátod házába. Gyönyörű hely, de a bérleti díja 6000 dollár. Lehet, hogy a barátodnak van nyugdíja 86 évesen, akkor miért akarsz te is hasonlóan drága lakásban élni, amikor az a cél, hogy 46 évesen nyugdíjba menj?

Hacsak nem ugyanazokkal a genetikákkal, értékekkel, háttérrel és célokkal rendelkezik, mint a barátja, miért másolná le az ő döntéseit? Döntései értelmet adnak az ő céljainak, nem feltétlenül a tiédnek. Ha azt mondanád a barátodnak, hogy 46 évesen szeretnél nyugdíjba vonulni, még ő is meglepődne azon, hogy őt utánozod.

Az üzleti élet utáni iskolai pályafutásom befejezéseként hadd válaszoljak a kérdésre: "Megérte az anyagi függetlenség?" Nemcsak megérte, de ez az egyik legjobb dolog, amit valaha tettem életemben. Rendkívül hálás vagyok a két hónapos szünetért, amit a munkák között tartottam. Ez lehetővé tette számomra, hogy a jövőmről álmodjak, és tervet készítsek, hogy ezt az álmot valóra váltsam. A Google-nál dolgozni csodálatos élmény volt. A Google Bizops tagja voltam, ahol jelentős projekteken dolgoztam, és folyamatosan tanultam új dolgokat.

Ha pénzügyi függetlenségre törekszik, de aggodalmát fejezi ki amiatt, hogy jelentős változásokat kell végrehajtania az életében, mint például az otthona méretének leépítése vagy az autó eladása, biztosíthatom Önt, hogy végül megéri. Az anyagi függetlenség elérése szabadságot és rugalmasságot ad, hogy saját feltételeid szerint éld az életet, a pénzügyi stressz terhe nélkül. Még ha szereted is jelenlegi munkádat, jobb, ha több lehetőséged van, és nem érzed magad pénzügyi kötelezettségek csapdájában. Azok a tényezők, amelyek miatt szereted a munkádat, mint például a menedzser, a csapat, a kultúra és a fizetés, bármikor megváltozhatnak. Az a munka vagy vállalkozás, amelyet ma szeretsz, holnap a legnagyobb bánat forrásává válhat. Védje meg magát a fogadás fedezésével, és készítsen egy tervet, amellyel a lehető leghamarabb pénzügyileg függetlenné válik.

Nem akarsz olyan helyzetben lenni, ahol csak a pénzedért kell dolgoznod, és állandóan azon kell stresszelned, hogy a főnököd vagy a menedzsered szeret-e. Míg az anyagi függetlenséghez kockázatok társulnak, vannak kockázatok a munkádhoz és a jelenlegi pályádhoz is. Végső soron a választás a tiéd.

Most pedig hadd rakjam össze ezeket a különböző darabokat. Volt egy vízióm egy független és szabad életről a saját feltételeim szerint. Ehhez az elképzeléshez igazodva konkrét célokat hoztam létre. Az egyik cél az volt, hogy pénzügyileg függetlenné váljunk, és kényelmes életmódot élvezzünk, amely magában foglalta a különböző városokban való életet, utazást, tetszés szerinti pénzköltést és személyes projektek megvalósítását. Ezek a célok tartalmazták az olyan kiadásokra vonatkozó becsléseket is, mint a lakhatás, a gyermekek, az oktatás és az egyéb kapcsolódó költségek. Ez annyira fontos, hogy meg fogok beszélni néhány magas szintű stratégiáról és taktikáról, amelyeket a céljaim eléréséhez használtam.

Kidolgoztam egy ESIPL nevű stratégiát (E_arning, S_Saving, I_nvesting, P_rotecting and Legcy), amelyet az ESI Money [7]és a Financial Mentor [8](Todd Tresidder) keretrendszereinek kombinálásával fejlesztettem ki .

Nyereség : A bevételi stratégiám egyértelmű volt – Keress minél több pénzt azzal, hogy jól teljesítek, hogy előléptetéseket, bónuszokat és részvényjuttatásokat kaphassak a munkámból. Kutatást végeztem más, nem munkahelyi jövedelemtermelő lehetőségekről is, mint például az ingatlanügyletek és a vállalkozás, végül úgy döntöttem, hogy a munkámra koncentrálok, mint elsődleges bevételi forrásomra. Ez a döntés azon a tényen alapult, hogy a munkámból származó éves fizetésem már elérte a több százezer dollárt, így ez egy jövedelmezőbb lehetőség más alternatívákhoz képest (a bevételmaximalizálási stratégiákkal a 6C fejezetben fogunk részletesebben foglalkozni).

S_spórolás: Mint korábban említettem, a bruttó fizetésem 50%-ának vagy az adózás utáni fizetésem 90%-ának a megtakarítására törekedtem.

Achani Samon Biaou: Ez egy elég agresszív célpont volt.

Olumide Ogunsanwo: Igen, agresszív volt, de határozottan kivitelezhető. Lézerrel a célomra és a jövőm élénk víziójára koncentráltam. Pontosan tudtam, mit akarok elérni, és erős késztetést éreztem, hogy elérjem azt a jövőt, amelyet elképzeltem. Elfogadtam az értékalapú költekezés elvét, gondosan igazítottam kiadásaimat ahhoz, ami valóban örömet és kiteljesedést hozott számomra. A lakáskiadások voltak a legnagyobb hatással a

---

7.   https://esimoney.com/

8.   https://www.financialmentor.com/

megtakarítási rátámra. A bérletem 1000-1500 dollár volt/hó az egész karrierem alatt, mert voltak szobatársaim. A szállítási költségeim és az étkezési számláim minimálisak voltak, mert a Google-busszal mentem dolgozni, és az étkezésem nagy részét az egyetemen ettem. Nagyon jól éreztem magam anélkül, hogy megfosztottam volna magam. Bevándorlóként megvolt az az előnyöm, hogy egy fejlődő országban nőttem fel, ahol az emberek hozzászoktak a takarékossághoz. Ez a háttér megkönnyítette számomra, hogy magaméva tegyem azt a gondolkodásmódot, hogy kevesebbet költek, miközben élvezem a teljes életet.

Achani Samon Biaou: Köszönjük, hogy megosztotta ezeket a meglátásait. Szeretnék mélyebbre ásni egy-két dologban. Említette bevételi és költségstratégiáját. A bevételi oldalon Ön kizárólag a munkájára összpontosított, aminek volt értelme, tekintettel magasan fizető technológiai állására és a terület iránti szenvedélyére. Mások számára azonban a jövedelemdiverzifikáció megfelelőbb megközelítés lehet.

Olumide Ogunsanwo: Magas technológiai fizetésem és a szakterület iránti szeretetem miatt logikus volt számomra, hogy a munkámat tekintsem elsődleges bevételi forrásomnak. Szeretem a technológiát. Létrehoztam egy podcastot (Afrobility), ahol technológiai cégeket kutatok, és olvasok róla éjszakánként és hétvégén. De ha a fizetésem 48 000 dollár lenne, akkor fogadjon, hogy más módokat keresnék a pénzszerzésre. Lehet, hogy egyesek számára logikus a munkára összpontosítani, de ez nem egy mindenkire érvényes stratégia. A választásnak olyan tényezőktől kell függnie, mint az életkor, a tudásbázis, a hálózat, a lehetőségek, a célok, a fizetés, az előléptetési lehetőségek, az autonómia iránti igény és egyéb releváns tényezők.

Achani Samon Biaou: A költségoldalon megemlítette, hogyan valósítja meg az értékalapú kiadásokat. Konkrétan beszélhetsz néhány hackről, amivel egy kis ízt adsz neki?

Olumide Ogunsanwo: Persze. Egy egész 6C fejezetet fogunk szentelni ennek, de most beszélhetek róla egy kicsit a történetem keretében. A legtöbb ember számára a legnagyobb kiadások az adókhoz, a lakhatáshoz és a közlekedéshez kapcsolódnak. Sajnos nem nagyon tudtam optimalizálni az adóimat, mivel karrierem nagy részében az irodában kellett lennem. Ezt többnyire javították. Sokan azt feltételezik, hogy adójukat kizárólag a munkahelyi helyzetük határozza meg, de ez nem mindig van így. Tapasztalatom szerint a pályafutásom nagy részében 40% körüli adófizetés nagy kihívást jelentett bruttó megtakarítási rátám 50% fölé emelése.

A második pont a lakhatás. Sokan az én fizetési tartományomban vagy koromban havi 3000-6000 dollárt költöttek bérleti díjra vagy jelzálogkölcsönre San Franciscóban. Nem voltam hajlandó erre. A havi bérleti díjamat 1000 és 1500 dollár között tartottam attól kezdve, hogy 27 évesen elvégeztem az üzleti egyetemet, egészen addig, amíg 35 évesen pénzügyileg függetlenné váltam. Ha összehasonlítja az 1000 és 1500 dollár közötti bérleti díjamat azzal, hogy valaki 3000 és 6000 dollár között költ, akkor ez a havi 2000 dollár körüli különbség. 4500 dollárra, 8 év alatt összeadva, jelentős különbséget jelent. Önmagában ez lehet a meghatározó tényező a 30-as és az 50-es éveim közötti pénzügyi függetlenség elérése között. Voltak a harmincas éveim elején járó szobatársaim, ami nem biztos, hogy mindenkit vonz, de nagyon örültem ennek a kompromisszumnak, mivel felgyorsította az anyagi helyzetemet, és megadta a mai szabadságot.

Ami a közlekedést illeti, nem kellett autó, mert egy albérletben laktam 15 percre a munkától. Vagy a Google-buszra szálltam, vagy gyalog mentem, aminek eredményeként szinte nulla szállítási költségem volt. A költségek kissé megemelkedtek, amikor a legtöbb hétvégét San Franciscóban töltöttem, ahol autót béreltem. A Google már akkor is kiváló kedvezményeket kínált a bérautókra, és általában napi 10-30 dollárt fizettem a bérautókért.

Minden kiadási döntésem összhangban volt az értékeimmel.

Achani Samon Biaou: Fontos pontot tettél a történetedben. A munkalehetőségek mérlegelésekor döntő fontosságú, hogy ne elszigetelten nézzük a dolgokat. Ellenőrizze, hogy a munka előnyei összhangban vannak-e az Ön pénzügyi függetlenségi stratégiájával.

Olumide Ogunsanwo: Minden a rendszer alapú gondolkodásról szól. Minden összefügg. Valójában azért választottam a lakásomat, mert közel akartam lenni a munkához, tudván, hogy a lakhatás és a közlekedési költségek szorosan összefüggenek. Hasonlóképpen az adókat is befolyásolja a helyszín, és a távmunka nagyobb rugalmasságot biztosít e tekintetben. Nézze a dolgokat holisztikusan, mint rendszert.

Achani Samon Biaou: Köszönjük, hogy megosztotta ezt. Két olyan meglátást szeretnék kiemelni, amelyet az Ön által elmondottakból nyertem: a rendszerszemléletet és az értékalapú tervezést.

Rendszerszemlélet: Amikor állást keres, ne csak a fizetést vegye figyelembe, hanem azt is, hogy a munka hogyan segíthet a kiadások csökkentésében. Például, ha egy induló vállalkozásnál gondolkodik, gondolja át, hogy a vállalat pályája alapján több részvényt vagy készpénzt szeretne-e kapni. Ezenkívül tekintse meg azokat a jutalmakat, amelyek az ingyenes étkezésen túl az Ön értékeihez is igazodnak, mint például a távmunka lehetősége. Ezek a megfontolások nagyobb jelentőséggel bírnak, mint az olyan felületes előnyök, mint az ingyenes élelmiszer.

Olumide Ogunsanwo: A távmunka sokkal értékesebb, mint az ingyenes étel, ami gyakran túlértékelt jutalom. Ha saját étkezést kellene fizetnie, naponta kétszer körülbelül 15 dollárt költene étkezésenként, összesen napi 30 dollárt. Egy év 200 munkanapjával ez óriási 6000 dollár. Ha megfőzné az ételt, még olcsóbb lenne. A cégek által munkanapokon kínált ingyenes élelmiszerek értéke körülbelül évi 6000 dollár. A távoli munkával egyszerűen több tízezer dollárt takaríthat meg az alacsonyabb adók és bérleti díjak révén. Nehéz az ingyenes ételt jelentős jutalomként igazolni, hacsak nem egy kiugró személy, aki napi 3-5 étkezést rendel, vagy nem fizet 50-70 dolláros árat étkezésenként.

Achani Samon Biaou: A rendszerszemléletből nézve fontos, hogy ne csak arra összpontosítsunk, hogy egy munka mennyit fizet, hanem az általa nyújtott előnyökre is. Hasonlóképpen, amikor az alapvető szükségleteit meghaladó kiadásokat mérlegel, azoknak olyan befektetéseknek kell lenniük, amelyek potenciálisan több pénzt termelhetnek most, vagy növelhetik bevételi potenciálját a jövőben.

Olumide Ogunsanwo: Évente 5-15 nemzetközi utazáson vettem részt. Elgondolkodhatsz azon, hogyan sikerült ennyi pénzt megtakarítanom utazás közben. Megtanultam a hitelkártya-rendszereket és a gyakori utazópontokat, amelyek lehetővé tették, hogy maximalizáljam a kiadásaim értékét. Beszélnünk kell a **kiadások nyomon követésének** fontosságáról is . Ha gondosan figyelemmel kíséri kiadásait, valószínűleg kevesebbet költ, mert a számok láttán megváltozhat a gondolkodásmódja. Például, ha nyomon követi a kávéfogyasztását, és rájön, hogy a múlt hónapban 485 dollárt költött a Starbucksban, akkor megkérdőjelezheti, hogy valóban ennyire élvezi-e a kávét. Most térjünk vissza az ESIPL keretrendszerhez:

<u>**Befektetés**</u> : Feltártam a befektetési lehetőségeket, és olyan tőzsdei be-

fektetési stratégiát választottam, amely illeszkedik a személyes helyzetemhez. Vizsgáljuk meg a rendelkezésre álló főbb befektetési lehetőségeket, amelyek segítségével megalapozott döntéseket hozhat a nehezen megkeresett pénzének növelése érdekében:

1) Részvények (részvények): Fektessen be olyan nyilvános részvényekbe, amelyek társasági tulajdont képviselnek. A részvénybefektetés jelentős megtérülési lehetőséget kínál, de különféle kockázatokkal jár, beleértve a vállalatspecifikus, makrogazdasági, rendszerszintű, politikai, szabályozási és osztalékkockázatokat.

2) Kötvények (fix kamatozású): Fektessen be olyan kötvényekbe, amelyek kormányok és vállalatok által tőkeemelés céljából kibocsátott kölcsönök. A kötvények stabil jövedelmet és tőkemegőrzést biztosítanak, de különféle kockázatoknak is ki vannak téve, mint például a kamatláb ingadozása, a vásárlóerőt erodáló infláció, a likviditási kihívások és a hitelkockázat.

3) Ingatlan: Fektessen be fizikai ingatlanokba, például lakóházakba, kereskedelmi épületekbe vagy földterületekbe, azzal az elvárással, hogy bérleti hozamokból vagy tőkenövekedésből bevételt termeljen. Az ingatlanbefektetések azonban olyan kockázatokkal járnak, mint a piaci volatilitás, az illikviditás és az ingatlankezelési költségek.

4) Készpénz (likvid eszközök): Fektessen be magas likviditású eszközökbe, ideértve a megtakarítási számlákat, a letéti jegyeket (CD-ket), amelyek biztonságos és alacsony kockázatú lehetőséget kínálnak a pénzeszközök kamatozására. A kamatlábak változnak, és befolyásolják a jegybanki politika, a piaci kereslet/kínálat, az infláció, a banki verseny és a számlatípus. Bár néhány más befektetési lehetőséghez képest alacsonyabb hozamot kínál, likviditást és biztonságot nyújt.

5) Magántőke (PE): Fektessen be egy magántőke-alapba, ahol a befektetők egyesítik tőkéjüket egy teljes vállalat vagy egy vállalat részesedésének megszerzésére. A magántőke-befektetések összetettek és nem likvidek lehetnek, ezért jellemzően olyan magas vagyonú egyének számára alkalmasak, akiknek nagyobb a kockázata a lehetséges hosszú távú hozamok tekintetében.

6) Kockázati tőke (VC): Fektessen be korai szakaszban lévő, gyorsan növekvő vállalatokba a kockázatitőke-cégek által kezelt összevont alapokon keresztül. Magas kockázatú, jelentős megtérülési lehetőséggel, de az illikviditás, a magas díjak és a teljes befektetés elvesztésének lehetősége is jellemzi.

7) **Angyali befektetés:** Fektessen be közvetlenül korai szakaszban lévő magánvállalkozásokba. Az angyali befektetés nagyon kockázatos befektetési forma, de nagyon magas hozamra is képes. Az átfogó kutatás és a kellő gondosság elvégzése kulcsfontosságú, mivel az egyének közvetlenül fektetik be saját tőkéjüket, nem pedig professzionális kockázatitőke-alapkezelőkön keresztül.

8) **Kriptovaluták:** Fektessen be kriptovalutákba, amelyek decentralizált digitális eszközök, amelyek kriptográfiát használnak a biztonság érdekében. A kriptovalutákba, például a Bitcoinba és az Ethereumba történő befektetés jelentős volatilitást és kockázatot hordoz magában. A kriptovaluták egy viszonylag új és gyorsan fejlődő eszközosztály, ezért hasznos tájékozódni a szabályozási fejleményekről.

9) **Áruk:** Fektessen be nyersanyagokba, például olajba, aranyba és búzába. A nyersanyagárak vadul ingadozhatnak, ezért nagy kockázatú befektetésnek számítanak.

10) **Deviza (FX):** Pénznemek vétele és eladása. Nagyon kockázatos befektetés lehet, de magas hozamra is képes.

11) **Gyűjtemény:** Vásároljon és adjon el gyűjthető tárgyakat a ritka érméktől a képzőművészetig. Jó befektetés lehet, ha hajlandó kutatni, és olyan tárgyakat vásárolni, amelyek értéke valószínűleg felértékelődik.

12) **Peer-to-Peer (P2P) hitelezés:** Pénzkölcsönzés magánszemélyeknek vagy vállalkozásoknak P2P platformon keresztül. Magasabb kamatlábakat kínálhat, mint a hagyományos bankszámlák, de megnövekedett kockázattal is jár.

Aktívan befektethet ezekbe a lehetőségekbe, ha folyamatosan és stratégiailag vásárol és ad el eszközöket. Alternatív megoldásként passzívan befektethet úgy, hogy hosszú távon vásárol és tart befektetéseket, ahelyett, hogy gyakori kereskedésekkel próbálja legyőzni a piacot. A passzív befektetők általában befektetési alapokba fektetnek be, például indexalapokba vagy tőzsdén kereskedett alapokba (ETF), amelyek több befektető pénzét egyesítik egy adott piac nyomon követése és diverzifikált értékpapír-portfólió létrehozása érdekében.

Előfordulhat, hogy az elsődlegesen (4) opcióba történő befektetés nem kínál számottevő megtérülést a pénzügyi függetlenség ésszerű időn belüli eléréséhez az inflációhoz képest alacsonyabb hozam miatt. Az (5), (6) és (7) opciók jellemzően nem likvidek, és a nagy nettó vagyonnal rendelkező (1 millió dollár feletti) magánszemélyek számára elérhetők, míg a (8), (9), (10), (11) opciók nagynak számítanak. spekulatív, és inkább a szerencsejátékhoz, mint a befektetéshez hasonlíthat. A (12) lehetőség viszonylag nem bizonyított hosszú piaci ciklusok során.

Ezért úgy gondolom, hogy az (1), (2) és (3) gyakran a legmegfelelőbb vagyonteremtési lehetőség a többség számára, bár ez a nézőpont tükrözheti saját elfogultságomat. Konkrétan a részvény- vagy kötvényindex alapokba és ETF-ekbe történő befektetés ideális kiindulópont lehet. Ezek a lehetőségek diverzifikációt, megfizethetőséget és alacsonyabb kezdeti befektetéseket kínálnak, megkönnyítve a bizalom fokozatos építését.

Nincs egyetlen helyes módja a pénz befektetésének, de létezik olyan módszer, amely megfelel egyéni igényeinek és céljainak. Találja meg az Ön számára megfelelő utat úgy, hogy értékeli és választja ki a megfelelő befektetési lehetőségeket pénzügyi céljai, kockázati toleranciája, időhorizontja, adóvonzatai és diverzifikációs stratégiái alapján. Meg tudod csinálni! Az anyagi függetlenség eléréséhez szükséges összes információ már rendelkezésre áll, mindössze annyit kell tenned, hogy izgulj a jövőddel kapcsolatban, és kezdj el keresgélni.

<u>V</u>édelem: Pénzügyi fejlődésem védelme érdekében többféle biztosítással rendelkeztem, köztük életbiztosítással, egészségbiztosítással, rokkantbiztosítással, esernyőbiztosítással és bérautó-biztosítással. Nem akartam, hogy egyetlen váratlan esemény is feloldja az évek kemény munkáját, ezért időt fordítottam különféle védelmi mechanizmusok kutatására és megvalósítására. Nincs annál rosszabb, mint 80%-ban elérni az anyagi függetlenséget, és mindezt elveszíteni egy rendkívüli esemény során.

<u>Legacy</u>: Ahogy közeledtem a pénzügyi függetlenséghez, belemerültem az ingatlantervezés döntő aspektusába. Felkutattam és elkészítettem az összes szükséges ingatlantervezési dokumentumot, beleértve a bizalmat, a végrendeletet, a pénzügyi meghatalmazást és a fejlett orvosi irányelvet (közismert nevén Living Will, Medical Power of Attorney vagy Healthcare Proxy). Ezek a dokumentumok, bár az amerikai jogi keretre jellemzőek, mintaként szolgálnak vagyonaim védelméhez, és egy jól meghatározott tervet biztosítanak halálom esetére. Fontos megjegyezni, hogy az ingatlantervezési

követelmények az Ön joghatóságától függően változhatnak, ezért elengedhetetlen, hogy az Ön tartózkodási helyére vonatkozó releváns információkat és dokumentumokat keresse.

Elkezdtem gondolkodni azon is, hogyan tudnék változást elérni és segíteni másokon. Ez vezetett el a pénzügyi függetlenségi tanácsadás új útjára, ahol útmutatást és támogatást nyújtok az egyéneknek személyes pénzügyi útjaik során. Arra törekszem, hogy képessé tegyek másokat, és segítsek nekik magabiztosan és világosan eligazodni a pénzügyi függetlenség összetettségei között.

Összefoglalva: Minden információ, amelyre szüksége van ahhoz, hogy pénzügyileg függetlenné váljon, már rendelkezésre áll. Nincs titka az anyagi függetlenségnek. Azok, akik ezt mondják, átvernek téged. Nem kerestem parancsikonokat vagy ezüstgolyókat. Izgatott lettem, amikor rájöttem, hogy eljuthatok arra a pontra, ahol már nem kell dolgoznom. Tiszta jövőképet alakítottam ki hosszú távú célokkal, és következetesen követtem az ESIPL stratégiát, amíg a szokások megismételhető ciklusban rögzültek. Ez vezetett oda, hogy 2020-ban 35 évesen elértem az anyagi függetlenséget. Szándékosan kihagytam az anyagi függetlenség célszámát, nehogy rossz szolgálatot tegyek az olvasóknak. Számodra nem számít a számom, mert a saját anyagi függetlenségi számod egyedi, más és az egyéni körülményeidhez és törekvéseidhez szabott lesz. Ez egy olyan felfedezés, amelynek meghatározására és követésére vállalkoznod kell. Az igazán számít, hogy céljait összhangba hozza a pénzügyi függetlenségről alkotott saját elképzelésével.

Achani Samon Biaou: Hú, azt mondod nekünk, hogy az anyagi függetlenség nem azt jelenti, hogy valamivé válsz, hanem arról, hogy harmóniában élj önmagaddal és értékeiddel.

Olumide Ogunsanwo: Pontosan. Értelmes életet élni, ahol szabad vagy, és nem kötnek a társadalmi normák. Ennek az életmódnak a megvalósítása anyagi értékkel is jár.

Achani Samon Biaou: Mi a különbség a gazdagság és a pénzügyi függetlenség között?

Olumide Ogunsanwo: Ez egy egyszerű kérdés, de van néhány árnyalata. Gazdagnak lenni szubjektív fogalom objektív kritériumok nélkül. Ez inkább egy pszichológiai érzés, amely másokkal vagy a múltbeli éneddel való összehasonlításon alapul. Egyes 50 millió dolláros nettó vagyonnal rendelkező egyének nem tartják magukat gazdagnak, míg mások 20 millió dollárral gazdagnak tekinthetik magukat. Gazdagnak lenni többnyire összehasonlító fogalom, és nem használható fel, hacsak nincs szigorúan meghatározva (pl. nettó vagyon alapján a felső 1%-ban vagy a keresetek felső 5%-ában).

Másrészt a pénzügyi függetlenség sokkal gyakorlatiasabb és hasznosabb fogalom, mert szigorú definíciója van. A jelenlegi pénzügyi eszközei elegendőek ahhoz, hogy élete hátralévő részét fenntartsa? Ezt akarod. N. A pénzügyi függetlenségen túl vannak további rétegek, amelyeket nyomon követhet és mérhet. Növelheti például a pénzügyi függetlenségi célját, ha biztonsági puffert ad hozzá, és nagyobb számra törekszik, mondjuk az eredeti célnál 20-50%-kal magasabbra.

Az anyagi függetlenségre törekvő belső utazás a saját feltételeid szerinti élethez, míg a gazdagságra való törekvés inkább külsőre koncentrál, ami összehasonlításhoz, FOMO-hoz és potenciális boldogtalansághoz vezet.

Achani Samon Biaou: Ha van egy olyan célod, amely valóban rezonál rád, minden, amit e cél elérése érdekében teszel, céltudatosnak és kielégítőnek tűnik. Nem érzi tehernek vagy elterelőnek, mert ez valami nagyon fontos számodra.

Olumide Ogunsanwo: A kristálytiszta vízióba és célba való bezárkózás elengedhetetlen az anyagi függetlenség felé vezető úton. Ha bizonytalan vagy abban, hogyan tűzz ki célokat vagy képzeld el az ideális életedet, különféle keretek állnak rendelkezésedre. Szánj egy percet arra, hogy mélyen elgondolkodj azon, mi váltotta ki igazán a szenvedélyedet gyermekként, mélyedj el legmélyebb vágyaidban, és fedezd fel azokat a lehetőségeket, amelyek akkor tárulnának fel, ha korlátlan időd lenne, és nem tartana vissza a kudarctól való félelem. Ezek az introspektív gyakorlatok iránytűként szolgálnak saját egyedi ösvényed feltérképezéséhez. Ne feledje, ez a te életed, és neked megvan az erőd, hogy megtervezd. Ne habozzon felfedezni az online forrásokat további ötletekért, és adott esetben vonja be partnerét a tervezési folyamatba. A tervek nincsenek kőbe vésve, és idővel változhatnak. Felfedezheti, hogy kiigazításra szorul kezdeti feltételezései, például a ház mérete. Sem Samon, sem én nem tudunk meggyőző és izgalmas jövőképet alkotni számodra. Ez egy személyes utazás, amelyre csak te indulhatsz.

A pénzügyi függetlenség egy spektrum, nem pedig 0 vagy 1 bináris állapota, amely képessé tesz arra, hogy jobban kézbe vegye az irányítást élete felett, és közelebb visz álmaihoz. Még akkor is, ha látszólag távol áll pénzügyi céljaitól, kulcsfontosságú, hogy motivált maradjon, és élvezze a jövőkép felé vezető utat. Ne feledd, a boldogságot nem kell elodázni addig, amíg el nem éred az FI-t, hiszen az értelmes célok kitűzése és az ezek felé való előrelépés a jelen pillanatban is beteljesülést hozhat. Ahelyett, hogy azon ragaszkodna, hogy mennyi időbe telhet céljai eléréséhez, összpontosítson az elérési folyamat befogadására és ízlelésére. Öleld át a jelent, és találj örömet minden előrelépésben. Találkozunk a következő fejezetben!

6B: Samon késői karrierje története

Olumide Ogunsanwo: Samon, nagyon izgatott vagyok, hogy hallhatok az üzleti iskola utáni karrierjéről, és arról, hogy ez hogyan alakította ki a pénzügyi függetlenségről alkotott nézetét.

Achani Samon Biaou: A fő motivációm az üzleti iskolába való járáshoz az volt, hogy olyan vállalatokhoz csatlakozzam, amelyek jelentős befolyást gyakorolnak a legmagasabb szintű döntéshozatalra. Azonban rájöttem, hogy sok osztálytársamnak nagyobb ambíciói voltak, hogy dolgokat alkossanak és építsenek, ahelyett, hogy csak meglévő cégeknek dolgoznának. Ez a felismerés növelte az önbizalmamat, és a gondolkodásmódom felé terelődött, hogy elhiggyem, hogy bármit elérhetek. Kezdtem úgy tekinteni a vezetési tanácsadásra, mint egy lépcsőfokra az értékes készségek megszerzéséhez, de végső célom az lett, hogy saját cégem alapításával valami értelmeset hozzak létre.

Olumide Ogunsanwo: Az üzleti iskola után volt egy szélesebb pénzügyi függetlenségi terved, amelynek értelmében végül elhagynád a vállalati életet?

Achani Samon Biaou: Két célom volt. Először is az üzleti iskolában tanult készségeket szerettem volna alkalmazni egy pörgős cégben. Hittem abban, hogy a tanácsadás lehetővé teszi, hogy több projekten dolgozzak és elérjem ezt a célt.

Másodszor, gyorsan szerettem volna kiegészíteni azt a pénzügyi biztonsági hálót, amely már megvolt abból az évből, amikor magas külföldi fizetést kerestem, miközben a világot jártam. Arra törekedtem, hogy két év alatt jelentősen növeljem a bevételemet, hogy több százezer dollárom legyen. Az volt a tervem, hogy ezt a pénzügyi párnát arra használom, hogy elérjem a célomat, az iskolaépítést.

Olumide Ogunsanwo: Számított arra, hogy a BCG-nél folytatott tanácsadást követő két éven belül eléri a pénzügyi függetlenséget, vagy arra számított, hogy elegendő pénzügyi stabilitást fog elérni ahhoz, hogy szünetet tartson/sabbat, és megvizsgálja a különböző lehetőségeket, mielőtt később visszatérne dolgozni?

Achani Samon Biaou: Kezdetben úgy gondoltam, hogy elérem az anyagi függetlenséget. Volt egy naiv pénzügyi modellem, amely 500 000 dolláros nettó vagyont célzott meg FI-célként. A terv az volt, hogy befektetem ezt az összeget, és elegendő bevételre teszek szert (körülbelül 5%/év), hogy fenntartsam magam és legényként éljek, miközben iskolákat építek egy kis afrikai országban. Azonban nem vettem figyelembe a lehetséges életváltozásokat, mint például az öregedés, a házasságkötés vagy a gyermekvállalás. A havi bevételemet 1500 vagy 2000 dollár körülire számoltam adózás után, úgy gondoltam, hogy ez elegendő lesz a kívánt életstílusomhoz. Azt terveztem, hogy két évig dolgozom a BCG-nél, keresek néhány százezer dollárt, és elérem az 500 000 dolláros nettó vagyont.

Olumide Ogunsanwo: Oké, mi történt ezután?

Achani Samon Biaou: Miután elkezdtem a BCG-nél, megváltozott a megélhetési költségekkel és a preferált városokkal kapcsolatos látásmódom, ami magasabb pénzügyi függetlenségi célhoz vezetett. Felfedeztem, hogy Dubajban 1000 dollár alatt tudom tartani a kiadásaimat, ami jelentősen megnöveli a megtakarításokat. Ez az előre nem látható körülmény és a megnövekedett megtakarítási rátám lehetővé tette számomra, hogy újrakalibráljam pénzügyi függetlenségi célomat, igazodva a várható megélhetési költségekhez azokban a városokban, ahol a jövőben lakni kívánok.

A megfelelő gondolkodásmód kulcsfontosságú volt. A kiadásaimat a racionalizálás és a spórolás gondolatával közelítettem meg, bár a pontos módszerrel még nem voltam tisztában. Ahogy a héten utaztam és szállodapontokat szereztem, rájöttem, hogy még csak lakást sem kell bérelnem. Ráadásul a Dubaiban töltött idő csökkentése kevesebb felesleges költekezést és bulizást eredményezett, mivel továbbra is a pénzügyi céljaimra koncentráltam. Mérje fel egyedi helyzetét, és rangsorolja a szükséges kiadásokat, miközben könyörtelenül csökkenti a feleslegeseket. Ahelyett, hogy vakon követnénk egy előírt formulát, vagy megpróbálnánk megismételni az én sajátos megközelítésemet, a kulcs egy olyan személyre szabott terv kidolgozásában rejlik, amely összhangban van saját törekvéseivel és értékeivel.

Olumide Ogunsanwo: Ez tökéletesen illeszkedik az értékalapú kiadások elvéhez. Meggyőződésünk, hogy az anyagi függetlenség nem azt jelenti, hogy minden kényelmét fel kell áldozni, vagy minden költséget le kell csökkenteni. Arról van szó, hogy tudatosan összhangba hozza a kiadásait értékeivel és törekvéseivel. Ne menj az árral. Ne legyen automata pilóta. Ahelyett, hogy ész nélkül követnéd a társadalmi normákat vagy vakon ragaszkodnál a takarékos életmódhoz, arra biztatjuk, hogy élj olyan életet, amely összhangban van valódi éneddel és egyedi céljaiddal. Ez magában foglalhatja a kiadások növelését olyan területeken, amelyek valóban fontosak az Ön számára, miközben tudatosan csökkenti másokét.

Alapvető fontosságú annak felismerése, hogy az anyagi függetlenségért nem szabad a boldogság és a jólét árán törekedni. Nem akarjuk, hogy túlterheljen egy drasztikus és fenntarthatatlan megközelítés, amely kiszívja életéből az örömöt. Káros dolog olyan tervet elfogadni, amely boldogtalanná tesz. Ha boldogtalan vagy, akkor egyszerűen elveted az egész tervet. Az egyetlen dolog, ami rosszabb annál, mint ha nincs terv, ha van egy terve, ami nem tartós.

Kezdje azzal, hogy áttekinti a kiadásait, és azonosítja azokat a területeket, ahol kiigazításra van lehetőség. Keressen lehetőségeket a kiadások optimalizálására, és olyan döntéseket hozzon, amelyek összhangban vannak értékeivel és hosszú távú pénzügyi céljaival. Ez egy folyamatos folyamat, ezért kövesse nyomon a fejlődést, és ünnepelje meg a mérföldköveket az út során. Ahogy szemtanúja lesz erőfeszítései pozitív hatásának, egyre motiváltabb és lelkesebb lesz a pénzügyi utazása során. Minden egyes előrelépéssel könnyebbé válik a lendület fenntartása és az utad iránti elkötelezettség.

Achani Samon Biaou: Olumide és én számára az értékekkel kezdődik. Értékeink határozzák meg döntéseinket, és ösztönöznek bennünket arra, hogy új taktikákat fedezzünk fel, amelyek összhangban állnak azzal, ami a legfontosabb számunkra. Például értékelem az utazást és a más kultúrák megismerését. A BCG-nél töltött időm alatt többet költöttem utazásra, mint egy átlagos tanácsadó, de a költségek nagy részét a cég és a munkahelyi utazással szerzett pontjaim fedezték. Csak körülbelül 400 dollárt kellett fizetnem havonta. Úgy döntöttem, hogy előnyben részesítem az utazásra való költést, ahelyett, hogy teljes bérleti díjat fizetnék egy lakásért. Ez lehetővé tette számomra, hogy szinte minden héten új úti célokat fedezzek fel, és elmerüljek a különböző kultúrákban.

Vissza a késői pályafutásomhoz. Körülbelül hét hónapja a BCG-nél való utazásom után, a kezdeti naiv pénzügyi függetlenségi tervemmel, hogy nyugdíjba vonuljak egy olcsó afrikai országban vagy Thaiföldön, rájöttem néhány dologra. Először is, a költségmegtakarítások aktív mikromenedzselése kihívást jelentett elfoglaltságom miatt. Másodszor pedig megláttam a magasabb jövedelem lehetőségét, ha tovább maradok a BCG-nél, és elérem a vezetői szintet. Ez a felismerés késztetett arra, hogy módosítsam a megközelítésemet. Ahelyett, hogy az anyagi függetlenségre törekedtem volna, mielőtt menedzser lettem, felismertem a két év vezetői tapasztalat megszerzésének előnyeit, amely nagyobb stabilitást biztosíthat és növelheti hitelességemet, amikor az iskolai projektemhez pénzt keresek. Nem tudom biztosan megmondani, hogy ezek a döntések ésszerűsítések voltak-e, vagy a rendszer befolyásolta, de egyértelművé vált, hogy az új tervnek több értelme van.

Az élet azonban váratlan kihívásokat sodor mindannyiunk elé. Egy sor orvosi vizsgálat után azt a megdöbbentő hírt kaptam, hogy nagy agyműtétre van szükségem, hogy megelőzzem az arachnoid ciszta visszafordíthatatlan károsodását, annak ellenére, hogy nem tapasztaltam fájdalmas tüneteket. A műtét szükségessége hirtelen és sürgősen felmerült, és a műtét olyan eredendő kockázatokkal járt, amelyek egyik napról a másikra véget vethetnek az életemnek.

Olumide Ogunsanwo: [Megdöbbenve] Sürgős agyműtétre volt szüksége. Azta.

Achani Samon Biaou: Azt mondták nekem, hogy egy pillanat alatt a ciszta elmozdulhat, és az agy alsó részébe nyomulhat – az agynak arra a részére, amely szabályozza a légzést és a szívet. Ijesztő helyzet volt, és a valóság akkor ért rám, amikor közvetlenül a műtét előtt alá kellett írnom a kockázatokat, beleértve a halál lehetőségét is. Az egész élmény szürreálisnak tűnt, még akkor is, amikor más betegek vettek körül az osztályon, mindegyik megvívta a saját csatáját.

Abban a pillanatban hihetetlenül kicsinek éreztem magam. Olyan volt, mint egy bepillantás abba, milyen érzés, amikor szembesülsz a halál lehetőségével. A patkányversenyben elért eredményeim egyike sem bírt jelentőséggel azon a műtőasztalon. A legtöbb mutató szerint sikeres fiatal felnőtt voltam. Bejártam a világot, a világ egyik legjobb üzleti iskolájába jártam, és az egyik legfelsőbb vezetői tanácsadó cégnél dolgoztam. Én „nyertem" a patkányversenyt, de a műtőasztalon ennek semmi jelentősége nem volt. Hiányoztak a szeretteim, és nem a munkára vagy az ügyfelekre gondoltam.

Ez a tapasztalat fordulópontot jelentett az anyagi függetlenségre való felkészülésemben. Olyan határozott lettem, amit nehéz megmagyarázni. Ha túljutottam a műtéten, úgy döntöttem, hogy rendkívüli összpontosítással és a saját feltételeim szerint fogom élni az életet. Kicsit neheszteltem azokra a dolgokra, amelyeket addig kergettem – Stanford, BCG stb. Nos, ez mind megvolt, de egy pillanat alatt el lehetett venni tőlem. Néhány órán belül meghalhatok. Pontosan úgy.

Olumide Ogunsanwo: [Még mindig megdöbbenve] Hány éves voltál akkor?

Achani Samon Biaou: A harmincas éveim elején jártam.

Olumide Ogunsanwo: Agyműtét a harmincas évei elején. Ez valóban traumatikus és szemet nyitó élmény. Emlékszem, amikor azt mondtad, amikor a műtőasztalon ültél, úgy érezted, az emberi lények semmiek. Úgy érezted magad, mint egy újabb állat a műtőasztalon, és az életed bármelyik pillanatban elvehető. Őrült!

Achani Samon Biaou: Határozottan ráébredtem arra, hogy más embernek kell lennem a másik oldalon. Az egészségügyi rémület mélyebb értelmet adott a „Mi a legfontosabb számodra és miért?" kérdésben – tette fel a kérdést a Stanford MBA program jelentkezési esszéjében. Szerencsére a műtét jól sikerült, komplikáció vagy utánkövetés nem volt szükséges. Amikor visszatértem egy öt hónapos utazási szabadságról, több szempontból is megváltozott emberként tértem vissza.

Először is rájöttem, hogy milyen intenzitást hozhatok a munkámba, és meggyőződésem lett, hogy ezt tudatosan és átgondoltan kell alkalmazni az általam leginkább élvezett tevékenységekre. Nem volt gondom hajnali 2-3-ig napokig dolgozni, hogy megoldjak egy problémát, és így tovább.

Másodszor, megértettem, hogy a szabadság az életemben nem alku tárgya. A tanácsadói munka azonban nem mindig biztosította a kívánt szabadságot. Úgy döntöttem, hogy csak addig maradok tanácsadói tevékenységgel, ameddig ellenőrizni tudom, hogyan dolgozom.

Harmadszor, szuperül a pénzügyi tervezésre koncentráltam. Az Excel-táblázatok lettek az útmutatóm, mivel megtakarítást és befektetést céloztam a pénzügyi szabadság felé. Időt akartam adni magamnak az utazásra és a kulturális felfedezésekre, anélkül, hogy a pénz miatt aggódnék. Az oktatási rendszerek fejlesztéséhez is hozzá akartam járulni anélkül, hogy fizetéstől függnék.

Olumide Ogunsanwo: Mi történt az 5 hónapos sabbatid alatt?

Achani Samon Biaou: Három fontos dolog történt. Először is újra felvettem a kapcsolatot a barátokkal és a családdal, ami óriási örömet okozott. A BCG-nél eltöltött idő alatt ritkán volt alkalmam találkozni és kapcsolatba lépni olyan emberekkel, akikkel foglalkoztam. E kapcsolatok újraélesztése emlékeztetett a közösség fontosságára, és örültem, hogy újra kapcsolatba kerültem önmagam „jókedv" részével.

Másodszor Kubába utaztam a párommal és a barátaimmal. A különböző kultúrák felfedezése és az új úti célok megtapasztalása életre kelt. Ez egy módja annak, hogy bővítsem a látókörömet, és mélyrehatóan megismerjem a világot. Kubában különféle életformákkal találkoztam, és olyan embereket figyeltem meg, akik elégedettnek tűntek annak ellenére, hogy szegénynek tekinthető körülmények között éltek. Fontos élmény volt számomra, hogy szembeállítsam az életstílusukat az általam megszokottal.

Végül felfedeztem egy újfajta tanulást, amelyet nem a hasznosság vezérelt. Elkényeztem magam a könyvek olvasásával, amelyekbe belebotlottam, olyan érdeklődési körömet űztem, mint hangszeren játszani vagy új nyelvet tanulni, csak a személyes fejlődés érdekében.

Olumide Ogunsanwo: Hogyan alakították ezek a tapasztalatok a pénzügyi függetlenségre vonatkozó terveit? Kezdetben körülbelül két év után el akarta hagyni a BCG-t, de aztán megtörtént a műtéti incidens.

Achani Samon Biaou: A pénzügyi függetlenséghez való hozzáállásom sajátos módon megváltozott. Ahelyett, hogy előre terveztem volna, visszafelé kezdtem tervezni. Beépítettem egy „Utolsó nap a BCG-n" funkciót az Excel-táblázatomba, amely lehetővé teszi, hogy visszafelé dolgozzam, és meghatározzam, hogy mennyi bónusz- és mellékjövedelem a bérleti díjból évente.

Világossá vált számomra, hogy megértettem, mit nyerhetek a BCG-vel, és mit tudok hozzájárulni a BCG-hez. Felismertem, hogy a BCG után izgalmas élet vár rám, ahol azokra a dolgokra koncentrálhatok, amelyeket őszintén élvezek, mint például a kiterjedt utazások és a szenvedélyes problémák kezelése. Ez ellentétben állt a korábbi gondolkodásmódommal, amikor a vacsoránál a következő irányítóbizottságon gondolkodtam, visszajelzést adtam egy csapattagnak, vagy felkészültem a közelgő értékelésemre. Korlátozott időm volt még a saját létezésem feldolgozására is.

Olumide Ogunsanwo: A McKinsey-nél töltött időmből össze tudok kapcsolódni ezzel az érzéssel. Régebben az ügyfélmunkáról és a diák módosításáról álmodoztam. Miután elhagyta a McKinsey-t, a PowerPoint-rémálmok véget értek [Smile].

Achani Samon Biaou: Ennek megtapasztalása segített megértenem, mennyit tudok adni. Most mindig ez jár a fejemben. A BCG előtt elsősorban arra koncentráltam, hogy mit tudok átvenni a rendszerből. Nem igazán tudtam, hogy mennyit tudok adni. A Stanfordon eltöltött idő alatt önbizalmat szereztem, és hat hónapon belül piacképesebb lettem MBA-jelöltként. Mire csatlakoztam a BCG-hez, a vezetési tanácsadás már nem bírt ugyanolyan jelentőséggel számomra. Nagyobb személyes célokat tűztem ki magam elé: az anyagi függetlenség elérését. A műtéttel még jobban koncentráltam arra, hogy a saját feltételeim szerint mivel szeretnék hozzájárulni a világhoz. Sok ügyfelem a BCG-nél reggel 9 órától délután 5 óráig dolgozott, és cégük továbbra is virágzott. Elgondolkodtatott, mit érhetnék el, ha a munkámhoz fűződő intenzitást és szenvedélyt olyan területeken alkalmaznám, amelyek valóban érdekeltek.

Mindenesetre, visszatérve a fő történethez, a pénzügyi modell annyiban változott, hogy most volt egy nyomkövetőm, amely meghatározta, hogy mennyit kell keresnem ahhoz, hogy egy adott határidőig elhagyjam a BCG-t, nem pedig azt, hogy hány évbe telik. elér egy bizonyos jövedelmi szintet.

Olumide Ogunsanwo: A pénzügyi függetlenség a választható lehetőségek skálája, nem pedig egy bináris mindent vagy semmit cél. Még ha csak 20%-ban vagy is, még mindig vannak előnyök és élvezet, mert több választási lehetőséged van. Kulcsfontosságú, hogy értékelje az utazást, és hálás legyen az elért haladásért. Miért? Mert az anyagi függetlenség felé vezető út az életed utazása. Ne várj a végére az ünnepléssel, légy hálás az út során elért kis győzelmekért, és használd őket motivációként a továbblépéshez.

A fejlődés előrehaladtával több lehetőséghez jut, ami növeli az esélyét arra, hogy érdekes erőfeszítéseket tegyen, és jobban kézben tartsa a munkaadókkal, ügyfelekkel és ügyfelekkel folytatott interakcióit. Ezt azért szeretném hangsúlyozni, mert gyakran látok olyan embereket, akik boldogtalanok, miközben az anyagi függetlenség felé tartanak. Miért lennél boldogtalan? Boldogtalan vagy, mert szinte engedélyre vársz, hogy boldog légy, de nem kell várnod az engedélyre. A boldogság körülötted van, ha megfelelő körülményeket teremtesz. Csak ezt a filozófiai szempontot akartam hozzátenni.

Achani Samon Biaou: Szépen mondta. Az anyagi függetlenséget az edzőterembe járáshoz hasonlónak látom. Ha azzal jársz az edzőteremben, hogy "Istenem, ez fájdalmas lesz", csak azért, mert le akarsz fogyni egy nagy bulira, nehéz lesz igazán élvezni a folyamatot. És miután leadott néhány kilót, előfordulhat, hogy visszatér a régi életmódjához. Az anyagi függetlenségnek az Ön értékeiben kell gyökereznie; különben nem fog működni. Mélyre kell ásnod magadban, és rá kell jönnöd, mi okoz igazán örömet. Ne kössön kompromisszumot ebben. Ha megtaláltad a célodat vagy szenvedélyedet, rendezz körül minden mást, és szüntesd meg az összes többi zavaró tényezőt, különösen azokat a tevékenységeket, amelyeket csak azért veszel, mert mindenki más.

A BCG-nél az volt a hagyomány, hogy az emberek drága TUMI táskákat vásároltak, és rájuk gravírozták a kezdőbetűjüket. Személy szerint nem érdekeltek a táskák, és nem éreztem szükségét, hogy kövessem ezt a divatirányzatot.

Olumide Ogunsanwo: A közönség számára a TUMI táskák lényegesen drágábbak, mint a hagyományos táskák. Egy normál táska ára 100 dollár alatt lehet, míg a TUMI táskák háromszoros, négyszeres vagy akár többszöröse is lehet.

Achani Samon Biaou: A legtöbb tanácsadó pihenni és kikapcsolódni szeretett volna a hétvégén, de én úgy döntöttem, hogy a pénzemet utazásra és élményekre költöm. A költségvetésem egy részét, ami egy belépő szintű TUMI táska árának felel meg, olyan dolgokra fordítottam, amelyek igazán boldoggá tettek. Ha megteremted a boldogság alapjait, és ennek megfelelően éled az életed, akkor boldogságod általános növekedését fogod észrevenni. Sőt, ha így szervezi az életét, a pénzügyei természetesen a helyükre kerülnek.

Olumide Ogunsanwo: Pontosan. Idővel ezek a szokások könnyebben megtarthatók, mert erősítik egymást. Ehhez hajlandónak kell lenni egy kicsit másnak lenni. Ha csak azért szerzi meg a TUMI táskát, mert mindenki másnak is van, akkor nem valószínű, hogy a 30-as éveiben eléri az anyagi függetlenséget. Nem a táska ára miatt, hanem azért, mert követed a tömeget, és nem hozol szándékos értékvezérelt döntéseket. Rendben van olyannak lenni, mint mindenki más, de nem számíthatsz túlzott eredményekre.

Achani Samon Biaou: Visszatérve a fő történethez, a pénzügyi tervezési Excel-táblázatom kifinomultabb lett, részben a BCG-nél eltöltött ideje alatt kifejlesztett modellezési készségeknek köszönhetően.

Olumide Ogunsanwo: [Nevetés] Ez teljesen vicces. Megtanultál jobb modelleket készíteni a BCG-nél, majd ezeket a készségeket felhasználtad a BCG-ből való kilépési stratégiád megtervezéséhez.

Achani Samon Biaou: Hetente frissíteném a modellemet, figyelembe véve a kiadásaimban bekövetkezett változásokat, hozzáadva az aktuális vagy a következő hónapban való előléptetés valószínűségét, a forgatókönyvek megtervezését, és csak a gusztustalanságot. Néha még kisebb prezentációkat is készítettem magamnak, bemutatva a költési szokásaim (vagy annak hiánya) meglátásait és a jövőbeni bónuszaim pályáját.

Olumide Ogunsanwo: [Nevetés]

Achani Samon Biaou: Világos Sarkcsillagom volt, és mindig kerestem a módját, hogyan optimalizáljam a környezetemet. Hadd mondjak egy példát a légitársaság állapotával kapcsolatban. Pénzügyi függetlenségem után meg akartam tartani néhány utazási kedvezményt, mert szeretek utazni. A munkára használható légitársaságok közül csak egy kínált élethosszig tartó státuszjuttatást. A legtöbb dubai tanácsadó az Emirates-t Szaúd-Arábiába repítette projektek miatt a kényelmes időzítés miatt – a teljes hétvégét Dubaiban tölthették, és az első munkanapon korán elrepülhettek. Azonban a Saudi Arabian Airlines repülése mellett döntöttem, mert az egy szövetség része volt, amelybe az Air France is beletartozott, és tudtam, hogy a pénzügyi függetlenség elérése után gyakran fogok repülni. Az élethosszig tartó platina státusz elérése az Air France-on értékesebb volt számomra, mint az Emirates repülésének kényelme. Dubajból Bostonba utaznék, hogy interjút készítsek MBA végzettséggel, és szándékosan hosszabb útvonalat választanék párizsi átszállással, az Air France repülésével az Emirates közvetlen járata helyett. Nem törődtem azzal, hogy pontokat szerezzek az Emirates-en; prioritásom az volt, hogy életre szóló platina státuszt szerezzek az Air France-nál. A hoszszabb utazási időt vagy megállóhelyet nem tekintettem gondnak, mert őszintén szerettem utazni, megállni a város felfedezésére, és családommal és barátaimmal Párizsban tölteni az időt.

Olumide Ogunsanwo: Samon, mit mondanál annak az olvasónak, aki meghallgatja történetét, és azt mondja, hogy a pénzügyi függetlenség túl sok munkával jár? Azt mondják, nincs idejük vagy energiájuk arra, hogy a gondolkodásmódjukon dolgozzanak, vagy elképzeléseket és célokat alkossanak. Könnyebb és gyorsabb utat szeretnének az anyagi függetlenség felé, különösen akkor, ha alacsony fizetésű állásuk van egy kisvárosban, ahol korlátozottak a pénzügyi növekedés lehetőségei. Hogyan érhetik el a lehető leggyorsabban anyagi függetlenségüket jelenlegi életstílusukon belül anélkül, hogy drasztikus változtatásokat kellene végrehajtaniuk?

Achani Samon Biaou: [Smile] Ez valójában két kérdés. Az első kérdés a következő: "Szeretnék lusta lenni az anyagi függetlenséghez. Csak mondja meg, hogy pontosan mit tegyek, hogy a lehető leggyorsabban elérjem az anyagi függetlenséget." A második kérdés arra a kihívásra vonatkozik, hogy akarjunk FI-t, miközben alacsony vagy közepes fizetésű munkát végezünk, és olyan területen élünk, ahol korlátozottak a pénzügyi növekedés lehetőségei.

Először is, annak a személynek, aki azt akarja, hogy lépésről lépésre adjunk útmutatást a pénzügyi függetlenséghez anélkül, hogy bele kellene tennie a munkát, megérzéseim azt súgják, hogy nagyon valószínűtlen, hogy ezzel a gondolkodásmóddal elérjék az anyagi függetlenséget.

Olumide Ogunsanwo: [Nevetés]

Achani Samon Biaou: És még ha elérik is az anyagi függetlenséget, amiben őszintén remélem, hogy sikerül, lehet, hogy nem igazán élvezik. A pénzügyi függetlenség a cél megtalálásáról és a pénzügyi szabadság felhasználásáról szól. Az anyagi függetlenség lényege a tartós boldogság. Hadd fogalmazzak világosan, az anyagi függetlenség nem feltétlenül a gazdagságról szól. Az anyagilag független emberek nem feltétlenül gazdagok. Arról van szó, hogy elérje a pénzügyi biztonság minimális szintjét, amely lehetővé teszi, hogy arra összpontosítson, ami igazán fontos Önnek, anélkül, hogy pénzügyi gondokat okozna. A pénzügyi szabadság csupán egy lehetőség, amely szabadságot ad arra, hogy arra összpontosítson, ami a kiteljesedést hozza el anélkül, hogy folyamatosan a pénz miatt kellene aggódnia.

Olumide Ogunsanwo: Az embereknek önmaguk felfedezésének útjára kell indulniuk. Ez az út erőfeszítést igényel részükről. Samon és én nem tudjuk megetetni a pontos lépéseket, amiket megtettünk, mert ami nekünk bevált, nem biztos, hogy az Ön egyedi helyzetére vonatkozik. A könyvben korábban azt tanácsoltuk, hogy ne másolja le senki más életét, hanem inkább arra buzdítson, hogy élje a sajátját. Ebbe beletartozik az életünk másolása sem.

Felelősséget kell vállalnia, és lépéseket kell tennie saját élete javítása érdekében. Egy könyv megvásárlása nem elég. Hajlandónak kell lenned arra, hogy mentális változáson menj keresztül, és elindulj az önfelfedezés útjára, hogy pozitív változásokat érj el az életedben, függetlenül attól, hogy Samon és én mit mondunk. Te vagy a felelős a saját életedért, és rajtad múlik, hogy megtedd a szükséges változtatásokat egy jobb jövő megteremtése érdekében. Ne feledje az önbizalom és az önellátás alapelveit. Ki kell találnia azokat a részleteket, amelyek egyediek a saját élethelyzetében.

Achani Samon Biaou: És őszinte leszek, az egyik oka annak, hogy ilyen közvetlenek lehetünk Önnel, mert mindkettőnk számára fontos az autentikus élet. Elértük az anyagi függetlenséget, így nem annyira a könyvek eladása aggaszt bennünket, mint inkább az igazság kimondása.

Olumide Ogunsanwo: Így van. Nem érdekel, ha ebből a könyvből egy példányt vagy száz példányt adnak el, mert már anyagilag független vagyok. Őszinte lehetek veled. Nem kell baromkodnom.

Achani Samon Biaou: Megosztjuk a FI felé vezető átalakuló utazásunkat, mert teljes szívünkből elfogadtuk a FI életmódot, és az a vágyunk, hogy felgyújtsuk benned a lehetőségek szikráját. Szeretnénk az Ön vezetői lenni, nemcsak megerősítést, hanem társaságot és bátorítást is kínálva. Ha valaha is tétovázott az anyagi függetlenség megszerzése iránt, mert még nem volt szemtanúja ennek első kézből, könyvünk azért készült, hogy eloszlassa ezeket a kételyeket. Történeteinkkel és meglátásainkkal arra törekszünk, hogy inspiráljunk, és így felkiálts: "Ha ők megtehetik, én is megtehetem!"

Olumide Ogunsanwo: Minden bevándorlónak, expatnak, kívülállónak és esélytelennek: Ha anyagilag független lettem, akkor te is megteheted.

Achani Samon Biaou: Akkor indulnia kell. Elmélkedéssel és kérdésfeltevéssel kezdődik. Nézz vissza gyermekkorodra, és azonosítsd azokat a kulcsfontosságú pillanatokat, amelyek meghatároznak téged. Fedezze fel érdeklődési körét, és kísérletezzen különböző dolgokkal. A felfedezettek alapján dolgozzon ki egy alapelvet. Tekintse meg a múltat vagy a történeteket, hogy levezetje ezeket az elveket, majd legyen hajlandó kísérletezni és ismételni, amíg meg nem találja az összhangot értékeivel.

Olumide Ogunsanwo: Készítsen víziót a kívánt életről, tűzzen ki célokat az eléréshez, és kezdjen el minden nap cselekedni. Ismételje meg és ismételje, amíg el nem éri az anyagi függetlenséget. Senki más nem tudja helyetted elvégezni ezt a folyamatot, mert ez a te életed, és te vagy érte a felelős.

Ahogy elkezdi az utazást és lendületet építeni, könnyebbé válik az előrelépés. El kell kezdened, és gondoskodnod kell a megfelelő indítékokról a lendületed fenntartásához. Idővel kialakul a szokásod, hogy kis lépésekkel haladj a célod felé. Ahogy haladsz és elérsz egy bizonyos pontot, elfelejtheted, hogy úton vagy, mert az összefonódik a mindennapi életeddel. Már nincs egyértelmű különbség az utazás és az életed között. Egyszerűen csak éled az életed, miközben a célod felé haladsz. De ahhoz, hogy elkezdhesse ezt az utat, hajlandónak kell lennie további erőfeszítéseket tenni, és megtenni az első lépést előre.

Főiskolás koromban tanultunk az aktivációs energiáról. A kémiai reakció létrejöttéhez bizonyos mennyiségű energiát le kell győznie. Szüksége van valamire, ami elegendő aktiválási energiával kényszeríti Önt az induláshoz. Ezt próbáljuk nyújtani: lendületet. Izgatottan és boldogan írom, mert szeretnélek inspirálni és energetizálni, hogy higgyél abban, hogy elérheted céljaidat. Remélem, hogy érzékeltethetem az önmagadba vetett hit fontosságát, és felkelthetem az előtted álló lehetőségeket. Az én történetemben többszörös állásvesztés és nehéz helyzet váltott ki. Azonban megvan az ereje, hogy létrehozza saját kiváltó okát a sikerhez. Tedd meg még ma, és ne várj arra, hogy a külső körülmények beindítsák pénzügyi függetlenséged útját.

Achani Samon Biaou: És ezzel el is érkeztünk a második kérdésedhez. Hogyan érhet el valaki anyagi függetlenséget, ha viszonylag alacsony vagy mérsékelt fizetéssel dolgozik, és olyan területen él, ahol korlátozott a felfelé mozgás? Leegyszerűsítem egy sporthasonlattal. Amikor Usain Bolt felfedezte futási tehetségét, és bajnokságot nyert, választhatott. Továbbra is futhat a háza közelében lévő rögtönzött pályán, vagy elmehet valahová, például Miamiba, hogy edzeni és fejleszthesse képességeit.

Azért használom ezt a hasonlatot, mert minden az értékeken múlik. Ha erősen vágyik az anyagi függetlenségre, és rájön, hogy jelenlegi munkája egy kisvárosban nem viszi oda, akkor megtalálja a módját, hogy a munkája mellett mellékes projekteket is folytathasson, vagy más helyeken keressen lehetőségeket. Nem abban a reményben maradtam Beninben, hogy elérem az anyagi függetlenséget. Ehelyett Európába, majd Amerikába, végül a Közel-Keletre költöztem, hogy jobb lehetőségeket keressek, és elérjem pénzügyi céljaimat.

Átköltözhet egy több lehetőséggel rendelkező helyre, és ha akarja, visszatérhet. Ha ezeket a kérdéseket teszi fel magának, ez azt jelezheti, hogy még nem fedezte fel teljesen a jelenlegi tartózkodási helyén kívüli lehetőségeket. A válasz a kísérletezés iránti kérlelhetetlen kíváncsiságban rejlik.

Olumide Ogunsanwo: Órákig folytathatnánk a megbeszélést, de valószínűleg vissza kellene térnünk a történethez. Említette a műtét utáni tervet, hogy elhagyja a BCG-t.

Achani Samon Biaou: Amikor aktiváltam az Excel-modellemet, minden lehetőséget megteremtettem a vállalaton belüli utazásra. A BCG-nek volt egy Ambassador nevű programja, ahol a tanácsadók legjobb 10%-a egy másik országba mehetett. A tanácsadóknak ki kellett választaniuk a helyszíneket, és a cég megpróbált megfelelni valamelyik preferenciájuknak. Szerettem volna egy évet Dél-Afrikában tölteni, hogy bővítsem az ingatlanbefektetéssel kapcsolatos ismereteimet, különösen, mivel ott már voltak ingatlanaim. Ez a tapasztalat segítene eldönteni, hogy több tőkét allokáljak-e a dél-afrikai piacra. Ráadásul Dél-Afrika megfizethetőbb volt, így többet spórolhattam. Szeretek kísérletezni az utazások során, és megtapasztalni a különböző kultúrákat és lehetőségeket.

Olumide Ogunsanwo: Egy kapcsolódó megjegyzés szerint egyszer volt egy Uber-sofőröm, akinek élénk színű fülhallgatója volt a bal fülében. Kezdetben azt hittem, hogy rap zenét hallgat, de kiderült, hogy valójában angoltanfolyamokon fejleszti nyelvtudását. Kihívásai ellenére elkötelezett volt az önfejlesztés iránt, és minden lehetőséget kihasznált, beleértve az utasok vezetését is, hogy elérje céljait. Ez a találkozás megtanított arra, hogy munkától vagy jövedelmi szinttől függetlenül mindig van lehetőség a személyes fejlődésre. A sikerhez világos tervre, eltökéltségre és következetes erőfeszítésre van szükség. Képzeld el, hol lesz az az Uber-sofőr három év múlva.

Most pedig vissza hozzád. Hogyan jutott eszedbe az a terv, hogy ingatlanbefektetésekkel egészítsd ki a BCG fizetésedet? Volt már jól fizető állása, akkor mi motivált arra, hogy ezt az utat választja? És hogyan valósította meg a tervét?

Achani Samon Biaou: Visszatérve gyermekkoromra, apám vállalkozó volt, aki ingatlanokkal foglalkozott, ami korán megértette az eszközök megbecsülését. Amikor ingatlant vásároltam Dél-Afrikában, a BCG-s kollégáim szkeptikusak voltak, és inkább egy robo-befektető használatát javasolták, azt állítva, hogy az ingatlanbefektetés kihívást jelent. De gyermekkori tapasztalataim és a kereskedelemről és vállalkozói szellemről ismert joruba származásom alakították a látásmódomat. A bevételek időtől való elválasztásának gondolata visszhangzott bennem. Korlátozottnak éreztem az időm eladását, mivel csak annyi óra van egy napban. Viszont ha tudnék bevételt termelni valamiből, ami önállóan skálázható, az szép lenne. Ezért döntöttem úgy, hogy befektetési lehetőségként feltárom az ingatlant.

Amikor dél-afrikai látogatást tettem az akkori barátnőmmel, észrevettem az ingatlanárakat, és megdöbbentett, hogy mennyire megfizethetőek más helyekhez, például Franciaországhoz képest. Felkeltette a kíváncsiságomat, és az árakat dollárra váltottam. A bankszámlámon lévő pénzeszközök birtokában rájöttem, hogy valóban tudok ott lakást venni. Kísérletezési lehetőségnek tekintettem. Sokan gyakran haboznak, mert minden olyan dologra koncentrálnak, ami rosszul sülhet el. De ha nem élsz a lehetőséggel és nem kísérletezel, soha nem fogsz mindent felfedezni, ami jól jöhet.

Olumide Ogunsanwo: Természetesen a túlzott elemzés visszatarthat minket a cselekvéstől. Hajlamosak vagyunk bonyolult modelleket és forgatókönyveket felépíteni, amelyek kifogásokká válnak a céljaink elmulasztására. Fontos egyensúlyt teremteni az elemzés és az őszinteség között az élet indítékairól és céljainkról. Most pedig nézzük meg ingatlanbefektetési stratégiáját és taktikáját.

Achani Samon Biaou: Szeretek megvitatni ezt az utat, mert jól átgondolt lépéseket és elkövetett hibákat egyaránt magában foglal. Először is vegyük figyelembe a kontextust. Három időhorizontban vizsgáltam a befektetéseket:

Rövid távon: Olyan befektetésekre összpontosítson, amelyek magas likviditású bevételt biztosítanának a következő év megélhetési költségeinek fedezésére. Az ingatlanból származó bevétel volt a fő forrás stabilitása és kiszámítható pénzforgalma miatt.

Középtávon: Keressen olyan befektetéseket, amelyek számára előnyös lenne a növekedés a következő néhány évben. A tőzsdére és néhány kriptóra koncentráltam, a növekedési részvényekre összpontosítva, de figyelembe véve az értékpapírokat is. A részvények általában pozitív trendeket mutatnak 2-5 éves időtávon.

Hosszú távon: Vegyünk magasabb kockázatú fogadásokat, amelyek 7-15 éven belül jelentős pénzforgalomra tehetnek szert. Angyalbefektetőként startup vállalkozásokba fektettem be, és olyan országokban vásároltam földet, ahol stabil devizák, ahol a növekedés bizonyos események körül felgyorsul. Ezeknek a hosszú távú fogadásoknak az a célja, hogy egy jelentős esemény, például egy induló tőzsdei kibocsátás vagy egy új övezeti fejlesztés földterület után, általában egy évtized elteltével készpénzt kapjanak. A készpénzfelvétel után újra befektetnék rövid lejáratú eszközökbe (például ingatlanok), középtávú eszközökbe (például részvényekbe) és néhány hosszú lejáratú eszközbe, majd megismétlem a ciklust.

Olumide Ogunsanwo: Úgy gondolja, hogy a neveltetése és az apja ingatlantulajdonos vállalkozó elfogult befektetési kilátásaiban?

Achani Samon Biaou: A neveltetésemből adódóan határozottan elfogult voltam, de racionális maradtam ehhez. Ha nem így lenne, olyan alacsony hozamú országokban fektettem volna be bérbeadó ingatlanokat, mint például Benin vagy Franciaország. Az ilyen helyeken történő befektetés azonban nem hoz jelentős hozamot, hacsak nem veszi igénybe a jelentős adókedvezményeket, még akkor sem, ha ott él. Az ingatlanok feltárása volt az elfogultságom, de biztos voltam benne, hogy van értelme. Dél-Afrikának volt egy stratégiai indoka számomra, mivel az eredeti tervem az volt, hogy a pénzügyi függetlenség kivívása után oda „nyugdíjazok". Az ingatlan jó megtérülése mellett fedezetet nyújtana a devizamozgások ellen is, hiszen helyi pénznemben élnék és költeném. Ez erősen befolyásolta a stratégiámat. Az ingatlanok közelsége lehetővé teszi, hogy felügyeljem a javításokat, ha problémák merülnének fel. Rendszeralapú döntés volt.

Olumide Ogunsanwo: Fontos, hogy ne feltételezzük, hogy pusztán azért, mert barátai vagy családtagjai egy meghatározott jövedelemszerzési stratégiát követtek, ez automatikusan megfelel az Ön számára. Ha édesapád és anyukád vállalati munkát végeztek, az nem jelenti azt, hogy céges munkát kell végeznie. Ha a kedvenc nagybátyád vállalkozó, az nem jelenti azt, hogy vállalkozónak kell lenned. Ne korlátozza magát a tapasztalataik. Fedezzen fel minden lehetőséget, és hozzon döntéseket saját körülményei és törekvései alapján. Mindannyiunknak vannak elfogultságai és preferenciái, de kulcsfontosságú, hogy a döntéseket tágabb perspektívából közelítsük meg, és aktívan dolgozzunk azok leküzdésén. Ellenkező esetben előfordulhat, hogy sokkal későbbi életében elveszíti valódi hivatását . Fontos, hogy erős kezdeti keretet hozzunk létre a döntéshozatalhoz, mivel egyes stratégiákat nehéz lehet visszafordítani. Samon, megosztaná a korát és a gondolkodásmódját is, amikor ingatlanbefektetéseket kezdett felfedezni?

Achani Samon Biaou: Harmincas éveim elején kezdtem el ingatlanba fektetni, röviddel a BCG-hez való csatlakozásom után, amikor a pénzügyi függetlenségi célom még mindig 1 millió dollár alatt volt. Hamar rájöttem azonban, hogy ez a cél túl kicsi, és jelentősen növelni kell.

Egy 3 horizontos stratégiával kezdtem, és az ingatlanok rövid távon jó eszközosztálynak tűntek, mert arra számítottam, hogy két éven belül bérbeadásra lesz szükségem, amikor elhagytam a BCG-t. Különféle országokat fedeztem fel, és Dél-Afrika országként arbitrázslehetőséget kínált. Nagyobb lakossága bérelt, nem pedig alacsonyabb társadalmi-gazdasági szinten vásárolt, és a valuta leértékelődése valamelyest kiszámítható és kezelhető volt a globális sokkok és válságokon kívül. Az országnak független és hatékony Központi Bankja volt, és erőforrásokban gazdag volt, így a hirtelen drasztikus valutaleértékelés, mint Zimbabwében, Argentínában vagy Venezuelában, nem volt valószínű.

Kvalitatív kutatásaim szerint a dél-afrikaiak hajlamosak az élet élvezetét most élvezni és a hosszabb időre bérelni. Ez azt jelentette, hogy magasabb bérleti díjat tudtam rendelni bizonyos lakossági szegmensekhez és ingatlantípusokhoz, ami magasabb kihasználtságot eredményezett. Nagyon rövid üresedési időszakom volt az összes ingatlanomnál, kivéve egy tévedésből megvásárolt felsőkategóriás luxusterületet.

Olumide Ogunsanwo: [Wow]

Achani Samon Biaou: Íme egy másik fontos pont: Ha bérelhető ingatlanokba való befektetésről van szó, fontos észben tartani, hogy a bérbeadásra választott háznak nem feltétlenül olyannak kell lennie, amelyben Ön elképzeli, hogy benne lakjon. A luxus- vagy felsőkategóriás ingatlanok gyakran nem hozzák meg a kívánt pénzügyi megtérülést, mivel a bérbeadásból származó bevétel gyakran nem indokolja a kapcsolódó kiadásokat. Ehelyett fontolja meg alternatív utak felfedezését. Például Dél-Afrikában egy egyetem közelében lévő meglévő ház átalakítása kis stúdió jellegű egységekre lenyűgöző, 20%-os megtérülést eredményezhet, feltéve, hogy ezt aprólékos üzemeltetési irányítás kíséri.

Olumide Ogunsanwo: Lenyűgöző visszatérések. Milyen típusú lakást vásárolt?

Achani Samon Biaou: A célvásárlóm az alsó-középosztály volt, és a lehető legkisebb 1 hálószobás egységekre összpontosítottam. A felső kategóriás ingatlanoknak nem volt értelme a pénzforgalom generálására, az alacsonyabb kategóriás ingatlanokhoz pedig olyan szintű helyszíni erőfeszítésre volt szükség, ami engem nem érdekelt. Az alsó középosztályon belül olyan személyeket céloztam meg, akik csak pályakezdők, vagy akik egy alacsony mobilitási örvényben ragadtak, de még mindig foglalkoztathatók. Megengedhettek maguknak egy 1 hálószobás egységet. Az ingatlanaim megkülönböztetésére olyan fejlesztőktől vásároltam, akik vonzó kényelmi szolgáltatásokkal rendelkeztek a birtokon belül, mint például egy Montessori iskola, egy nagy medence és egy helyszíni edzőterem. Dél-Afrikában az ilyen felszereltségű birtokok vagy komplexumok nagyon keresettek, ami befolyásolja a bérleti keresletet.

A kínálati oldalon a fejlesztők végezték el az alapmunkát. Tudták, hol lesz a következő vonatvonal, hol építi a Deloitte következő központját, és hol lesz a következő iskola. Leginkább megbízható fejlesztőkkel működtem együtt a helyszín, a pontos befejezés, a minőségi befejezés és a felszereltség tekintetében. A dél-afrikai ingatlanok fejlesztése szakaszosan történik, ezért gondoskodtam arról, hogy korán beruházzak, amikor az egységek még építés alatt álltak, és a tétova vásárlók alacsonyabban tartották az árakat. Korlátozott volt a kínálat és egészséges a kereslet. A szolgáltatásokhoz közelebb eső egységek a teljes fejlesztés befejezése után gyorsabban bérelhetők ki.

Az ingatlanokba történő befektetés számos tényező figyelembe vételével jár. A legjobb, ha kisebb ingatlanokkal kezdi, és aktívan kezeli azokat a bérlők keresése, a munkateher minimalizálása és a költségek nyomon követése érdekében olyan eszközök segítségével, mint az Excel. Az adókkal és az esetleges díjemelésekkel kapcsolatos tájékozottság szintén fontos.

Olumide Ogunsanwo: Összefoglalva tehát, az Ön bérbeadási befektetési stratégiája Dél-Afrikában az alacsony és közepes jövedelmű pályakezdőknek szánt egyszobás lakásokra összpontosított. Olyan fejlesztőkkel működött együtt, akik megfelelő kutatást végeztek, és megfelelő fejlesztéseket végeztek. Elemezte a felső határokat, az adókat, az inflációt és a valutaárfolyamokat. Nagyra értékelem azokat az elveket, amelyeket itt kiemel.

Achani Samon Biaou: Ha nem mentem volna át mindezen, nem tanultam volna meg ezeket az értékes meglátásokat. Úgy vettem volna meg egy ingatlant, hogy nem értettem volna, hogy miért nem hoz eredményt, és elriasztottam volna a jövőbeli befektetésektől. Egy további szempont, amit szeretnék megosztani, és amely fő oka volt annak, hogy ingatlant vásároltam Dél-Afrikában, a megfizethetőség. Ezeket az 1 hálószobás egységeket mindössze 40 000 és 70 000 dollár között vásárolhatja meg.

Olumide Ogunsanwo: 1 hálószobás apartman ebben az árkategóriában. Ez jó lehet, ha a ROI beválik.

Achani Samon Biaou: Ez arra kényszerít, hogy a megfelelő kérdéseket tegye fel, figyeljen és tanulja meg a megfelelő leckéket. Ha a pénze veszélyben van, nagyobb valószínűséggel teszi fel a megfelelő kérdéseket. Továbbá, ha valami történik, vonja le a megfelelő tanulságokat belőle. A játékban a bőr létfontosságú. Dél-Afrikában jelenleg (jövedelemadó nélkül) 7% és 8% közötti megtérülést tudok elérni a bérleti díjból. Ez azt jelenti, hogy az adózás előtti hozam 10%+. Míg a felső kamatláb hasznos referencia az ingatlanhozamokhoz, a zsebében lévő nettó bevétel még mindig alacsonyabb az olyan kiadások miatt, mint az adók és az ügynöki díjak. A bérleti hozam mellett a tőkenövekedésből is profitálok. Az évek során jellemzően 3–7%-os éves növekedést tapasztalok a befektetésemen, és ez a tendencia legalább 7 évig folytatódhat, mielőtt kiegyenlítődik. Természetesen az eladás megfelelő időpontjának ismerete kulcsfontosságú. Ha mindezeket a tényezőket figyelembe vesszük, az ingatlanbefektetés lehet az egyik legjövedelmezőbb és sokak számára elérhető legalacsonyabb kockázatú befektetés.

Olumide Ogunsanwo: Rendben, Samon, most, hogy megértettük a stratégiád elejét és végét, beszéljünk a közepéről. Hogyan határozta meg a megvásárolni kívánt ingatlanok számát? Hogyan döntötted el, hogy mekkora legyen?

Achani Samon Biaou: [Smile] Örülök, hogy megkérdezted. Egyetértek azzal, hogy a középső a döntő. Kezdetben kísérletezni kellett, mert nem volt előzetes tudásom az ingatlanbefektetésről.

Olumide Ogunsanwo: Itt a kíváncsiság és az ambíció elve lép működésbe. Elég kíváncsi voltál a felfedezéshez, és elég ambiciózus voltál ahhoz, hogy megtanuld, mire van szükséged ahhoz, hogy eljuss a kívánt helyre.

Achani Samon Biaou: A stratégiám az volt, hogy nettó vagyonom 10-20%-át közép- és hosszú távú távon fektessem be, 80%-ot ingatlanra és néhány magas hozamú betétre összpontosítva. Felismertem gyengeségemet, ami az volt, hogy fegyelmezett befektetési stratégia nélkül a pénzt vagy nem produktív kiadásokra pazarolják, vagy tétlenül ülnek a folyószámlámon. A fegyelem fenntartása érdekében gondoskodtam arról, hogy a pénzemet folyamatosan felhasználjam. Beállítottam egy olyan rendszert, ahol a bankszámlámon soha nem volt több 1000 dollárnál a BCG-nél végzett teljes karrierem során.

Olumide Ogunsanwo: Érdemes megjegyezni, hogy mindezt akkor érte el, amikor a BCG-nél dolgozott, amely a világ egyik legigényesebb munkája. Felveti a kérdést, hogy másoknak milyen mentségük van arra, hogy munkavégzés közben nem kutatják a lehetőségeket? Samon nem mentegetőzött.

Achani Samon Biaou: Abszolút. Emberek, kérlek, ne keressenek kifogásokat. A BCG-nél dolgozni messze nem 9-5 munka volt. Gyakran 9:30-kor kezdtem dolgozni, és hajnali 2 körül feküdtem le. Most, visszatérve a történethez, mit jelentett ez a megközelítés? Ez azt jelentette, hogy éves tervem volt ingatlanvásárlásra, és elköteleztem magam a vissza nem térítendő betétek és a rövid lejáratú hitelkeretek mellett. Ez azt jelentette, hogy olyan ingatlanokért fizettem, amelyek megvásárlására már vállaltam. Naptárban vezettem Johannesburg és Fokváros összes érdekes új fejleményét. Ez azt jelentette, hogy amint a fizetésem megérkezett a számlámra, másnap átutalják valahova ingatlanvásárlásra vagy részvényekbe való befektetésre. Csak a havi 600-800 dolláros költséget láttam, ami fedezte az alapvető megélhetési költségeimet. Nem hevert tétlen készpénz, amely felesleges vásárlásokra csábítana. Ez a megközelítés tükrözte az értékalapú költekezésemet és esszencializmusomat.

Olumide Ogunsanwo: Nem tudnád visszautalni a pénzt a számládra?

Achani Samon Biaou: Nem, közvetlenül a fejlesztőhöz került. Az egész évre már befizettem a vissza nem térítendő betéteket, és csak feltöltöttem a befizetéseket. Ha nem tölteném fel, elveszíteném az ingatlant. Miután a pénzeszközök letétbe kerültek, nem tudtam visszahívni őket, hacsak nem volt jogi probléma. A lekötött pénzeszközöket még vészhelyzetben sem lehetett elterelni. Hitelkártyát használtam vészhelyzetekre.

Olumide Ogunsanwo: Értem. Az előzetes elkötelezettség kritikus.

Achani Samon Biaou: Pontosan. Hadd pontosítsam tovább. Vettem egy naptárt az összes érdekes új dél-afrikai fejleményről, és kiszámítottam a lehetséges hozamokat. Olyan kérdéseket tettem fel magamnak, mint például: "Valóban ígéretes ez a hely? Vannak-e tervek a vonatvonal meghosszabbítására?" Megbecsültem az éves teljes bevételemet a BCG-nél, majd tájékoztattam a fejlesztőket, hogy évente öt-tíz ingatlant fogok vásárolni. Ismertem minden jó hozamú ingatlant Dél-Afrikában, és világos tervem volt arra vonatkozóan, hogy évente hány ingatlant szeretnék megvásárolni, valamint azt, hogy mikor és mennyit kell átadnom a fejlesztőknek. Vannak, akik váratlan eseményekről kérdeznek, és én egyszerűen kezeltem őket. Magas fizetéssel szereztem egy hitelkártyát, amely pufferként szolgált a fizetések között.

Olumide Ogunsanwo: Azok, akik váratlan eseményeket használnak ürügyként, nem veszik észre a lényeget. A kiugró forgatókönyvek megoldása helyett a legvalószínűbb medián forgatókönyveket kell terveznünk, és rendelkeznünk kell biztosítással vagy védelemmel a kiugró helyzetekre. Például, ha csak azért vesz egy terepjárót, mert időnként négy barátját kell szállítania, még akkor is, ha az autója az esetek 99%-ában üres, akkor valószínűleg túlfizet a szállításért. Hasonlóképpen, ha azért fizet egy három hálószobás házért, mert a családja évente kétszer meglátogatja, vagy mert nem biztos benne, hogy a vendégeknek mikor kell nálatok szállniuk, pedig a hálószobák az esetek 99%-ában üresek, akkor valószínűleg túlfizetés a lakhatásért. Ez egy gyakori buktató a pénzügyi függetlenség felé vezető úton: az alulhasznosított eszközök kifizetése a rendkívüli forgatókönyvek megoldása miatt. Sajnos az extra hálószobák 5-10 évvel késleltethetik a pénzügyi függetlenség elérését.

Achani Samon Biaou: Teljesen egyetértek. Hadd foglaljam össze ezt a befektetési részt néhány kulcsfontosságú ötlettel. Először is szem előtt kell tartania a pénzügyi függetlenség elképzelését. Az én esetemben Dél-Afrikába akartam költözni, mert élveztem ott élni. Kiszámoltam a megélhetési költségeket, és elszámoltam a globális utazást, és hozzáadtam egy puffert. Ezután ezeket a pénzügyi célokat rövid távú, középtávú és hosszú távú célokra fordítottam. Kidolgoztam egy tervet a megélhetési költségek visszatérő bevételének generálására, amely magában foglalta 1 szobás lakások vásárlását, részvényekbe való befektetést, hogy 2+ éven belül nyereséget lehessen elérni, és angyal befektetéseket eszközöljek cégekbe 5+ éven belüli nyereség elérése érdekében. évek. Végül elkötelezettségi mechanizmusokat hoztam létre a terv fegyelmezett végrehajtásának biztosítására.

Olumide Ogunsanwo: Igen, amikor túlságosan elkényelmesedünk, önelégültek leszünk, és nem teszünk semmit.

Achani Samon Biaou: Az általam kidolgozott kötelezettségvállalási mechanizmus az volt, hogy előre fizettem a letétet. Tegyük fel, hogy öt ingatlant szerettem volna vásárolni, minden letéttel egy év alatt 5000 dollárba kerül. Januárban kifizettem a teljes 25 000 dollárt mind az öt ingatlanért, és ez a letét nem volt visszatéríthető. Nem volt mód arra, hogy kihátráljak. kíméletlenül kivégeztem. Eközben a megélhetési költségeimet értékalapú költekezés alapján kezeltem, havi 600-800 dolláros költségvetést határozva meg Dubaiban. Néhány hónapig meghaladta ezt, de nem kellett 800 dollárnál több költségvetést beterveznem, mert a hitelkártyámat használhattam a többlet fedezésére. Amikor megkaptam a következő fizetésem, beszámítom az adósságot, mielőtt a hitelkártya-terhek megérkeznének.

Ezután alapos kutatást végeztem, és ennek megfelelően módosítottam a modellemet. Kezdetben 2 szobás és 1 szobás ingatlant is vásároltam. Hamar rájöttem azonban, hogy a 2 hálószobás egységekben magasabb az üresedési ráta, mivel a gyerekes családok, akik általában bérelnek ilyen ingatlanokat, ritkábban költöznek, mint a fiatal párok vagy agglegények. Ez volt az első hibám, és megtanultam, hogy a 2 hálószobás lakások megtérülése még teljes kihasználtság mellett sem volt kedvező. Több ezer dollárt vesztettem, eladtam azokat az ingatlanokat, és újra befektettem a jövedelmezőbbekbe.

Olumide Ogunsanwo: Igen, pontosan erről beszéltünk – a célok kitűzése és az elforgatás. Kitűztél egy célt, elkezdted végrehajtani, és az előrehaladásod alapján módosítottál. A követés elengedhetetlen.

Emellett előfordulhatnak olyan esetek, amikor az emberek megkérdőjelezik a döntéseidet, és ez stresszes lehet, de mindig emlékezned kell a "miértedre". Samon „miért" az anyagi függetlenség vágya volt. Ezért viselte el a stresszt, hogy megtalálja a megfelelő partnereket, a megfelelő országot, például Dél-Afrikát, és a megfelelő típusú apartmanokat – egy hálószobás egységet. Azt fontolgatta, hogyan termeljen bevételt, kivel lépjen kapcsolatba, és milyen bérlőket vonzzon. Lehet, hogy ijesztően hangzik, de lefogadom, hogy ez nem volt annyira megterhelő Samon számára, mert világos volt a végcélja, és változtatásokat eszközölt, ahogy te haladtál felé.

Achani Samon Biaou: Egy dolog, amit korábban nem említettem, és ami jelentősen feldobta a lendületem, az volt, amikor néhány hónapon belül elkezdtem keresni az első 1000 dolláros passzív havi jövedelmem. Aztán 2000 dollárra nőtt, és folyamatosan nőtt. Még mindig dolgoztam a munkámban, és ragaszkodtam az értékalapú költekezéshez. A bérbeadásból származó bevételt több lakásba fektettem vissza. Biztonságérzetet adott, mert tudtam, hogy ha elveszítem is az állásomat, az egyik lakásomban lakhatok, a többitől pedig beszedhetem a lakbért. Kiteljesítő volt. Ezenkívül, mivel új bevételi forrásom volt, amelyet nem költöttem, finomhangoltam a pénzügyi modellem. Ma már minden évben vásárolhatok pár új ingatlant kizárólag az általam generált bérleti díjból. Az elmúlt években kényelmesen elhelyezkedtem Dubaiban, Párizsban vagy San Franciscóban, miközben a dél-afrikai ingatlanok gyakorlatilag megvásárolták magukat. Nem kell további pénzt befektetnem, hacsak nem döntök úgy, hogy sokat költök más dolgokra most, hogy a FIREDOM-ban vagyok [Smile].

Olumide Ogunsanwo: Hihetetlen. Milyen történet. Ha összefoglalná a legfontosabb tudnivalókat azoknak az embereknek, akik megértik, hogy az ingatlan a bevételszerzés egyik módja, de félnek vagy bizonytalanok, hogy mit tegyenek, mik lennének?

Achani Samon Biaou: Először is szerezzen alapfokú oktatást az adott helyszínről és a befektetés típusáról. Tanulja meg, hogyan kereshet pénzt ingatlanbérléssel, értse meg a hozamot és a tőke felértékelődését, és ismerkedjen meg a tipikus kiadásokkal. Olvass annyit, amennyit az interneten találsz. Másodszor, összpontosítson átfogó stratégiájára. Mik a pénzügyi függetlenségi céljai? Az ingatlan megfelel ezeknek a céloknak? Az ingatlan jó választás lehet, de sok más lehetőség is megfelelhet Önnek. Ha ingatlan mellett dönt, kezdjen el célzott kutatásba. Mely országokat érdemes figyelembe venni? Milyen típusú ingatlanok? Ne elégedjen meg az általános információkkal; speciális ismereteket keresni.

Olumide Ogunsanwo: Ne korlátozza magát arra, hogy csak ott keressen ingatlant, ahol él. Ne gondolja, hogy csak azért, mert Denverben, Colorado államban lakik, birtokolnia kell ott ingatlant. Ez a közvetett FOMO egy formája. Az, hogy Denverben élsz, nem jelenti azt, hogy ott ragadsz. Samon Dubaiban volt, és ingatlant vásárolt Dél-Afrikában. Ne feledje, hogy globális polgárként korlátlan potenciállal rendelkező emberi lény vagy. Gondolkodj kiterjedten.

Achani Samon Biaou: Ingatlanba is fektettem be az Egyesült Királyságban, és feltártam a lehetőségeket Atlantában. Fontos, hogy tájékozódjon ezekről a lehetőségekről. Kezdje a pénzügyi ismeretekkel és a célok kitűzésével. Végezzen alapos átvilágítást a terület szakértőjeként. Kérjen tanácsot hálózatában olyan személyektől, akik ismerik az ingatlanbefektetéseket. A négy vagy öt emberrel folytatott konzultáció elegendő információt nyújt a hatékony stratégiákról és a lehetséges buktatókról. Miután meghatározta az ügylet egy bizonyos típusát, például a módosítást vagy a vétel-tartás-eladást, gyűjtse össze a kezdeti adatpontokat a kísérletezéshez. Próbálja ki stratégiáját minimális költséggel, de úgy strukturálja fel a kísérletet, hogy kudarc esetén érezze a hatását.

Olumide Ogunsanwo: Igen, alacsony költséggel, de némi bőrrel a játékban. Az Ön dollár- és időbefektetése.

Achani Samon Biaou: Pontosan, dollár és idő. Sajnos a világ tele van csalókkal. A YouTube-on vagy a Twitteren találtak körülbelül 90%-a hamis, vagy szándékosan hiányos, mert mindenki megpróbálja felkelteni a figyelmét. Ahhoz, hogy valóban megértsd, gyakorlati tapasztalatra van szükséged. Ne hagyatkozzon csak másokra a tudásáért.

Olumide Ogunsanwo: [Nevetés] Kiabálj a YouTube-on és a Twitteren.

Achani Samon Biaou: [Mosoly] Teljesen. Mindenki azt mond, amiről úgy gondolja, hogy felkelti a figyelmét. Ki kell jutnod, és valódi tapasztalatot kell szerezned. Ellenkező esetben megégetheti magát.

Harmadszor, nincsenek parancsikonok. Vannak, akik azt kérdezhetik: "Csak adj nekem három dolgot." Nos, a három dolog, amit javaslok, az én tapasztalatomon alapul. Valószínűleg lesz még három dolog, ami kifejezetten rád vonatkozik. Ne félj saját tapasztalatokat szerezni ahelyett, hogy mindig másoktól tanulhatsz.

Negyedszer, tanulj. Ha befektet Dél-Afrikába, és pénzt veszít anélkül, hogy leckéket venne, akkor valóban mindent elvesztett. Még ha pénzt veszít is, tanuljon belőle. Ne vonj le érzelmi vagy felületes következtetéseket.

Feltételezem, hogy ezen a szinten mindenki rendelkezik egy kis kritikai gondolkodással. Ha ingatlana nem vonzza a bérlőket, ne vonjon le olyan elhamarkodott következtetéseket, mint „Ó, Dél-Afrika teljes pazarlás". Próbáld megérteni, miért nem kapott bérlőt, és hogy mások sikeresek-e. Hogyan vonzzák a bérlőket? Ezzel értékes betekintést nyerhet abba, hogy az egység miért nem vonzza a bérlőket. Még mindig dönthet úgy, hogy visszavonja a befektetését, de ezt legalább a „miért" teljes megértésével teszi.

Ötödször és végül hozzon létre kötelezettségvállalási mechanizmusokat. Mindannyian szembesülünk kísértésekkel. Csökkentse minimálisra az elvégzendő munkát azáltal, hogy olyan helyzetekbe helyezi magát, ahol még csak gondolnia sem kell rá. Az én esetemben vállaltam, hogy meghatározott számú ingatlant vásárolok, és tetemes, vissza nem térítendő kauciót fizettem, ami megnehezítette a meggondolást.

Befejezésül, az üzleti iskola befejezése után elindultam az anyagi függetlenség felé vezető úton. Kezdetben volt egy naiv modellem, amelynek célja az volt, hogy a tanácsadást követő két éven belül elérjem az anyagi függetlenséget, majd iskolákat építsek alacsony jövedelmű diákok számára. Azt hittem, hogy az életem célja nemesebb és értelmesebb törekvések folytatása a pénzkeresésen túl. Az egészségem azonban átértékelésre kényszerített. Rájöttem, hogy semmi sem garantált, és anyagilag szabad akartam lenni, hogy az igazán fontos dolgokra tudjak koncentrálni. Ekkor készítettem egy Excel-modellt a vállalati életből való leggyorsabb kilépés eléréséhez. Végrehajtottam a tervemet, megragadtam a lehetőségeket, és a BCG-nél töltött körülbelül öt év után a harmincas éveim közepén elértem az anyagi függetlenséget.

Olumide Ogunsanwo: Hadd ismételjek meg valamit, ami fontos a közönségünk számára. Nem azt javasoljuk, hogy az olvasók vásároljanak 1 hálószobás lakásokat Dél-Afrikában, mint Samon tette. A legfontosabb dolog az, hogy felvázoljunk egy jövőképet és tervet a pénzügyi függetlenségre vonatkozóan. Készítsen rövid és hosszú távú tervet, és kezdjen el cselekedni, miközben az út során alkalmazkodik, ahogy új információkhoz jut. Valójában azon vitatkoztunk, hogy belefoglaljuk-e Samon ingatlanbefektetéseinek részleteit a könyvbe, hogy elkerüljük, hogy az emberek túlzottan a taktikára összpontosítsanak a fontosabb átfogó jövőkép és stratégia helyett.

Ha történeteinket olvassa, és arra gondol, hogy meg kell próbálnia megismételni a harmincas évei közepén elért pénzügyi függetlenség felé vezető utat, akkor eltéveszti a lényeget. A cél nem az anyagi függetlenség felé rohanás. A cél az, hogy a saját feltételeid szerint éld az életet. Ezt folyamatosan hangsúlyozzuk, mert még nekem sem volt előre feltérképezve az életem. Volt egy elképzelésem, és nyitott voltam a lehetőségekre. Például, ha nem beszéltem volna Michael Sunnal, nem jelentkeztem volna az MIT-re. Ha nem szembesültem volna kihívásokkal a munkám során, nem mentem volna Oxfordba. Északi csillagom volt, nem előre megtervezett élettérképem. Az északi csillag szándékosan és hitelesen élt és él.

Ez az, amit ki kell venni ebből a könyvből. Hogyan élheted azt az életet, amire igazán vágysz? Milyen intézkedéseket kell tennie? Milyen értékeket kell előnyben részesíteni? A későbbiekben megvitatjuk a bevétel és a bevétel egy cél érdekében történő generálásának konkrét taktikáját. De a gondolkodásmód és a célok kitűzése a legfontosabb. Hinned kell, hogy az FI lehetséges számodra.

Ahogy a könyvben korábban említettem, a várható élettartam a fejlődő országokban 50 év körül van, míg a fejlett országokban 70-80 év. Figyelembe véve ezt a korlátozott időkeretet, ha már a 20-as vagy 30-as éveidben járod, és ezt a könyvet hallgatod, korlátozott idő áll rendelkezésére egy tartalmas és teljes életet teremteni. Szóval miért ne lenne bátor és próbálna ki valami mást? Mi a legrosszabb, ami történhet? Jobb céltudatos életet élni, mint egyszerűen az áramlással haladni, mert lehet, hogy nem oda vezet, ahová igazán szeretnél.

Achani Samon Biaou: Éld igazán az életed. Gondoljon az anyagi függetlenségre úgy, mint arra, hogy megszabaduljunk attól az előre meghatározott úttól, amelyet az élet gyakran ránk szab. A hagyományos módszer szerint dolgozzunk 65 vagy 70 éves korig, majd menjünk nyugdíjba. Vannak, akik 65 éves korukig dolgoznak, és jelentős vagyont halmoznak fel, mégis elveszettnek érzik magukat, mert soha nem volt alkalmuk felfedezni valódi identitásukat vagy szenvedélyeiket.

A pénzügyi függetlenség lehetővé teszi a forgatókönyv átírását. Nem kell 70 éves koráig várnod, hogy megkérdezd magadtól: "Ki vagyok én?" vagy "Hol akarom tölteni a vakációmat?" Ehelyett aktív éveid elején fordítsd meg a forgatókönyvet. Kezdje azzal, hogy megértse, ki vagy, és mi okoz igazán örömet. Képzeld el, hogy végtelenségig csinálsz valamit, amit szeretsz, függetlenül a pénzbeli ellenszolgáltatástól. Ezután gondolja át, hogyan érheti el ezt a pontot a lehető leggyorsabban anélkül, hogy folyamatosan a pénz miatt aggódna. Ez volt a késői pályafutásom története az üzleti egyetem után.

Olumide Ogunsanwo: Nagyra értékelem, hogy megosztotta figyelemre méltó történetét. Ahogy elindulsz az anyagi függetlenség felé vezető úton, egyre nagyobb kényelmet, izgalmat és boldogságot fogsz tapasztalni. Az önbizalmad szárnyalni fog, amint tanúja lesz a fejlődésének. Agyunk úgy van bekötve, hogy örömet szerezzen nekünk, amikor érezzük, hogy haladunk vágyaink felé. Mindez azonban csak akkor történhet meg, ha megteszi ezt a döntő fontosságú első lépést. Elkezdés nélkül soha nem érheted el a beteljesülés odáig. Ezért arra biztatlak, hogy kezdje el még ma. Valójában azonnal kezdje el. Tedd félre ezt a könyvet, és kezdj el meggyőző víziót alkotni, és mindennapi lépéseket tenni a pénzügyi jövőd érdekében. Találkozunk a következő fejezetben!

6C: A bevételmaximalizálás elvei és az értékalapú kiadások

Olumide Ogunsanwo: Üdvözöljük ebben a fejezetben, ahol a bevételmaximalizálás és az értékalapú kiadások elveit tárjuk fel. Három részre bontjuk: az alapelvek meghatározása, annak megvitatása, hogyan gyorsítják fel az anyagi függetlenséget, és források ajánlása a további tanuláshoz. Kezdjük a bevétel maximalizálásával.

Achani Samon Biaou: Az analógiákat hasznosnak találom a fogalmak jobb megértéséhez. Valószínűleg ismeri az induló vállalkozásokat, és azt, hogy hogyan szereznek pénzt a befektetőktől. A vállalat értékét a megítélés határozza meg. Most képzelje el magát egy meghatározott értékeléssel rendelkező startupnak. A bevételmaximalizálás az a folyamat, amikor felfedezzük valódi értékünket, és kitaláljuk, hogyan kaphatunk érte fizetést.

Olumide Ogunsanwo: A bevétel maximalizálása az egyik legbefolyásosabb tényező, ha nem a legbefolyásosabb az anyagi függetlenség felé vezető úton. Bár az anyagi függetlenséget még alacsonyabb jövedelemmel is el lehet érni, ez általában nagyobb kihívást jelent. Akkor miért nem használja fel legnagyobb eszközét – emberi képességét – a bevételszerzésre? Ezt vizsgáljuk ma: a bevétel maximalizálását. Arra buzdítom az olvasókat, hogy fedezzék fel a rendelkezésükre álló gazdagságépítési lehetőségek sokaságát. Kezdje azzal, hogy értékelje azokat a lehetőségeket, amelyek összhangban vannak tudásával, készségeivel, érdeklődési körével, környezetével és kapcsolataival. Íme néhány út a vagyonteremtéshez:

Először is ott van a hagyományos munka vagy karrier. Idejét és készségeit felcseréli egy cég fizetésére. A foglalkoztatás biztosíthat állandó jövedelmet, de nem biztos, hogy ugyanazt a növekedési potenciált kínálja, mint a vállalkozás.

Másodsorban ott van a vállalkozói készség és az önfoglalkoztatás. Olyan termékeket vagy szolgáltatásokat fejleszthet, amelyek javítják az ügyfelek életét, például könyveket, tanfolyamokat, blogokat, podcastokat, vagy akár franchise-t is indíthat. Egy másik lehetőség a szakmai praxis létrehozása, például orvos, ügyvéd, könyvelő stb. Alternatív megoldásként kínálhat olyan szolgáltatásokat, mint a szabadúszó, coaching, tanácsadás, vagy akár részt vehet a koncertgazdaságban. A vállalkozás a vagyon felhalmozásának kifizetődő módja lehet, bár nagyobb a kudarc kockázata.

Ez az első két lehetőség előzetes tőke nélkül is megvalósítható. Ezen túlmenően a vagyonteremtés harmadik útja olyan befektetéseket jelent, amelyek induló tőkét igényelnek. A befektetések idővel állandó jövedelmet hozhatnak, de az anyagi veszteség kockázatával is járnak. A 6A fejezetben az ESIPL keretrendszer szerinti befektetési típusokat érintettük, beleértve a nyilvános piaci befektetéseket, ingatlanokat, kockázati tőkét, magántőkét, angyal befektetést, kriptovalutákat, árukat, devizakereskedést, gyűjtőket, peer-to-peer hitelezést és betétszámlákat. érdeklődés. Ezért inkább a foglalkoztatási és vállalkozói utakra fogunk koncentrálni, röviden érintve az állami piaci befektetéseket és az ingatlanokat, mivel ezek sokak számára a legígéretesebb befektetési lehetőségek.

Szándékosan kizártam a szerencsejátékokat, az ajándékokat, a támogatásokat, a váratlan eseményeket, a biztosítási kifizetéseket, a lottónyereményeket és az öröklést, mint vagyonnövelési lehetőséget, mivel a FIREDOM a jólét növelésének szisztematikus és fenntartható módjaira összpontosít, nem pedig a szerencsés és ritka eseményekre.

Ezek a lehetőségek nem zárják ki egymást, és egyszerre több út is járható. Ezenkívül az itt említett példák a rendelkezésre álló lehetőségeknek csak töredékét képviselik. A vagyonteremtés kulcsa abban rejlik, hogy valami értékeset kínáljunk, amire mások vágynak vagy szükségük van. Ebből kifolyólag soha nem lehet kimerítő listát a vagyonteremtési lehetőségekről, hiszen az emberi szükségletek folyamatosan fejlődnek, és minden nap új lehetőségek nyílnak meg a vagyonteremtésre.

Achani Samon Biaou: Abszolút. Nagyra értékelem, ahogyan kidolgoztad. Könnyen érthető és kézzelfogható, különösen azok számára, akik most kezdik, vagy akiknek kreatívnak kell lenniük ebben a folyamatban.

Még egy dimenziót szeretnék hozzáadni: az értékelés szempontját. Karrierje bármely pontján képesnek kell lennie arra, hogy leüljön és megkérdezze magától: mennyit ér az egész életem szellemi tőkéje, energiája és karaktere? Ez egy kihívást jelentő kérdés megválaszolása. Itt jön a következő lépés – az értékelési módszerek kidolgozása, hasonlóan ahhoz, amit Olumide említett. Hadd osszam meg a saját példámat: Amikor a Deutsche Telekomnál műszaki tanácsadóként dolgoztam, számítástechnika és elektromérnök mesterképzést szereztem. A problémamentes útlevél miatt a földrajzi rugalmasság és az utazási lehetőségek előnye volt számomra. Ezért fel tudtam mérni, mennyit érhetek az általad említett kategóriák mindegyikében, Olumide. Az én esetemben az első kategóriába tartozó munkám volt.

Olumide Ogunsanwo: Igen, fontos figyelembe venni, hogy milyen fizetésre számíthat képességeivel.

Achani Samon Biaou: Így van. Fontos, hogy elemezze saját képességeit, és feltárja, hogyan maximalizálhatja készségeit a magasabb bevétel érdekében. Szánjon egy pillanatot arra, hogy gondolja végig, mekkora bevételt érhet el az Olumide említett kategóriáiban. Hadd mondjak egy példát a saját tapasztalataimból. Lehetőségem volt számos országot ellátogatni és több nyelvet beszélni, valamint egy jó hírű európai egyetemen szereztem diplomát. Megkérdőjeleztem valódi értékemet, és rájöttem, hogy ugyanazt a munkát végezhetem egy adómentes országban, amely megfelel az utazás iránti szeretetemnek. Megbecsültem a lehetséges különbséget.

Olumide Ogunsanwo: Elemezte a körülményeit, és azonosította azokat az eszközöket, amelyek segítségével maximalizálhatja bevételét.

Achani Samon Biaou: Pontosan. Arról van szó, hogy elemezze jelenlegi képességeit, és mérlegelje, milyen további szellemi javakra tehet szert, hogy magasabb lehetőségekhez jusson. Ezt nevezem én bevételtudatossá válásnak, amit sokan figyelmen kívül hagynak. Például néhányan megkérdezik tőlem, hogyan lehet több pénzt keresni, de amikor azt javaslom, hogy fedezze fel a könnyed vagy adómentes országokat, azt várják tőlem, hogy adjak egy listát. Ha listát kér, előfordulhat, hogy hiányzik a meghajtó. Az információ elérhető az interneten – kezdeményezze, hogy saját maga keresse meg.

Vannak, akik túllépnek az adómentes országkeresésen, és konkrét városokra koncentrálnak. Olvasnak a megélhetési költségekről, és gyorsan elvetik az ötletet, mert felületes kutatások alapján túl magasnak tűnik. A megélhetési költségek azonban szubjektívek, és szinte bárhol kezelhetők. Például annak ellenére, hogy Dubai magas megélhetési költségeiről ismert, sikerült megélnem havi 800 dollárból.

Olumide Ogunsanwo: Ott van az átlagos megélhetési költség, és ott van a megélhetési költségek is. Ez a tágabb fogalom mikrokozmosza ebben a könyvben. Ott van az átlagos pénzügyi utazás és az anyagi függetlenség felé vezető utazás, amely lehet a húszas, harmincas, negyvenes, szemben a hetvenes-nyolcvanas éveivel. Ne hagyja, hogy előzetes elképzelései korlátozzák a bevételmaximalizálás és a vagyonteremtés kutatását. Előfordulhat, hogy háttere és elfogultságai nem illeszkednek az Ön számára elérhető legjobb lehetőségekhez. A múltad nem határozza meg a lehetőségeidet.

Tegyük fel, elméletileg az apja étteremtulajdonos volt. Már készen áll arra, hogy az éttermek tulajdonlásán gondolkodjon, mint a bevétel maximalizálásának eszközeként, de talán valóban rendelkezik olyan intellektuális képességekkel, amelyek alkalmasabbak lehetnek ingatlanbérleti befektetésekre. Valójában jobban járhat, ha vállalati állást kap egy adott területen, amelyet valóban élvez, és több pénzt kereshet. Ha már dolgozik, feltételezheti, hogy a munka a legjobb módja a pénzszerzésnek. Talán nem. Lehet, hogy valóban rendelkezik veleszületett készségekkel, adottságokkal és kapcsolati körülményekkel egy csodálatos üzlet felépítéséhez. Hasonlóképpen, a vállalkozók azt állíthatják, hogy a vállalkozás elindítása a gazdagsághoz vezető végső út, de ez nem biztos, hogy mindenkinél így van.

Nincs a legjobb módja a pénzszerzésnek, de lehet, hogy a legjobb módja annak, hogy pénzt keressen jelenlegi és potenciális tudása, készségei, kapcsolatai, körülményei és környezete alapján. Vizsgálja meg az összes vagyonteremtési lehetőséget, és legyen nyitott a folyamatos értékelésre, kísérletezésre és alkalmazkodásra.

Kerülje el mások vagyonteremtési stratégiáinak elutasítását, különösen akkor, ha nem érti őket teljesen. Ez egyszerűen a saját elfogultságaid tükröződése. A részvényekbe fektetett valaki lekicsinyelheti az ingatlant, mert nem akar megbirkózni a kihívásaival, míg egy vállalkozó elveti a gondolatot, hogy valaki másnak dolgozzon. Mindannyiunknak megvannak a saját preferenciái, de fontos, hogy tiszteljük és értékeljük mások döntéseit a saját körülményeik alapján.

Megvannak a saját elfogultságaim. Elsősorban a vállalati karriert és a részvénybefektetést használom bevételszerzésre, de nem tisztelem a vállalkozókat, az ingatlanbefektetőket és mindenkit, aki más vagyonfelhalmozási stratégiát követ. Mindannyian testvérek vagyunk, és megpróbáljuk kitalálni, mely lehetőségek a legmegfelelőbbek számunkra.

Achani Samon Biaou: Szeretnék ehhez hozzáfűzni néhány pontot. Először is, ne ragadjon bele az elemzési bénulásba. Ha kurzusokat keres, és az árak széles skáláját kínálják, ne töltsön túl sok időt az elemzéssel anélkül, hogy döntést hozna. A kockázatvállalás és a kudarcokból való tanulás értékes betekintést nyújthat a vállalandó kockázatokba. Másodszor, ügyeljen az előítéletekre. A startup alapítói azt állíthatják, hogy ez a leggyorsabb út a meggazdagodáshoz, de a valóság az, hogy a legtöbb startup elbukik. Másrészt, ha több éves értékalapú költekezés után partnerré válunk egy tanácsadó cégben, az jelentős vagyonfelhalmozáshoz vezethet.

Olumide Ogunsanwo: [Smile] És a partnernek nem kellett álmatlan éjszakákat töltenie az ügyfelekre, a termékekre és a termék piacra való illeszkedésére gondolva. Mindannyiunknak proaktívabbnak kell lennünk a lehetőségek felkutatásában. Ne ragaszkodj túlságosan a jelenlegi pályádhoz, különösen, ha olyan, amelyre a körülmények miatt kötöttél ki. Ahelyett, hogy lenéznénk a különböző vagyonépítési megközelítéseket, támogassuk a kíváncsiságot és annak megértését, hogy az emberek miért választanak alternatív utakat.

Achani Samon Biaou: Egyetértek. Hadd mondjak egy példát ennek illusztrálására. Még 2022 júniusában, amikor Bay Area-ben jártam, Uberutat vettem, és beszélgetést kezdeményeztem a sofőrrel. Ez része volt annak a törekvésemnek, hogy megértsem a különböző élettapasztalatokat. Csevegésünk során rájöttem, hogy a sofőr, akinek felesége és gyermeke volt, normál heti 40 órás munkát végzett. Stratégiailag a repülőtéri utazásokra összpontosított, és olyan helyek közelében helyezkedett el, mint a Googleplex, a Meta campus vagy a repülőtér a csúcsidőben, hogy maximalizálja bevételeit. Nem szokványos munkája ellenére figyelemreméltó havi 12 000 dollárt keresett.

Olumide Ogunsanwo: Hú, hihetetlen.

Achani Samon Biaou: Ez csak azt mutatja, hogy a nem szokványos munkák és az olyan mellékes nyüzsgések, mint az Uber vezetése, magas jövedelmet eredményezhetnek. Például, ha már dolgozik a Google-nál, és szereti a társasági életet, megfontolhatja, hogy szabadidejében az Uberhez vezessen, hogy további bevételeket szerezzen. Akár az Uber-sofőrként szerzett tapasztalatait is dokumentálhatja blogírással, podcastokkal vagy írással, így tovább növelheti bevételeit.

Olumide Ogunsanwo: Ez a koncepció a korábban tárgyalt tágabb elvekhez kapcsolódik. Ha előmozdítja a kíváncsiságot és az ambíciót, hogy felfedezze a jelenlegi pályáját, alternatív módszereket fedezhet fel bevétele maximalizálására. Érdemes más lehetőségeket is fontolóra venni, ahelyett, hogy ragaszkodna a hagyományos munkához, és szabadidejét olyan tevékenységekkel töltené, mint a Netflix és az Instagram görgetése. További bevételi források keresése felgyorsíthatja az anyagi függetlenség felé vezető utat. A kockázatvállalás és a kísérletezés bátorságot követel, de ez nem feltétlenül jelenti azt, hogy feladja jelenlegi szerepét, hogy más utakat keressen a bevételszerzésre. Például, ha van egy étterem, miért ne hozna létre egy kiegészítő terméket, például egy éttermi blogot? A kulcs a kíváncsiság megőrzése és a cselekvés bátorsága. Mindenkinek meg kell határoznia azokat a vagyonteremtési lehetőségeket, amelyeket pénzügyi céljai elérése érdekében követni fog.

Achani Samon Biaou: Köszönöm. Szeretnék hozzátenni egy másik nézőpontot. Ha nem érzi magát kényelmesen úgy értékelni, mint egy vállalkozást, legalább fontolja meg, hogy befektetőként gondolja magát, hogy maximalizálja bevételét. Íme egy három lépésből álló megközelítés: Először kutasson és azonosítson vagyonteremtési lehetőségeket a környezetében. Másodszor, szánja rá idejét, energiáját és egy kis kezdeti pénzét, ha szükséges, e lehetőségek valamelyikére. Még egy kis befektetés is felhívhatja figyelmét, tanulási és optimalizálási erőfeszítéseit. Harmadszor, ha talál egy megbízható lehetőséget, vegye fel a bevételt generáló melléktevékenységek portfóliójába, majd kezdje el újra az új vagyonteremtési lehetőségeket.

Például, amikor megérkeztem Lagosba, nagyon keveset tudtam a városról. De néhány napon belül elkezdtem értékelni a különféle bevételszerzési lehetőségeket. Olyan kérdéseket tettem fel, mint: Mennyit kereshet a McKinsey-nél? Mi a helyzet egy bankkal vagy egy startuppal? Mi van, ha van egy Uber-autó, és sofőrt bérel? Mi a helyzet a kriptovalutákba történő befektetéssel? Amikor valaki ingatlant ajánlott Lagosban, alaposan átnéztem a számokat. A dél-afrikai befektetésekkel kapcsolatos tapasztalataim alapján összehasonlítást tudtam végezni, és gyorsan megállapítottam, hogy Nigériában az ingatlanvásárlás nem a legjobb megoldás. Fontos, hogy elkerülje, hogy egyetlen nézőpont befolyásolja, és vegye figyelembe saját tapasztalatait és meglátásait.

Végül felfedeztem egy hitelezési üzleti lehetőséget, amely felkeltette az érdeklődésemet. Biztonságos visszatérítést kínált USD-ben. A kölcsönző cégnek bőre volt a játékban, így nem engedhették meg maguknak, hogy túl sok rossz kölcsön legyen a platformjukon. A vizek tesztelésére egy kis összeget, 20 000 dollárt különítettem el a lehetőségre. A részletekbe a vezérigazgatóval való találkozás, az egységgazdasági áttekintés, a jelenlegi ügyfelek felmérése, pénzügyi helyzetük és kockázatértékelési módszertanának vizsgálata során mélyedtem bele. Nem kell kockázati tőkésnek lenni ahhoz, hogy feltedd ezeket a kérdéseket. Ha valami túl szépnek tűnik ahhoz, hogy igaz legyen, például egy ígéret, hogy megduplázza a pénzét, amikor a tényleges befektetési hozam csak 20%, akkor egyértelmű, hogy potenciális piramisjátékkal van dolgod.

Olumide Ogunsanwo: [Nevetés]

Achani Samon Biaou: Azért hoztam fel ezeket a példákat, hogy megkönnyítsem a kifogásokat kereső emberek dolgát. A bevétel maximalizálása érdekében befektetőként való gondolkodáshoz nincs szükség fejlett matematikai vagy pénzügyi ismeretekre. Ha tudja, hogyan kezelje fizetését, hogy fedezze a lakbért, és még mindig marad pénze, akkor megértheti az alapvető pénzügyeket. De a kulcs az, hogy túllépjünk az elméleten, és valóban legyen bőr a játékban. A Skin in the game felszólít arra, hogy tegye fel a megfelelő kérdéseket, és értse meg az üzletet. Jó befektetővé válni nem megy egyik napról a másikra. Ciklusokon kell keresztülmennie, és talán még kudarcot is kell tapasztalnia. Nem számíthatsz arra, hogy azonnali befektetővé válsz, miközben a nappalidban heverészel, egyik oldalon a Netflix, a másikon pedig valami véletlenszerű alkalmazás.

Olumide Ogunsanwo: Néha hallom, hogy emberek önpusztító nyelvezetet használnak ürügyként, hogy elkerüljék a vagyonteremtési lehetőségek felfedezését. Például lehet, hogy valaki bérelhető ingatlanokba szeretne befektetni, de elveti az ötletet, mondván: "Nem tudom, kezdhetem-e most. Talán öt vagy tíz év múlva." Vagy azt gondolhatják: "Ennek a személynek, aki sikeres a bérbeadásban, okosabbnak kell lennie, és jobb kapcsolatokkal kell rendelkeznie, mint én." Arra bátorítom az embereket, hogy olvassák el a könyv korábbi részében az önbizalomról és az önbizalomról szóló fejezeteket, hogy legyőzzék ezeket a kifogásokat.

Achani Samon Biaou: Örülök, hogy elkezdhetem. Bevándorlóként fontos felismerni hatalmát és korlátait. Erőnk abban rejlik, hogy nem kell egy bizonyos státuszhoz ragaszkodnunk. Nem cipeljük annak az országnak a kulturális poggyászát, ahová bevándorolunk, és ezt az előnyünkre kell fordítanunk. Amikor más országokba költözünk, el kell döntenünk, hogy mely szokásokat szeretnénk átvenni vagy elvetni. Például egy olyan helyen, mint Dubai, ahol nagy a luxus, csábító egy Lamborghini vásárlása, hogy elférjen. De ez beleesik abba a csapdába, hogy a hovatartozás kedvéért vásárol valamit.

Olumide Ogunsanwo: Igen, a pénzügyi függetlenség felé vezető úton a legnagyobb akadály a FOMO, és ez kiváló példa rá. Lehet, hogy nem is szereted a luxusautókat, mégis veszel egyet, mert másoknak megvan. De mi van akkor, ha az ő céljaik és értékeik eltérnek a tiédtől? Olyan úton indulsz el, amely nem igazodik a valódi értékeidhez, és ez elégedetlenséghez vezethet.

Achani Samon Biaou: Ha olyan országba költözik, ahol magas az egy főre jutó vagyon, fontos, hogy saját céljait és törekvéseit helyezze előtérbe ahelyett, hogy egyszerűen követné a helyi szokásokat. Előfordulhat például, hogy az Egyesült Arab Emírségekben nem talál emirátusi taxisofőröket vagy pincéreket. Ha megérkezik oda, és az észlelt státusz miatt elvet az olyan lehetőségektől, mint például a taxisofőr, akkor elképzelhető, hogy figyelmen kívül hagyja a pénzügyi növekedés lehetséges útjait. Hasonlóképpen, Amerikában széles körben támogatják a hitelkártyákat, de ez nem jelenti automatikusan azt, hogy ez a legjobb pénzügyi szokás. Bár előfordulhatnak olyan érvényes esetek, mint például a hitelkártyák felelősségteljes használata pontszerzésre vagy vállalkozásokba való befektetésre, kulcsfontosságú, hogy az egyes helyzeteket egyéni körülményei és pénzügyi céljai alapján értékelje.

Olumide Ogunsanwo: [Nevetés] Mi van, ha a hitelkártyámmal veszek egy száz hüvelykes tévét, amit nem engedhetek meg magamnak?

Achani Samon Biaou: [Nevetés] Kívülállóként, emigránsként vagy bevándorlóként döntő fontosságú az erős és koncentrált gondolkodásmód ápolása. Találkoztam Európában élő afrikai barátokkal, akik aggodalmukat fejezték ki amiatt, hogy az Öböl-menti országokba költöznek, és hogy a nők kendőt vagy hidzsábot viseljenek. Válaszul kettős megközelítést sürgetek. Először is alkalmazzon kritikai gondolkodást, és elmélyítsen túl a mainstream média által közölt információkon vagy hallomáson, amikor ilyen jelentős döntést hoz. Végezzen alapos kutatást, még a kérdéses hely meglátogatását is, hogy különbséget tegyen a tévhitek és a valós valóság között.

Másodszor, fogadjon el önálló gondolkodást, és értékelje a dolgokat saját értékei alapján. Bár a kényszerű fejkendőviselés fogalma félrevezető lehet, fontos megjegyezni, hogy nem mindenki köteles viselni. Egy egyszerű internetes keresés vagy böngészés a közösségi média felületein feltárja azokat az egyéneket, akik szabadon kifejezhetik döntéseiket, beleértve a strandon bikinit viselő modelleket is. Afrikaiként azonban alapvető fontosságú, hogy foglalkozzon a rasszizmussal kapcsolatos aggodalmakkal, amelyek jelentősebb hatással lehetnek az Ön tapasztalataira. Nem akarom lekicsinyelni más kérdések jelentőségét, de afrikaiként, aki fejkendőkről érdeklődik, a rasszizmus megértésének és leküzdésének is kiemelt szempontnak kell lennie.

Olumide Ogunsanwo: Amikor az emberek ilyen kérdéseket tesznek fel, gyakran kifogásokat keresnek. Egyszer hallottam valakit, aki azt mondta, hogy ingatlanba szeretne befektetni, de a legnagyobb akadálya az volt, hogy először LLC-t kellett alapítania. Mások szerint nem érdekli őket a tőzsdei befektetés, mert a piac bármikor összeomolhat. Ahelyett, hogy ezeket a kifogásokat feladná, jobb az elsőrendű alapvető kérdések megválaszolására összpontosítani: Mik a pénzügyi céljaim? Mennyi pénzt szeretne keresni, hogy elérje pénzügyi céljaimat? Az ingatlan segít elérni bevételi céljaimat? Milyen típusú ingatlanba érdemes befektetni és miért?

Az 5. fejezetben hangsúlyoztuk a személyes fejlődés és a készségfejlesztés kulcsfontosságú szerepét a nagyobb jövedelem elérésében. Ismereteinek és képességeinek bővítésével növelheti kereseti lehetőségeit és magasabb jövedelmet biztosíthat. Legyél több, hogy többet keress. Fogadja el az egész életen át tartó tanuló gondolkodásmódját, és szentelje magát annak, hogy minden nap új ismereteket és készségeket sajátítson el. Például a személyes fejlődés bizonyos területeit előnyben részesítem egy órányi tanulásban a hét folyamán, kezdve a kapcsolatoktól és a termékmenedzsmenttől szombaton az egészségügyig és a vasárnapi értékesítésig, a mesterséges intelligencia hétfőn, a számítási felhő és az autonóm autók kedden, a blokklánc, a Web3 szerdánként a kripto, csütörtökön a China/India Tech, végül pénteken az Africa Tech.

Befejezésül megosztok néhány ajánlást. Először a Millionaire Fastlane [1] és az „Unscripted [2]", MJ DeMarco. Nagy rajongója vagyok, és többször hi-

1. https://www.themillionairefastlane.com/

2. https://www.amazon.com/UNSCRIPTED-Life-Liberty-Pursuit-Entrepreneurship/dp/

vatkoztam rá ebben a könyvben. Talán ezek a legjobb könyvek, amelyeket a vállalkozásról olvastam. Alaposan feltárják a hagyományos karrierút előnyeit és kockázatait a vállalkozói pályához képest. Ezenkívül értékes kereteket és ötleteket kínálnak egy vállalkozás elindításához és bővítéséhez, ügyfelek vonzásához és még sok máshoz. Ezek a tudattágító könyvek hihetetlenek.

Továbblépve azt javaslom, hogy nézze meg a Naval Ravikant „ Hogyan legyünk gazdagok [3]" című részét, amely 3 órás és 35 perces podcastként vagy blogbejegyzésként érhető el. Csodálatos desztillációt kínál a gazdagság ápolásához szükséges gondolkodásmódról. Naval meglátásai valóban figyelemre méltóak.

Végül ajánlom a „ Passzív jövedelem, agresszív nyugdíj [4]" elolvasását. Ez a könyv a vagyonépítés különféle módszereit vizsgálja, és részletes példákat kínál. Olyan kisvállalkozásokkal foglalkozik, mint például az érmével működő vállalkozások, mosodák, autómosók és egyéb vállalkozói tevékenységek. A könyv kiszélesíti a perspektíváját a különböző pénzkereseti lehetőségekről a jelenlegi körén kívül.

Ezután beszéljük meg az értékalapú kiadásokat, amelyeket a bevételmaximalizáláshoz csoportosítottunk, mivel ezek kéz a kézben járnak, és ugyanannak a vagyonteremtési éremnek a két oldala. Ez magában foglalja, hogy kiadásait igazítsa mélyen megőrzött értékeihez, és olyan tudatos döntéseket hozzon, amelyek tükrözik azt, ami igazán számít Önnek. Az értékalapú költekezés elfogadásához szánjon időt az önvizsgálatra, hogy azonosítsa és rangsorolja értékeit. Miután azonosítottad őket, törekedj arra, hogy az értékeidhez igazodva költs, megértve, hogy a tökéletesség nem szükséges. Még ha eléri is a 80%-os vagy 90%-os igazodást, jelentős előrelépést ér el. Ne legyünk túl kemények magunkkal szemben, ha időnként eltérünk, és ne feledjük, hogy minden új nap lehetőséget kínál arra, hogy átrendezze a kiadásait, és olyan döntéseket hozzon, amelyek összhangban állnak értékeivel.

Achani Samon Biaou: Köszönöm. Valójában összecseng az a gondolat, hogy a költekezést inkább tanulási lehetőségnek tekintsem, semmint önmagam legyőzésére. Sokan – köztük én is – olyan ciklusokon mennek

0984358161

3.   https://nav.al/rich

4.   https://www.amazon.com/Passive-Income-Aggressive-Retirement-Independence/dp/
1706203020

keresztül, amikor elköltünk, és később megbánják, hogy megismételjék ugyanazt a mintát anélkül, hogy tanulnának belőle. Ha megváltoztatjuk a perspektívánkat, és a költekezést a tanulás lehetőségének tekintjük, nagyobb valószínűséggel vonjuk be az ezekből a helyzetekből származó értékes tanulságokat.

Úgy látom, hogy az értékalapú kiadások befektetésekké alakítják át kiadásait. Ha az a beállítottság, hogy minden vásárolt termék megtérülését keresi, olyan kiadásokat kezd keresni, amelyek valamilyen formában megtérülnek, legyen szó pénzről, kapcsolatairól vagy egészségéről. Elkerüli a pénzpazarlást olyan dolgokra, amelyek nem nyújtanak valódi értéket. Például milyen megtérülést kap a fagylalt vásárlásából? Talán nincs jelentős megtérülés, mert az élelmiszernek ideális esetben hozzá kell járulnia az egészségéhez.

Olumide Ogunsanwo: Negatív hozam. Fogorvosa pénzért cserébe szívesen kitölti a fogüregeit.

Achani Samon Biaou: Minél inkább megkérdőjelezi a kiadások megtérülését, annál inkább áttér a költekezésről a befektetésre. Segít gyorsabban fejleszteni az értékalapú költekezés kompetenciáját.

Olumide Ogunsanwo: FI-re való törekvésünk során gyakran a pénzbeli hozamokra koncentrálunk, de nem szabad figyelmen kívül hagynunk korunk jelentőségét. Az idő a legdrágább kincsünk. Kulcsfontosságú, hogy mérlegeljük, hogyan osztjuk be időnket és energiánkat, hogy összhangba hozzuk értékeinkkel és céljainkkal. Értékalapú szemszögből közelíteni? Odaszánjuk magunkat annak, ami igazán fontos számunkra? Felhasználjuk-e az időnket arra, hogy haladjunk, és értékeink szerint éljünk? Ha prioritást adunk kötelezettségvállalásainknak, és csökkentjük a zavaró tényezőkre fordított időt, akkor a helyes úton maradhatunk. Noha itt nem foglalkozunk mélyen az értékalapú időgazdálkodással, ez hihetetlenül fontos. Az idő és a pénz a két erőforrás, amivel rendelkezünk, és ahogy a jól ismert mondás tartja: „Mutasd meg, hogyan költi el valaki a pénzét és az idejét, és mindent elmondhatok róla.

Achani Samon Biaou: Imádom. A pénz és az idő mellett az érzelmek egy másik kulcsfontosságú szempont, amelyet figyelembe kell venni az értékalapú költekezés során. Ez arról szól, hogy megkérdezd magadtól, hogy a kiadásaid összhangban vannak-e az értékeiddel. Koncentráljunk egy pillanatra az érzelmekre. Néha hajlamosak vagyunk túltenni magunkat olyan triviális dolgokon vagy helyzeteken, amelyeken nem tudunk változtatni. Valóban megéri egy órát az időnkből és energiánkból azzal a gonddal tölteni, hogy valamit rosszul csináltunk? Nem kellene inkább arra összpontosítanunk, hogy tanuljunk belőle, képezzük magunkat az elengedésre, és arra koncentráljunk, hogyan fejlődjünk a jövőben?

Olumide Ogunsanwo: Imádom ezt a keretezést. Ez azt jelenti, hogy a vitát az értékalapú költekezésen túl az értékalapú prioritások közé emelhetjük. És ez alatt van energiánk, időnk és pénzünk. Ahogy eligazodunk ezeken a szempontokon, elkezdjük építeni az izmokat, hogy jobb döntéseket hozhassunk. Azokra az emberekre emlékeztet, akik egészségesebb étrendet próbálnak elfogadni. Néha, amikor megnézem a videóikat, annyira negatívak és kemények önmagukkal szemben. Ahelyett, hogy megverték magukat, hatékonyabb lehet megérteni, miért hoztak bizonyos döntéseket, és hogyan érezték magukat abban a pillanatban. Fedezze fel az önmegbocsátást, az ön együttérzést és az önszeretetet, és próbáljon meg legközelebb jobban csinálni. Ugyanez vonatkozik a személyes pénzügyekre is. Vegyünk két különböző reakciót egy klubban való túlköltekezés után:

Egészséges reakció: "Tegnap 200 dollárt költöttem a barátaimmal a klubban. Ittunk néhány italt. Jó móka volt, de rájöttem, hogy nem szeretek annyira klubozni. Céljaim és költségvetésem alapján korlátoznom kell a kiadásaimat 20 dollár legközelebb."

Egészségtelen reakció: "Olyan szörnyű ember vagyok. Miért tettem ezt? Olyan hülye vagyok. Soha többé nem csinálom."

Pozitív gondolkodásmóddal és válaszlépésekkel legközelebb jobban megközelíthetjük az életet, és pozitívabban érezhetjük magunkat és önértékelésünket.

Achani Samon Biaou: Pontosan. Bemutattuk az értékeken alapuló priorizálást és annak kulcsfontosságú elveit, a pénzre, az időre és az érzelmekre összpontosítva. A cél az, hogy elménket arra tanítsuk, hogy értékeink alapján következetesen rangsoroljunk. Most pedig vitassuk meg, miért kulcsfontosságú az értékalapú kiadás.

Olumide Ogunsanwo: A könyvben korábban tárgyalt kulcsfontosságú lépések az olyan élet elképzelése, amilyenre valóban vágyunk, FI-célunk kitűzése és napi célok meghatározása. Az értékalapú kiadások értékes eszközként szolgálnak ahhoz, hogy pénzügyi döntéseinket alapvető értékeinkkel összhangba hozzák, és végső soron a FI-célunk felé tereljen bennünket. Míg egyesek az értékalapú költekezést részesítik előnyben a bevételek növelésével kapcsolatos kihívások miatt, én azt javaslom, hogy mindkét stratégiát egyszerre vizsgálják meg.

Az értékalapú költekezés árnyalt gyakorlat, gyakran túl- és alulértékelt is. Vannak, akik túlságosan a költségek csökkentésére összpontosítanak anélkül, hogy figyelembe veszik értékeiket, míg mások figyelmen kívül hagyják az ismétlődő kisebb kiadások hatását, ami aláássa bevételmaximalizálási törekvéseiket. Például előfordulhat, hogy tudtukon kívül havi 400 dollárt költenek olyan kávéra, amelyet nem igazán élveznek, vagy havi 200 dollárt fordítanak a kábeltévére, amikor csak néhány csatornát néznek.

Achani Samon Biaou: Hadd illusztráljam néhány számmal az értékalapú költekezés fontosságát a pénzügyi függetlenség szempontjából. Az értékalapú költés lehet a különbség a havi 7000 dollár és a havi 800 dollár Dubaiban való kiadás között. Ha 7000 dollárt költök bulizásra, az negatívan befolyásolja az egészségemet a túlzott bulizás és ivás miatt. Kiteljesítetlennek érzem magam, mert nem fogok tudni annyit utazni, és az utazás boldogságot okoz. Természetesen az értékalapú költekezésnek nem kell mindig ennyire szélsőségesnek lennie, de meg akartam mutatni, hogy a drasztikus csökkentések nem feltétlenül jelentik a boldogság feláldozását.

Ha elérünk valamit, akkor dopamint és energiát kapunk. Ez a lendület rejtett előny, mert amint elkezdünk látni eredményeket, boldogabbak és motiváltabbak leszünk, hogy még többet érjünk el, ami nagyobb boldogsághoz vezet.

Olumide Ogunsanwo: Nagyra értékelem a konkrét példát, amelyet megosztott. Gyakran hallani azt, hogy a magas jövedelműek teljes baromságnak tartják az értékalapú költekezést. Azt állíthatják, hogy évente 200 ezer dollárt "kell" elkölteni. Ha azonban figyelembe vesszük a háztartások medián jövedelmét az Egyesült Államokban, amely 50 000 dollártól 78 000 dollárig terjed, és azt a tényt, hogy a legtöbb ember ehhez a tartományhoz igazítja kiadásait, meglepő lesz, hogy valaki miért ragaszkodik 200 000 dollár elköltéséhez.

A „kell" kifejezés használata korlátozó gondolkodásmódba helyez bennünket. Arra biztatom az embereket, hogy legyenek rugalmasak, kíváncsiak és gondolkodjanak kívülről. Pénzügyi szabadsága forog kockán, ha költései nem felelnek meg értékeinek. Nem arról van szó, hogy évente 100 000 vagy 60 000 dollárt költünk; a túlzott költekezés következményeiről van szó, amelyek évekkel késleltethetik a nyugdíjba vonulást. A további 40 000 dolláros ráfordítás több évtizedes további munkát jelenthet. Mindenkit arra buzdítok, hogy számolja ki, és mélyen gondolja át ezeket a következményeket.

Achani Samon Biaou: Ámen. Az azonnali kielégülés és a késleltetett kielégülés közötti feszültség a döntéseink középpontjában áll. Íme egy kérdés a közönséghez: Emlékszel bármilyen jelentős eredményre, amely az azonnali kielégülés keresésében gyökerezett? Személy szerint nem emlékszem, hogy bármi valódi értéket elértem volna az azonnali elégedettségre összpontosítva. Fontos a késleltetett kielégülés izomzatának felépítése. Arra kell összpontosítanunk, hogy olyan dolgokat élvezzünk, amelyek megvalósítása időbe telik, de több jelentéssel bírnak, mint a múló örömök. A társadalom kísértésekkel bombáz bennünket, és végül az azonnali kielégülési tárgyak felhalmozásával keressük a boldogságot. Az igazi boldogság azonban továbbra is megfoghatatlan, így csapdába esünk a több vágy telhetetlen körforgásában. Ez a könyörtelen törekvés végső soron megnövekedett kiadásokhoz vezet, állandósítva a múló elégedettség hajszát.

Ehelyett gyakoroljuk elménket arra, hogy elégedettséget találjunk a késleltetett kielégülésben. Nincs szükségünk impulzív vásárlásokra vagy azonnali szórakozásra; inkább az esszencializmus lényegét kellene magunkévá tennünk. Mi okoz igazán örömet? Felejtsd el a társadalmi elvárásokat és a külső hatásokat. Ha mélyen elmélyedsz a lényegedben, találsz néhány dolgot, amelyek valóban igazi örömöt okoznak. Miután azonosította őket, és időt, energiát és pénzt fektet beléjük.

Olumide Ogunsanwo: Minél jobban összpontosít az esszencialista, értékeken alapuló költekezésre, annál több időre lesz szüksége, hogy kevesebb pénzért élvezze azokat a dolgokat, amelyeket szeret, mert elkerülhetetlenül módot talál a költségek optimalizálására. Ha például csak a kosárlabdameccsek érdekelnek, akkor az interneten kedvezményes jegyeket találhat. De ha pénzt költ 17 különböző szórakozási formára, akkor kevesebb ideje lesz mindegyikre vonatkozó kedvezmények után kutatni.

Merüljünk el mélyebben az értékalapú költésben úgy, hogy a jelentős kiadási kategóriákat két csoportra bontjuk: a Nagy Háromra és az Árnyék

Háromra. **A három nagy csoport a lakhatást, a közlekedést és az élelmezést foglalja magában**, amelyek általában a legtöbb ember elsődleges kiadási területei. Ugyanilyen fontos azonban, hogy megvilágítsuk az **Árnyékhármast, amely magában foglalja az adókat, a gyerekeket és a válást/katasztrofális eseményeket.** Ezek a gyakran figyelmen kívül hagyott területek jelentős hatással lehetnek az Ön pénzügyi jólétére. A következő szakaszokban ezt a hat területet vizsgáljuk meg, hogy megértsük ezek következményeit, és lehetővé tegyük Önt a megalapozott döntések meghozatalához. Kezdjük!

1. Lakhatás: Samon, beszéljük meg, hogyan optimalizálhatjuk a lakhatási költségeket.

Achani Samon Biaou: Így kell megközelítenie: gondolja át, hogyan járul hozzá lakása általános boldogságához. Vegye figyelembe néhány dolgot. Mekkora lakásméret felel meg értékeidnek és pénzügyi céljaidnak? Nyitott vagy arra, hogy megossza a terét másokkal, vagy inkább egyedül él? Számít Önnek, hogy közel van a munkahelyéhez? Ha vannak gyerekeid, mennyire fontos, hogy egy jó iskolakörzetben legyél és legyen egy hátsó udvarod? Állítson fel fontossági sorrendet és válasszon okosan, szem előtt tartva, hogy túlköltekezés nélkül nem juthat el mindenhez. Hadd osszam meg egy egyszerű példával. Amikor Dubaiban voltam, először találtam egy Airbnb-stílusú helyet a munkahelyem közelében. Később elkezdtem szállodai pontokat használni a tartózkodáshoz, de továbbra is gondoskodtam arról, hogy a munkahely közelében maradjak.

Olumide Ogunsanwo: A helyszín kritikus szerepet játszik a lakhatásban. Ez nem csak az árat befolyásolja, hanem olyan tényezőket is, mint az adók és a munkaválasztás. Samon, kihagytál egy fontos tényt, úgy döntöttél, hogy a BCG Dubai vs BCG London vagy a BCG San Francisco-t választod. Arra buzdítom az embereket, hogy szisztematikusan válasszanak helyet, állásválasztást és távmunkát.

Achani Samon Biaou: Egyetértek a rendszeres gondolkodás fontosságával. Az emberek gyakran mondják: „Nem érted a valóságunkat. Előnyben kell részesítenünk, hogy gyermekeink számára egy adott iskolakörzetben legyünk." Bár ezek a korlátok érvényesek, döntő fontosságú újraértékelni és rangsorolni, hogy mi számít igazán, amikor a pénzügyi függetlenségre törekszünk. Ha a legfontosabb prioritás annak biztosítása, hogy gyermekei a lehető legjobb iskolai körzetben legyenek, akkor szükség lehet pénzügyei kevésbé fontos szempontjainak prioritásainak megszüntetésére.

Olumide Ogunsanwo: Képezze elméjét a prioritások meghatározására.

Achani Samon Biaou: Egyesek úgy érezhetik, hogy az elsőbbségadás kiesést jelent. De ahogy az Olumide korábban említette, a prioritások meghatározása segít összpontosítani, és többet nyerni abból, amit választott.

Olumide Ogunsanwo: A kíváncsiság elvét egy korábbi fejezetben tárgyaltuk. Arra kérem az embereket, hogy fontolják meg a lakhatási költségek különböző szinteken történő optimalizálását. Milyen típusú lakásnak van értelme? Milyen megosztási potenciál létezik? Akár tovább is léphetsz, és megfontolhatod, hogy vásárolsz egy házat és kiadhatod másoknak (házfeltörés), hogy szinte ingyen élhess. A lehetőségek bővelkednek, de hajlandónak kell lenned másként csinálni a dolgokat.

Első szint: Nyissa meg az elméjét, legyen rugalmas, és önállóan gondolkodjon a különböző lakhatási lehetőségekről. A házak, lakóparkok és lakókocsik mind lehetségesek. Ne mondd azt, hogy "Egy házban nőttem fel, ezért egy házban kell laknom." Megszorítások hozzáadása az egyenlethez megnehezíti a megoldások megtalálását. Nem azt javaslom, hogy trailerben kell élned, de miért ne? Ha lehetővé teszi az anyagi függetlenség elérését, ez egy életképes lehetőség. Mindenkinek más választása van. Én személy szerint nem laktam lakókocsiban, de ha 21 éves lennék, és olyan területen élnék, ahol a lakókocsik 2000 dollárba kerülnek, szemben a 40 000 dolláros lakásbérleti díjjal, akkor nem zárnám ki.

Második szint: A lakástípus meghatározása után fontos figyelembe venni a potenciál megosztását. Azt gondolhatja: "26 éves vagyok, és nem akarok szobatársakat, ezért egy hálószobás lakásban fogok lakni." Arra biztatlak, hogy gondolkodj tágabban. Korábban ebben a fejezetben említettem az Árnyékhárom költségterületet: adók, gyermekek száma és válás. Az árnyékterületek mögött meghúzódó rejtett költségű sötét anyag a FOMO, és lépést tart Jonesékkal. A különbség aközött, hogy San Franciscóban 4000-5000 dollárért egy hálószobás lakásban élsz egyedül, illetve két emberrel 2000-3000 dollárért megosztod, meghatározhatja, hogy 38 vagy 58 évesen eléred-e az anyagi függetlenséget.

Achani Samon Biaou: Köszönjük Olumide-nak, hogy arra ösztönzött minket, hogy mélyebbre ássunk itt. A harmadik szint a vásárlásról és a bérlésről szól, és egy olyan területről, ahol sok a félreértés. Van egy olyan elképzelés, hogy 30 évesen házat kell venni. Nos, mint ingatlanbefektető, hadd mondjam el, hogy a ház, amelyben él, nem feltétlenül az a ház, amelyet vagyonszerzés céljából vásárol. Olyan helyeken, mint San Francisco, havi 8000 dollárért bérelhet egy házat, ami 4-5 millió dollárba kerülne, ha megvenné. Ha jelzálogkölcsönt vesz fel arra a házra, akkor több mint 20 000 dollárt fizetne havonta. Most gondold át. Ezzel a 4 millió dollárral 20 lakást vásárolhatna Georgiában, és a bérleti díjból fedezheti a San Franciscó-i bérleti díjat. Én személy szerint inkább itt bérelek, mert nagyobb rugalmasságot kínál. Bérléssel mindössze néhány hónapos felmondási idővel költözhet, míg a jelzáloghitel több időt és erőfeszítést igényel a bérlő megtalálásához vagy az eladáshoz.

Olumide Ogunsanwo: Az emberek többségének alaposan elemeznie kell döntését, mielőtt házat vásárol. Egyetlen olyan döntés meghozatala, hogy házat vásárol, amikor a bérlés jobb választás lehetett volna, megtorpedózhatja az anyagi függetlenségről szóló álmát. Ne higgye el egyszerűen azt a gondolatot, hogy a bérlés „kidobja a pénzét", és ne fogadjon el anekdotákat családtagjaitól vagy kollégáitól. Anyja, bár jó szándékú, nem biztos, hogy ingatlanszakértő. A főnökének is szerencséje lehetett, amikor pénzt keresett a háza eladásával, vagy több pénzt kereshetett volna a tőzsdén történő befektetéssel. Ehelyett használjon online bérleti díj és vásárlás kalkulátorokat, hogy objektíven felmérje helyzetét. Adja meg a szükséges paramétereket, és hagyja, hogy a számológép elkalauzolja a jobb megoldás felé. Megfelelő értékelés nélkül ne tételezzen. Meglepődhet, ha felfedezi, hogy a bérlés a világ számos részén kedvezőbb választás.

Vegyünk egy konkrét példát. Tegyük fel, hogy egy egyedülálló srác vagy a húszas évei végén, New Jersey-ben él. Számos lehetőség közül választhat: egy stúdió, egy hálószobás apartman, egy két hálószobás apartman egy extra szobával a vendégek számára, vagy egy három hálószobás apartman extra szobákkal az edzőterem vagy a vendégek számára. Ez az egyetlen lakhatási döntés – a négy lehetőség közül való választás – jelentősen befolyásolhatja pénzügyi jövőjét, és évtizedekig a karrier rabságában tarthatja. Szánjon időt a döntés aprólékos elemzésére. Ezenkívül ügyeljen arra, hogy bizonyos kultúrák erősen előnyben részesítik a lakástulajdonlást, ezért fontos, hogy az összehasonlító elemzés során felülmúlja az elfogultságokat. Ne higgy el vakon mindent, amit olvasol, beleértve ezt a könyvet is, hacsak nem tudod önállóan érvényesíteni a kritikai gondolkodás révén. Míg Samon elsősorban ingatlan- és bérbeadások révén érte el a pénzügyi függetlenséget, kulcsfontosságú, hogy Ön ellenőrizze az információkat.

2. Közlekedés: Különböző lehetőségek állnak rendelkezésre, a gyaloglástól és a kerékpározástól a buszokig és autókig, akár magánrepülőgépekig. Amikor a közlekedést fontolgatja, döntő fontosságú, hogy gondolja át, hogyan illeszkedik a munkája és a lakhatás rendszeralapú gondolkodásába. Tisztázzuk, ha távolról él Portugáliában, akkor a szállítási költségei minimálisak lennének, mivel nem kell irodába ingáznia.

Most, elméletileg, tegyük fel, hogy olyan helyzetben találja magát, amikor nem vagy távol, és minden nap be kell ingáznia egy irodába. Az automatikus autóvásárlás helyett fontoljon meg más alternatívákat. A gyaloglás és a kerékpározás például jelentős egészségügyi előnyökkel jár. Bár ez a könyv nem kifejezetten az egészségről szól, fontos megjegyezni, hogy a gyaloglás és a kerékpározás nagyszerű módja annak, hogy formában tartsa testét. Nem csak a szén-monoxid-kibocsátásról beszélek; Arra a fizikai tevékenységre gondolok, amely hozzájárul az Ön általános jólétéhez. Természetesen minden körülmény más, ezért arra biztatlak, hogy gondolkodj kreatívan és fedezd fel a nem szokványos lehetőségeket. Ne egyszerűen autót vásároljon, különös tekintettel a séta, vezetés és kerékpározás közötti magas költségkülönbségre. Egy autó, még egy tisztességes használt is, körülbelül 10 000 dollárba kerülhet, míg szép kerékpárokat 300 és 700 dollár között lehet találni.

Achani Samon Biaou: Érdemes megemlíteni, hogy az autó birtoklásával járó javítási, benzin- és biztosítási költségekkel még nem is foglalkoztunk. Vannak, akik azzal érvelnek, hogy a családjuk miatt van szükségük autóra. Nem utasítom el az autó fontosságát, de arra buzdítom, hogy mélyen gondolkodjon el rajta. Ha az autóvásárlás fő oka az, hogy gyermekét hetente egyszer szombaton edzeni, akkor túlköltekezhet.

Olumide Ogunsanwo: Míg az Uber-út a gyereked praxisára körülbelül 14 dollárba kerülhet, Ön 15 000 dollárt költ egy autóra. Nagyon fontos, hogy kritikusan gondolkodjunk, és mérlegeljük a rendelkezésre álló lehetőségek sokaságát. Ahogy korábban említettük, van gyaloglás, kerékpározás, telekocsizás, és hadd tegyem hozzá, hogy az általam említett kerékpárok árkategóriája az újakra vonatkozik. Azonban 200-400 dollárért találhat megbízható használt kerékpárokat. Ez nem egyszerűen választás az autó és a kerékpár, vagy az autó és a busz, vagy az autó és a séta között. Ez egy olyan döntés, amely több évvel befolyásolhatja nyugdíjba vonulási ütemét, ha az autót választja, vagy jobb egészséghez és még sok év aktív élethez vezethet, ha a gyaloglást vagy a kerékpározást részesíti előnyben.

3. Étel: Mindenekelőtt a legköltséghatékonyabb lehetőség, ha otthon készíted el az ételeidet. A saját étel elkészítése meghaladja a kinti étkezés költségeit. Szabályozhatja az összetevőket, és egészségesebb, olcsóbb ételeket választhat. Másodszor, ömlesztve is főzhet, és a maradékot későbbre elmentheti. Másodszor, amikor az elfogyasztott ételről van szó, átgondolt döntéseket hozzon. Egyes ételek eredendően egészségesebbek, mint mások. Ha időt szán az otthoni főzésre, akkor nem csak saját terének kényelmét élvezheti, hanem tápláló és pénztárcakímélő ételeket is készíthet. Szerencsére az egészséges zöldségek és gyümölcsök, például a brokkoli, a kelkáposzta és a bogyók általában megfizethetőbbek, mint a feldolgozott finomságok, például az édességek vagy a szóda. A gyümölcsök és zöldségek magas tápanyagtartalmúak és alacsony kalóriatartalmúak. A feldolgozott élelmiszerek viszont gyakran sok egészségtelen zsírt, cukrot és sót tartalmaznak. Ne féljen kísérletezni. Az embereknek fel kell mérniük az otthoni főzés és a szabadtéri étkezés közötti egyensúlyt, az egészséges táplálkozás fontosságát és azt, hogy mennyi időt szeretnének a főzéssel tölteni.

Achani Samon Biaou: Térjünk vissza a kiadások befektetésekké alakításához. Az éttermekben, még a csúcskategóriásakban is, az ételek minősége jelentősen gyengébb lehet az otthoni főzésnél.

Olumide Ogunsanwo: Abszolút. Nagy mennyiségben vásárolják meg az összetevőket, és elkészítik az ételt anélkül, hogy gondot és odafigyelést kapnának a saját főzés során.

Achani Samon Biaou: Az étel a szervezet fő tüzelőanyag-forrása, és minősége jelentősen befolyásolhatja egészségét. Gondoljon az ételválasztására úgy, mint a jólétébe való befektetésre. A kutatások következetesen kimutatták, hogy a túlzott mennyiségű vörös hús fogyasztása összefüggésbe hozható a szív- és érrendszeri betegségek és a rák kockázatával. Fontos, hogy tedd fel magadnak a kérdést: Szeretném növelni az esélyemet arra, hogy a hetvenes éveimben is élvezhessem az anyagi függetlenséget? Ez az átgondolás arra késztetheti, hogy egészségesebb étkezési szokásokat fogadjon el. Alternatív megoldásként más szempontokat is előnyben részesíthet, és elfogadhatja a rövidebb élettartamot. Személy szerint az élelmiszer a második legnagyobb kiadás a költségvetésemben, ami hangsúlyozza a tudatos és egészségközpontú döntések meghozatalának fontosságát. Minden állati fehérjét egyenesen Nyugat-Afrikából importálok, ahol nagyobb a bizalom abban, hogy bio és egészséges.

Olumide Ogunsanwo: Ha a barátaid automatikusan azt javasolják, hogy minden alkalommal, amikor lógni szeretnél, menj el egy étterembe, miért ne javasolnád inkább a parkba vagy a strandra menni? Annyi alternatíva létezik. Sokan úgy érzik, hogy elmennek enni, de ennek nem kell így lennie. Gondolkodj kreatívan. Lehet, hogy csak az otthoni étkezés és a kijárás arányát kell módosítania, aminek már jelentős hatása lehet. Ne hagyd, hogy a FOMO irányítson. Ha az összes barátod olyan étterembe megy, ahol az átlagos étkezés 120 dollárba kerül, akkor azt mondhatod nekik: "Srácok, utána találkozunk egy italra." Így előfordulhat, hogy csak 20 vagy 30 dollárt költ. Azért osztom meg ezeket a konkrét tippeket, mert úgy érzem, sokan alábecsülik a hatást. Ha gyakran étkezik kint, és minden alkalommal 120 dollárt költ, ez átlagosan 500 dolláros havi kiadást jelent, ami a bérleti díjnak felel meg. Kulcsfontosságú, hogy figyelmes legyen.

Achani Samon Biaou: Ha már az ételekről beszélünk, ne hagyjuk figyelmen kívül az italok költségvetésünkre gyakorolt hatását. Gyakran drágábbak lehetnek, mint maga az élelmiszer. Korábban elég sok alkoholt fogyasztottam, bár sosem tartottam magam alkoholistának. Ahogy azonban elfogadtam az értékalapú költekezést, a hangsúly az egészségemre helyeződött. Rájöttem, hogy az alkohol nemcsak a pénzügyeimet csapja le, hanem a jólétemet is negatívan befolyásolja. Következésképpen tudatosan döntöttem úgy, hogy jelentősen csökkentem az alkoholfogyasztásomat. Manapság ritka alkalmakra tartom fenn, például születésnapra vagy különleges eseményekre, és akkor is mértékkel iszom. Megosztom ezt a személyes példát, hogy rávilágítsak arra, hogy az ilyen változások milyen pozitív változásokat hozhatnak az életedben. Bár még mindig szívesen járok ki a barátaimmal bárokba, az a döntésem, hogy tartózkodom az ivástól, nem akadályozza meg a társasági élményeimet.

Olumide Ogunsanwo: 17 vagy 18 éves koromban hagytam abba az ivást, ahogy azt az egyetemi fejezetemből megtudtad. Azonban továbbra is ellátogatok bárokba és klubokba a zene, az élmény és az emberek miatt. Nem érdekel az alkohol. Az alkohol nem a barátod, és kibasz. Fontolja meg az elfogyasztott élelmiszer típusát, a minőségre helyezve a hangsúlyt, ahelyett, hogy kizárólag az árra összpontosítana. Használja ki a lehetőséget, hogy fejlessze főzési készségeit, ami összhangban van a személyes fejlődés elvével. Kerülje el, hogy beleessen a FOMO csapdájába és a kísértésbe, hogy lépést tartson másokkal a társasági étkezésben, mivel ez gyakran szükségtelen túlköltekezéshez vezet.

Ezzel véget is ért a Nagy Háromról szóló vita. Most pedig térjünk át a Shadow Three-re: adók, gyerekek és válás/katasztrófa események.

4. Adók: A különböző típusú adók, beleértve a szövetségi, állami, városi, jövedelem- és forgalmi adókat, jelentős hatással lehetnek pénzügyeire. Létfontosságú, hogy ne becsüljük alá az adóoptimalizálás fontosságát. Valójában sok magánszemély számára az adóknak nagyobb pénzügyi hatása lehet, mint a lakhatási költségeknek. Fedezze fel azokat a helyeket világszerte, ahol alacsonyabb a jövedelemadó vagy akár az adómentes lehetőség, és vegye figyelembe az ingatlanadó kulcsait is. Elemezze ezeket a forgatókönyveket, és gondosan értékelje a különböző városokban való tartózkodás kompromisszumait, hogy maximalizálja adókedvezményeit. Tartsa be az adókötelezettségeit, mérje fel azok hatását, és győződjön meg arról, hogy a legtöbbet hozza ki a rendelkezésre álló levonásokból és jóváírásokból. Nem pusztán az alacsonyabb adók miatt javaslom a költözést, hanem inkább az adóvonzatok figyelembe vételét a lakóhely kiválasztásánál. Például érdemes lehet felfedezni egy olyan helyen, mint Dubai, ahol alacsonyabb a jövedelemadó. Ha a kanadai lakóhely megfelel az Ön értékeinek, akkor menjen hozzá, de ne feledje, hogy a jövedelem és a forgalmi adó kombinációja jelentős, 20%-tól 60%-ig terjedő részét teheti ki teljes bevételének.

Achani Samon Biaou: Szeretem ezeket a meglátásokat. Az emberek gyakran azt feltételezik, hogy a jelenlegi városukhoz vagy országukhoz kötődnek, ami miatt az adókat elkerülhetetlennek tartják.

Olumide Ogunsanwo: A COVID-19 világjárvány mindent megváltoztatott, és nagyobb rugalmasságot biztosított az emberek számára, hogy olyan városokban éljenek, ahol jelentősen eltérő adószerkezetek uralkodnak.

Achani Samon Biaou: Kaliforniában az adóm háromszorosa a lakbéremnek.

Olumide Ogunsanwo: Igen. És ez még az ingatlanadót és az forgalmi adót sem vesszük figyelembe, amelyek jelentősen növelhetik a terheket. Érdemes megemlíteni az ingatlanadót, különösen azoknak, akik lakásvásárlást terveznek. Ez a kiadások rendszeralapú értékelésének része.

Achani Samon Biaou: Ha 5%-os vagy 6%-os jelzálogkölcsönt fizet, és hozzáadja az ingatlanadót (ami Kaliforniában túlzott mértékű lehet), akkor a halmozott hatás az, hogy a ház tulajdonlása nem feltétlenül illeszkedik a pénzügyi függetlenség céljaihoz. Hiúság dolga lesz, ami az anyagi függetlenség ellensége.

Olumide Ogunsanwo: A hiúság udvarias módja annak, hogy FOMO-t mondjunk. Vannak, akik előnyben részesítik barátaik másolását, mint az anyagi függetlenség elérését.

Achani Samon Biaou: Az adók hihetetlenül fontosak, és személyes tapasztalatból tudok beszélni. Nem tudtam volna ilyen korán követni az utamat és elérni az anyagi függetlenséget, ha erősen megterhelt életmódot éltem volna. 20 éves pályafutásom alatt kevesebb mint két évet töltöttem adófizetéssel.

Olumide Ogunsanwo: Ez hihetetlen.

Achani Samon Biaou: Azoknak, akik azt gondolják: "De hogyan fogják finanszírozni az utakat és a közszolgáltatásokat, ha nem fizetünk adót?" Ha nem érti a fiskális politikát és a kormányzati kiadásokat, biztosítsam Önt arról, hogy ilyen vagy olyan módon fizet a dolgokért.

Olumide Ogunsanwo: Az Ön mai adója a tegnapi döntései miatt van. Jövedelemadója a választott munkából, az ingatlanadó a megvásárolt házból és a forgalmi adó a vásárolt tárgyakból származik. Te hoztad meg ezeket a döntéseket, és te vagy az, aki megváltoztathatja azokat. Kerülje a hibáztatás külső kihelyezését és a magas adók miatti panaszkodást. Emlékezzen az önellátásról, az önbizalomról és az önmagadra hagyatkozásról szóló megbeszéléseinkre, amelyek nagyobb pénzügyi függetlenséghez vezetnek. Ne vesztegesse az idejét azzal a panaszkodással, hogy az Egyesült Államok kormányának csökkentenie kell a szövetségi adókat. Ez nem a te problémád. Ne törődj azzal, hogy keresd a módját, hogyan lobbizz New Jersey-ben a városi adók csökkentése érdekében. Ráadásul nem a te problémád. Ehelyett tedd fel magadnak a kérdést: "Akarok itt élni?" Ha nem akarja fizetni az adót, fontolja meg, hogy máshová költözik.

Achani Samon Biaou: Egyes országokban az ingatlanok bérbeadása céljából történő vásárlása további adókedvezményekkel járhat, amelyek túlmutatnak a jelzáloghitel-kamatköltségek szokásos levonhatóságán. Ez olyan, mint a megtakarítás és az alacsonyabb adókulcs élvezete a munkaévek során. Ahogy nyugdíjba vonul, az ezekből az ingatlanokból származó bérleti díjak értékes eszközzé válnak, mivel felszabadítja befektetései felhalmozott értékét.

Olumide Ogunsanwo: Emlékezzen a kíváncsiság elvére. Keressen az interneten a „hogyan csökkentheti az adókat [az Ön helyén]" kifejezésre. A felelősség az Ön vállán nyugszik, felhatalmazva Önt arra, hogy feltárja a konkrét adózási helyzet optimalizálásának módjait. Míg Samon meglátásai számítanak, a tágabb cél az, hogy felkeltse a kíváncsiságát, felkeltse az izgalmat, és az Ön egyedi körülményeihez szabott kutatásokat végezzen. Ne vesszen el az itt bemutatott részletekben. Ez nem csak a részletekről szól; ez arról szól, hogy felkeltse a vágyat, hogy keressen, végrehajtson, cselekedjen és alkalmazkodjon az út során.

Achani Samon Biaou: Ügyeljen azokra a munkaadók által támogatott tervekre is, amelyek bevételének egy százalékát nyugdíj- vagy adómentes megtakarításokhoz járulnak hozzá. A munkaszerződés megtárgyalásakor vegye figyelembe ezeket az előnyöket.

Olumide Ogunsanwo: Ez igazodik a bevételmaximalizálást célzó rendszeralapú gondolkodáshoz, igaz? Ne csak a nyers fizetésekre koncentráljon (pl. A vállalat 40 000 dollárt, B cég 50 000 dollárt kínál). Ehelyett bővítse ki látókörét, és vegye figyelembe a teljes kompenzációt és a jutalmakat. Az A vállalat összesen 78 000 dolláros kompenzációs csomagot biztosíthat, ha 401 000 dollárt, távmunkát, alacsonyabb adókat stb. Gondoljon túl az alapfizetésen; elemezze a teljes kompenzációt és annak hatását a kiadásokra, a lakhatásra, a szállításra és az adókra, figyelembe véve az adókedvezményes számlákat, mint például a 401K, az IRA és a HSA

Achani Samon Biaou: Ha otthon dolgozik, és otthonát irodaként használja az ingatlanok kezelésére, akkor előfordulhat, hogy felszámíthatja vagy levonhatja a bérleti díj egy részét. Személy szerint, amikor Dél-Afrikába repülök, hogy ellátogassam ingatlanaimat, új bérleti szerződéseket írjak alá, vagy különféle feladatokat intézzek, ezek a költségek bizonyos mértékig levonhatók. Vegye figyelembe a rendszer által kínált összes előnyt. Számos módja van az adóterhek csökkentésének.

Olumide Ogunsanwo: Most foglalkozzunk a következő árnyékköltséggel, a gyerekekkel kapcsolatos kiadásokkal.

5. Gyermekek: Alapvető fontosságú, hogy alaposan felmérje a vállalni kívánt gyermekek számát, és megértse, milyen hatással lesz az anyagi függetlenség felé vezető útra. A gyermeknevelés sokszor nehezen megbecsülhető költségekkel jár, sőt a szülői támogatás mértékétől függően akár az adókat és a lakhatási költségeket is meghaladhatják.

Tegyük fel, hogy két vagy három gyerek között tépelődik. Bár a különbség elsőre jelentéktelennek tűnhet, mélyen befolyásolhatja a nyugdíjba vonulás útját. Nem azért vagyok itt, hogy megszabjam neked az ideális gyermekszámot, mivel ez személyes döntés marad. Inkább az ezzel járó kompromisszumokat szeretném kiemelni – 42 évesen nyugdíjba vonulni két gyerekkel, szemben 49 évesen hárommal. Vegye figyelembe a több gyermekvállalás miatt szükséges további munkaéveket.

Még mindig szilárdan hiszed, hogy gyermeket vállalni megéri, és ez egy gyönyörű perspektíva. De elengedhetetlen, hogy megalapozott döntést hozzon, és mérlegelje ezeket a tényezőket, mielőtt családot alapít. Ha egyszer gyermekeid születnek, életed dédelgetett ajándékai lesznek, megérdemlik minden szeretetedet és törődésedet.

Achani Samon Biaou: Hadd mutassak meg három szempontot ezzel kapcsolatban. Először is, a gyermekvállalás időzítése befolyásolja az anyagi függetlenség felé vezető utat attól függően, hogy mikor születtek. Ha fiatalon gyermeke van, nehéz lehet a tanulmányaira összpontosítani. Ha azonban később születik gyermeke, az korlátozhatja a szakmai lehetőségeket, és ülőbbé teheti. A gyermekes emberek kevésbé hajlamosak változtatni és elköltözni. A későbbiekben gyermekvállalás nagyobb rugalmasságot kínálhat.

Másodszor, ha még a gyereknevelést illeti, ha karrierje elején jár, akkor lehet, hogy kevesebb anyagi lehetősége van a kívánt nevelés biztosítására. Ha a pénz jelentős szerepet játszik gyermekei nevelésében, érdemesebb később megfontolni a gyermekvállalást, amikor megvannak a szükséges források.

Harmadszor, amikor gyermekvállalásról gondolkodik, gondoljon arra is, hogy ez milyen hatással lehet a karrierje pályájára. Egyes iparágakban intenzív munkára van szükség az előléptetésekhez, amelyeket nehéz lehet egyensúlyozni a megfelelő gyermekneveléssel. Ezek gyakran a politikai korrektség miatt kimondatlan témák.

Olumide Ogunsanwo: Beszélnünk kell róla. Ez nagyon fontos.

Achani Samon Biaou: Tegyük fel, hogy stresszes munkakörben dolgozik, és az a cél, hogy munkatársból igazgatói pozícióba kerüljön. Ebben a szakaszban a gyermekvállalás növeli a stressz szintjét, ami kihat az egészségére. Ez csökkenti a gyermekével való kapcsolattartás képességét is, mivel előfordulhat, hogy fizetős gyermekgondozási szolgáltatásokra kell támaszkodnia. Számos tényezőt kell figyelembe venni.

Olumide Ogunsanwo: És ne felejtsük el, Samon, hogy vannak megfoghatatlan változások is. A menedzser felfogása a következő lehet: "Ó, gyermeked lesz, így kevesebbet fogsz dolgozni és kevésbé leszel koncentrált." Lehet, hogy azt gondolja, hogy helytelen, ha a menedzsere így gondolkodik, de ilyen az élet.

Achani Samon Biaou: Ha nem különösebben bánja, hogy mikor és hogyan vállaljon gyermeket, érdemes elhalasztani, amíg el nem éri a szakmai karrierjét. Ez a megközelítés mind az anyagi függetlenségnek, mind a gyermekekkel való időtöltésnek az előnyére válik. Ezen túlmenően sok vállalat kínál olyan lehetőségeket, mint a tojásfagyasztás és a babakötési idő.

Olumide Ogunsanwo: A gyermekvállalás óriási hatással lehet a költési szokásaidra, különösen olyan területeken, mint a lakhatás, a közlekedés és az élelmezés. Érdemes közelebb lakni az iskolájukhoz, ami magasabb bérleti díjat vagy jelzáloghitel-fizetést jelenthet. Előfordulhat, hogy autót kell vásárolnia, hogy körbevezethesse őket, ami növelheti a benzin- és karbantartási költségeit. Előfordulhat, hogy az étkezési költségvetését is módosítania kell, hogy megfeleljen a preferenciáiknak és a táplálkozási szükségleteiknek. Nem azért vagyunk itt, hogy megítéljük életmódjukat, vagy megmondjuk, hány gyermeket kellene vállalnia. Csak segíteni szeretnénk megérteni, hogy a család mérete hogyan befolyásolja pénzügyi céljait, és hogyan tervezhet ennek megfelelően.

6. Válás és katasztrofális események: A Shadow Three költségterület utolsó árnyéka a válás és a katasztrófahelyzetek. Egyes országokban a válás elképesztő vagyonának akár 50%-ának elvesztéséhez vezethet, ami pusztító hatással lehet az anyagi függetlenség felé vezető útra. Pénzügyi függetlenségét az FI elérése után is elveszítheti, ha elveszíti vagyonának felét. Ez nem csak a pénzügyi következmények; az érzelmi teher óriási lehet. Ha elveszíti partnerét, akit szeret, az együtt töltött évek után érzelmileg megrendítő lehet, miközben veszélyezteti pénzügyi jövőjét. Mindenkit arra biztatok, hogy fordítson időt a megfelelő partner megtalálására. Fontolja meg, hogy ugyanazokat az értékeket és kompatibilitást osztja-e. Szánjon időt arra, hogy megértse a válás következményeit az adott helyen. Nem azt javasoljuk, hogy kerülje a házasságot vagy a kapcsolatokat, hanem inkább azt, hogy megértse a válás hatásait, amikor döntéseket hoz.

Achani Samon Biaou: Most fordítsuk figyelmünket a katasztrofális eseményekre, különösen azokra, amelyek az egészséggel kapcsolatosak. Sokan hajlamosak vagyunk azt hinni, hogy legyőzhetetlenek vagyunk a váratlan csapásokig. Mindazonáltal alapvető fontosságú annak felismerése, hogy egyikünk sem mentesül az egészségügyi problémák alól. Éppen ezért elengedhetetlen a proaktív tervezés és felkészülés. A robusztus egészségbiztosítási stratégia kidolgozásának a lista elején kell lennie. Fontolja meg a kívánt lefedettséget, és győződjön meg arról, hogy az azokra az országokra vonatkozik, amelyeket gyakran látogat. A megelőzés is kulcsfontosságú. A rendszeres szűrések és proaktív intézkedések jelentősen javíthatják az egészségügyi problémák hatékony kezelésének képességét. Ezenkívül ne hagyja figyelmen kívül a kritikus eszközei biztosításának fontosságát. A fontos tárgyak biztosítás nélkül hagyása jelentős anyagi terhekhez vezethet. Ne feledje, ha ma egy kis biztosítási díjba fektet be, hosszú távon jelentős költségeket takaríthat meg.

Olumide Ogunsanwo: Nyomatékosan arra biztatok mindenkit, hogy válással és egyéb katasztrófális eseményekkel járó helyzetekben a saját védelmét helyezze előtérbe. Különféle eszközök állnak rendelkezésre, beleértve a vagyonbiztosítást és az egészségbiztosítást. Miközben eligazod ezekben a körülmények között, kulcsfontosságú, hogy megtalálja a módját, hogy megvédje magát. Fontolja meg az olyan lehetőségeket, mint a házasságkötési szerződés, az egészségbiztosítási tervek, valamint a lakás- vagy ingatlanbiztosítás. A megfelelő biztosítás létfontosságú, mivel annak hiánya olyan kihívásokkal teli helyzetekhez vezethet, mint például egy háztűz. Bár nem adunk konkrét ajánlásokat minden lehetséges katasztrófára, szeretnénk hangsúlyozni, hogy ezek az esetleges negatív hatások az Ön pénzügyi útjára gyakorolt hatásukra vonatkoznak. Tegyen proaktív lépéseket, hogy megvédje magát!"

Ez lefedi a Big Three és Shadow Three kiadási területeinket. Az értékalapú kiadások összegzése: Azonosítsa és rangsorolja értékeit. Igazítsa a kiadásait ennek megfelelően, és ügyeljen arra, hogy engedjen a FOMO-nak. **A FOMO a probléma, az értékalapú kiadások pedig az ellenszer** . Most pedig térjünk át az ajánlásokra és referenciákra.

Achani Samon Biaou: Vicki Robintól: „ A pénzed vagy az életed ” [5]ajánlom . Bár nem kifejezetten a pénzügyi függetlenségre összpontosít, értékes útmutatást nyújt a nyugdíjba vonulás pénzügyi tervezéséhez. Olyan témákat fed le, mint az adósságcsapdák elől való kiszabadulás, a tudatos megtakarítási szokások kialakítása és az élet egyszerűsítése a felesleges dolgok megszüntetésével.

Olumide Ogunsanwo: Érdekes, hogy megemlíti, hogy ez nem közvetlenül az anyagi függetlenségről szól. Egyesek a könyv 1992-es változatát tekintik a pénzügyi függetlenségi mozgalom eredetének, még azelőtt, hogy a FI/RE (Financial Independence / Retire Early) kifejezést megalkották. Ez megmagyarázhatja, hogy miért nem hozza létre a kapcsolatot. Ez egy hihetetlenül fontos könyv, amely ráébreszti az embereket, hogy harmincas éveikben elhagyhatják a vállalati életet. Most három javaslatom van:

„ Early nyugdíjas extrém [6]” Jacob Fiskertől. A férfi egy zseni. Ez a könyv zseniális és nagyon ajánlott olvasmány. Fisker, a személyes pénzügyek és a pénzügyi függetlenség terén az egyik korai hangadó, osztja a kiadások és a költségek optimalizálásának elveit és rendszeralapú megközelítését.

Thomas Stanley: „ Milliomos a szomszédban ” [7]Ez a könyv betekintést nyújt az amerikai milliomosok életébe. Kutatásaik során a szerzők felfedezték, hogy a milliomosok fegyelmezettek és takarékosak, kerülik az extravagáns életmódot. Belemerülnek ezen egyének gondolkodásmódjába, költési mintáiba és értékalapú költésébe. A könyv több száz milliomos részletes profilját tartalmazza.

Thomas Stanley: „ Stop Acting Rich ” [8]Ez a könyv elmagyarázza, hogy a fizetés önmagában nem határozza meg a nettó vagyont; ez az ember költési

---

5. https://yourmoneyoryourlife.com/

6. https://www.amazon.com/Early-Retirement-Extreme-philosophical-independence-ebook/dp/
    B0046LU7H0

7. https://www.amazon.com/Millionaire-Next-Door-Surprising-Americas-ebook/dp/
    B0BX7G7PZN

8. https://www.amazon.com/Stop-Acting-Rich-Living-Millionaire/dp/0470482559

szokásaitól függ. Rávilágít arra a meglepő megállapításra, hogy az olyan szakmák, mint a tanítás, az alacsonyabb fizetések ellenére általában magasabb nettó vagyonnal rendelkeznek az alacsonyabb FOMO-hajlamok miatt. Másrészt az ügyvédek a magasabb fizetések ellenére gyakran a vártnál alacsonyabb nettó vagyonnal rendelkeznek, mivel behódolnak a FOMO-nak, és luxuscikkekre költenek, hogy lépést tartsanak társaikkal.

Achani Samon Biaou: Végezetül szeretném megismételni, hogy a FOMO az Ön ellensége.

Olumide Ogunsanwo: Fogadja el az értékalapú kiadások és a bevétel maximalizálásának erőteljes kombinációját, hogy elősegítse a pénzügyi függetlenség felé vezető utat. Értékelje elfogultságait, és teremtsen harmonikus egyensúlyt a kettő között, figyelembe véve egyedi lehetőségeit, körülményeit, tudását, kapcsolatait és környezetét. A közelgő utolsó fejezetben a FIREDOM életébe fogunk beleásni, és értékes betekintést nyújtunk abba, hogyan élünk az anyagi függetlenség elérése után. Maradjon velünk!

7: FIREDOM-történetek, pénzügyi függetlenség, szabadság és életed hátralevő része

Olumide Ogunsanwo: Sikerült! Utolsó fejezetünk. Micsoda utazás! Az egészet azzal fogjuk lezárni, hogy megvitatjuk, hogyan alakult az életünk, miután pénzügyileg függetlenné váltunk.

Achani Samon Biaou: Imádom! Bár a pénzügyi függetlenséghez vezető utat vitattuk meg, ugyanilyen fontos átgondolni, mi következik ennek elérése után.

Olumide Ogunsanwo: Izgatottan várom ezt a vitát.

Achani Samon Biaou: Személyes tapasztalataim alapján és Olumide tapasztalatainak ismeretében bátran kijelenthetem, hogy szép érzés anyagilag függetlenné válni.

Olumide Ogunsanwo: Ha az előző fejezeteket lebilincselőnek találtad, akkor ez a fejezet még jobban el lesz ragadtatva. Az előző fejezetekkel ellentétben, ahol a múlt emlékeit ástuk elő, ez a történet frissen van az elménkben. Ez a fejezet a jelenlegi életünket és azt, amit ma csinálunk.

Achani Samon Biaou: [Ének] Szabadság. Szabadság. Szabadság

Olumide Ogunsanwo: [Nevetés] Ön angolul énekel. Ez még jobb. Nem franciául. Csodálatos.

Achani Samon Biaou: [Nevetés] Alig várom, hogy elkezdhessem ezt a fejezetet.

Olumide Ogunsanwo: Samon, miért nem rúgsz ki minket? Mi történt azután, hogy elérte az anyagi függetlenséget?

Achani Samon Biaou: Hadd kezdjem egy kis kontextussal. Az anyagi függetlenség kezdete számomra 2018-ban volt, 35 évesen. Nemrég tértem vissza Dubaiba a BCG Ambassador Programból, ahol egy évet töltöttem Dél-Afrikában. Ezen a ponton kezdtek el befektetéseim a pénzügyi függetlenségi célszámomnál magasabb havi passzív jövedelmet generálni. Ez az újonnan felfedezett pénzügyi szabadság lehetővé tette számomra, hogy jobban kézbe vegyem a munkahelyemet, és a saját feltételeim szerint folytassam az érdekeimet. Kényelmesebben éreztem magam a korábban tabunak számító témák megvitatásában is. Akkoriban a McKinsey társult partnerének megfelelő megbízói rangra voltam előléptetve. Nyolc hónappal később megkaptam az előléptetést, és elkezdtem a BCG-ből való átállást.

Olumide Ogunsanwo: Ha pénzügyileg függetlenné válik, két okból is van értelme egy kicsit tovább dolgozni.

Először is, mindig bölcs dolog egy puffer a helyén. Mérnökként nagyra értékelem a pufferek értékét, és ugyanez az elv vonatkozik a pénzügyi tervezésre is. Nem akar túl precízen felmérni jövőbeli kívánságait és szükségleteit. Ha egy kicsit tovább dolgozik, pénzügyi puffert hozhat létre, amely figyelembe veszi az érdeklődések és igények jövőbeni változásait.

Másodszor, időbe telik, amíg feltárja és megtanulja, milyen lehetőségek állnak rendelkezésre, és mit szeretne tenni. Bár egyesek már korán megtalálták a hivatásukat, a legtöbb embernek időre van szüksége, hogy felfedezze valódi érdeklődését. Ha felhagy a munkával, és egész nap Netflixet néz, nem a legjobb módszer a kiteljesedés megtalálására.

Mindazonáltal kulcsfontosságú, hogy egyensúlyt találjon, és ne essen bele az „egy év szindróma" (OMY) csapdájába, ahol az anyagi függetlenség elérése után évekig folytatja a munkát. Hacsak persze nem az a célod, hogy folytasd a munkát, mert élvezed. Mint minden az életben, ez is a kompromisszumok mérlegeléséről és a megfelelő egyensúly megtalálásáról szól.

Achani Samon Biaou: Egyetértek. Körülbelül 1,5 évig maradtam a BCG-nél, miután már anyagilag független voltam. Egészen más voltam, mint mások, és a saját szabályaim szerint játszottam. Ez egy meghatározó pillanat volt számomra.

Olumide Ogunsanwo: Fedezzük fel egy kicsit azt a pillanatot. Milyen szavakkal jellemezné, hogyan érezte magát, amikor elérte az anyagi függetlenség pillanatát?

Achani Samon Biaou: Felnőttnek éreztem magam.

Olumide Ogunsanwo: [Elképedve] Hűha!

Achani Samon Biaou: Úgy éreztem, hogy elvégeztem a patkányversenyt. Még mindig része voltam a vállalati gépezetnek, de nem függtem tőle. Beszélgettem a cég két ügyvezető igazgatójával, akikben megbíztam, hogy tanácsot kapjanak arról, hogy tovább dolgozzak-e vagy sem. Az a tény, hogy folytattam ezeket a beszélgetéseket, már maga is azt jelezte, hogy felnőttem. Ezek a beszélgetések karrierveszélyesek lehetnek, mert ha a távozást fontolgatja, előfordulhat, hogy az ügyvezető igazgató nem harcol Önért, vagy nem fektet be Önbe. De nyugodt voltam, és nem törődtem a véleményükkel.

Olumide Ogunsanwo: Felnőttnek és békésnek érezte magát, miután elérte a pénzügyi függetlenséget, ami érthető, mert ez egy fontos mérföldkő. A FI/RE kontextusában két mérföldkő van: a pénzügyi függetlenség elérése (FI) és a korai nyugdíjba vonulás (RE), amely az Ön által végzett munkából más személyes elfoglaltságok felé való átállás. Ez a könyv elsősorban az FI-re összpontosít, amely az a pont, ahol az ember elegendő eszközt halmozott fel, hogy élete végéig fedezze költségeit. Elérte FI-t, ami az a hihetetlen mérföldkő, amiért próbáltuk felkelteni az embereket. Van más szó, amellyel leírnád, hogyan érezted magad?

Achani Samon Biaou: Az érzés - franciául apesanteurnek nevezik (pesanteur a gravitáció, az apesanteur a gravitáció hiánya)

Olumide Ogunsanwo: [Mosolyogva] Csodálatos!

Achani Samon Biaou: Lebegtem. Éreztem, hogy egy egész világ létezik odakint, és végre szabadon fedezhettem fel a saját feltételeim szerint. Nyugtalannak éreztem magam, ugyanakkor azon gondolkodtam, mit tegyek. Ez a szabadság, a szorongás és az egésznek értelmet adni próbáló kombinációja.

Olumide Ogunsanwo: Még amikor hallom is, izgatott vagyok, amiért megpróbálod elképzelni. El tudom képzelni, hogy eredetileg azt tervezte, hogy két évig marad a BCG-nél, de végül majdnem hat évig maradt. Végül elérte az anyagi függetlenséget, és el tudom képzelni a lehetőségek kapuit, amelyek megnyíltak előttetek, és azt a felhatalmazást, amelyet minden bizonnyal érezhetett ahhoz, hogy éljen velük.

Achani Samon Biaou: Egy kicsit büszkének és érvényesültnek is éreztem magam. Olimpiai sportolónak éreztem magam. Az előkészületek során néhányan kételkedtek, és olyanokat mondtak, mint "Felejtsd el, mire gondolsz?" Mindazonáltal független gondolkodó maradtam, megszállottan célom elérésére, és végül sikerült is.

Ez volt az első, amit teljes mértékben birtokoltam, célt tűztem ki magam elé, és nem követtem a társadalmi normákat. Ezzel szemben az életem más eredményeit gyakran befolyásolták a társadalmi elvárások, és a cél elérése érdekében szolgáltak. Például felvételt kértem egy kiváló üzleti iskolába, hogy személyesen fejlődjek, és hogy döntési jogkörrel rendelkező, jól fizető állást biztosítsak. Hasonlóképpen, a tanácsadói munkám során is hosszú órákat dolgoztam és sikereket értem el, de nem szerettem a késő estéket – ez csak a munka része volt.

Ami az anyagi függetlenséget illeti, szerelmes voltam a folyamat minden lépésébe. Elsősorban azért törekedtem az anyagi függetlenségre, mert végre csak én akartam lenni, és csak én. Amikor anyagilag függetlenné váltam, sikerélményt, őrültséget és tulajdonost éreztem.

A BCG-ben és az üzleti iskolában szerzett tapasztalataim által keltett önbizalommal úgy döntöttem, hogy Párizsba költözöm, és 2020 elején felkeresek egy startup vállalkozást, amikor a BCG-től kiléptem. Előző évben bérleti szerződést írtam alá, mert Párizsban nehéz lehet helyet találni. Bár még mindig a BCG projektjén dolgoztam Szaúd-Arábiában, elkezdtem áttérni új életemre Párizsban, ahol már lakást szereztem. Aztán beütött a COVID-19, és Párizsban ragadtam. Vállalkozói utam még az indulás előtt leállt, mivel csak bevásárlás vagy rövid séták miatt hagyhattuk el a lakást. Körülbelül abban az időben keresett meg egy vezető kapcsolattartó az Egyesült Arab Emírségekből segítségért. Ez volt az egyik első lehetőség, hogy gyakoroljam azt a szabadságot, amelyet az anyagi függetlenség kivívása révén nyertem.

Olumide Ogunsanwo: Ez egy egyedülálló helyzet. 2018-ban eljött az anyagi függetlenség pillanata, de 2020-ban is a BCG-nél dolgozott. Miután elhagyta a BCG-t, egy korábbi kapcsolata, aki korábbi munkatapasztalata alapján ismerte Önt, felajánlotta a lehetőséget egy projekt megvalósítására. Megteheti ezt a saját feltételei alapján, és a kívánt módon szabhatja meg, és több időt fordíthat a végrehajtásra. Remek lehetőség lehetett volna az ügyfelektől függően.

Achani Samon Biaou: Élveztem az emberekkel való munkát, és ezt tartottam az első valódi lehetőségemnek arra, hogy hatást keltsek és formáljak valamit a tanácsadás korlátai nélkül.

Olumide Ogunsanwo: Megvolt az ügynökség, nem korlátozta a BCG-gép, amely bizonyos szempontból zseniális és gyönyörű, de más szempontból nem annyira jó.

Achani Samon Biaou: Pontosan. A BCG-nél töltött idő alatt elemzőkből és munkatársaimból álló csapatom volt, akik az elemzések elvégzéséért és a diák elkészítéséért feleltek. Miután azonban elhagytam a BCG-t, és új projektet vállaltam, azon kaptam magam, hogy az elemzőtől az ügyvezető igazgatóig sokrétűbb feladatkört vállaltam. Ez olyan feladatokat tartalmazott, mint a diák írása, a döntések meghozatala és a projekt végrehajtása. A projekt irányításának teljes körű birtoklása egyedülálló és élvezetes élmény volt. Imádtam ezt az élményt. Ekkortájt határoztam el, hogy feltárom a középtávú utazások iránti szenvedélyemet (akkor hónapokig különböző helyeken éltem), ami korábban nehéz volt a munkahelyi korlátok miatt.

Tanultam egy-két dolgot ebből az utazásból. Először is, az anyagi függetlenség tízszeresen megéri.

Olumide Ogunsanwo: Nem tudnék jobban egyetérteni. A FI csodálatos.

Achani Samon Biaou: Másodszor, fel kell készülnöd rá. Sok olyan pillanatom volt, amikor az emberek megpróbáltak beszervezni. Először is, a BCG-nél töltött utolsó hónapjaimban felkínáltak egy gyors partnerséget az egyik új irodánkban. Aztán volt ügyfelek és harmadik felek is megkerestek. Ez a tanácsadás szépsége: nagyon piacképes vagy. Az emberek több pénzt ajánlottak nekem, és egy részem azon töprengett, hogy megtehetem-e ezt egy évig, és még függetlenebbé válhatok. Ezek a kísértések alapján értékeli, hogy valóban erős-e az anyagi függetlenség iránti vágya. Ha igen, akkor nem fog visszamenni a régi karrierjéhez vagy hasonló munkáihoz csak azért, mert pénzt kínálnak.

Olumide Ogunsanwo: Ez egy jó pont. Hadd tartsunk rajta egy kicsit. A könyvben korábban azt tanácsoltuk, hogy fontos világos és meggyőző elképzelés arról, hogy hol szeretne eljutni a pénzügyi függetlenség felé vezető úton. Ha beleszeret önmaga jövőbeli elképzelésébe, és erős érzelmi kapcsolata van a jövőképével, akkor nagyobb valószínűséggel marad elkötelezett benne. E kapcsolat nélkül kísértést érezhet egy új állásajánlat elfogadására pusztán azért, mert az jobbnak tűnik, mint a jelenlegi. Fontos, hogy időt szánj rá, hogy rájöjj, mit is akarsz valójában az életben. Ha úgy dönt, hogy az anyagi függetlenség elérése után új munkahelyre vagy karrierútra váltás megfelel a céljainak, nincs ezzel semmi baj. Mindazonáltal kulcsfontosságú, hogy önreflexióba kezdjen, és önismeretre tegyen szert, hogy megfelelő döntéseket hozhasson a jövőjét illetően.

Achani Samon Biaou: Nem tudnék jobban egyetérteni. Ha kíváncsi arra, hogy az anyagi függetlenség megfelelő-e az Ön számára, van egy gyors teszt, amelyet megtehet. Nem feltétlenül kell pontosan tudnod, hogy mit akarsz ezután csinálni, de tudnod kell, hogy nem szeretnéd folytatni azt, amit most csinálsz. Az anyagi függetlenségre akkor érdemes törekedni, ha úgy gondolja, hogy jobban fogja élvezni a folyamatot és a felé vezető utat, mint magát az eredményt.

Olumide Ogunsanwo: A sebezhetőség és a felfedezés döntő fontosságú a pénzügyi függetlenség elérésében. Ha a nagyfokú biztonságot részesíti előnyben, egy vállalati struktúra kínálhatja ezt, és ott tarthat, amíg meg nem öregszik. Másrészt az anyagi függetlenséghez hozzátartozik a kíváncsiság és a felfedező gondolkodásmód, amely izgalmas, új életet nyithat meg előtted.

Achani Samon Biaou: A legfontosabb dolog az anyagi függetlenség elérésében az általa nyújtott szabadság. Nem arról van szó, hogy jobb munkát találjanak. Még csak nem is arról van szó, hogy meggyőző jövőképet találjunk, bár ez egy fontos lépés. Inkább arról van szó, hogy szabadon kereshetsz, amit csak akarsz, és azt csinálhatsz, amit akarsz, amikor csak akarsz. Élvezned kell ezt a lelkiállapotot, és szeretetet kell érezned iránta. Ha pénzügyi függetlenséged van, akkor képes vagy feltárni érdeklődésedet és szenvedélyeidet, vagy dönthetsz úgy, hogy egyáltalán nem kutatsz. Szabadon dönthet, és azt teheti, amit igazán szeretne. Számomra az anyagi függetlenség elérése azt jelentette, hogy a BCG-nél végzett munkám intenzitását valami általam választott dolog felé irányítottam.

Célom az volt, hogy időt és teret adjak magamnak, hogy felfedezzem és más területek felé irányítsam az energiáimat. Nem akartam olyan Netflix-életet élni, ahol állandóan a szórakoztatáshoz ragadtam. Azt akartam, hogy meg tudjam választani, mit szeretnék csinálni, és folyamatosan új dolgokat fedezhetek fel.

Olumide Ogunsanwo: Gyönyörű. Hozzáteszek néhány pontot. Az élet számos fontos területét nehéz maradéktalanul megoldani. Például a kapcsolatokban folyamatos beszélgetések zajlanak romantikus partnereddel, családoddal és közösségeddel, és folyamatosan törekszel ezek javítására. Ezeket a célokat soha nem oldják meg vagy érik el teljesen, hanem a növekedés és a fejlődés folyamatos folyamata. Ugyanez vonatkozik az egészségre is – mindig lehet valami újat tanulni az étkezés, a testmozgás, a stresszkezelés és a mentális egészség gondozásának legjobb módjáról. Az anyagi függetlenség azonban egyedülálló abban, hogy egyike azon kevés nagy dolgoknak az életben, amelyek szinte teljesen megoldhatók. Ha anyagilag függetlenné válik, szabadon összpontosíthat az élet más területeire, például a kapcsolatokra és az egészségre, amelyek folyamatos erőfeszítést igényelnek. A pénzügyi függetlenség olyan eszköz, amely több időt, energiát és pénzt biztosít az élet más fontos területeibe való befektetéshez, amelyek véget nem érő fejlődési utakat jelentenek.

Függetlenül attól, hogy milyen munkát végez, legyen Ön festő, befektetési bankár, vezetési tanácsadó vagy műszaki dolgozó, a munkán kívül valószínűleg más érdeklődési körei és szenvedélyei is vannak. Talán szeret úszni, röplabdázni, korcsolyázni vagy utazni. Nehéz lehet időt és energiát találni ezen érdeklődési körök folytatására, ha minden idejét a munkahelyén vagy a vállalkozásával tölti azzal, hogy pénzt keres. Az anyagi függetlenség megadhatja a szabadságot, hogy több időt fordítson azokra a dolgokra, amelyeket szeret, vagy azt gondolja, hogy szereti.

Emberként többdimenziósak vagyunk, és többféle érdekünk van. Képzeld el, ha több időt tölthetnél szenvedélyeiddel, legyen szó vállalkozásalapításról, világutazásról vagy valami másról. A FIREDOM az a szabadság, hogy megválasszuk, mit akarunk csinálni az idejükkel és energiájukkal. Ezért szeretem az anyagi függetlenséget, ezért írtuk ezt a könyvet, és hívtuk FIREDOM-nak (Financial Independence + Retire Early + Freedom).

Achani Samon Biaou: Ha még mindig a Google-nál dolgozott, több oka is lehet annak, hogy nem írt könyvet. Az egyik lehetőség az, hogy esetleg nem volt ideje megírni. Ezenkívül előfordulhat, hogy randevúznia kellett valakivel a jogi osztályon, hogy engedélyt kapjon. [Nevetés] Itt viccelek.

Olumide Ogunsanwo: [Nevetés] Vicces, hogy felhoztad ezt, de igazából engedélyre volt szükségem ahhoz, hogy 2020-ban elkezdhessem az Afrobility-t. Nem viccelek.

Achani Samon Biaou: Nagyra értékelném, ha az emberek a történet kulcsfontosságú elemeire tudnának összpontosítani. A pontosítás kedvéért íme egy összefoglaló arról, hogyan éreztem magam: Először is, felnőttnek éreztem magam. Másodszor, mélyebb sikerélményt tapasztaltam, mint az MBA megszerzését tekintélyes üzleti iskolákban, ahol bizonyos mértékig érvényesítésre vágytam.

Olumide Ogunsanwo: Természetesen. Az anyagi függetlenség elérése 35 éves korig kivételesen nagy kihívást jelent, még annál is nagyobb kihívás, mint a Stanford GSB (Graduate School of Business) felvétele. Ez különösen igaz, mivel Ön Beninben született és nőtt fel. Ha figyelembe vesszük azoknak a számát, akik Beninben nőttek fel Önnel egy időben, és 35 éves korukra sikerült elérniük az anyagi függetlenséget, meglepődnék, ha ez meghaladná a 0,01%-ot. Hihetetlen teljesítmény.

Achani Samon Biaou: A legtöbb barátom ezt mondta: „Miről beszélsz? Hogy érted azt, hogy nem fogsz tovább dolgozni?”

Olumide Ogunsanwo: A párom azt mondta egy munkatársamnak, hogy könyvet írok az anyagi függetlenségről. Mire a kolléga így válaszolt: "Tudok az anyagi függetlenségről, ami azt jelenti, hogy foglalkoztatható vagyok, és könnyen megtalálok olyan munkát, amilyet csak akarok." [Nevetés]

Achani Samon Biaou: [Nevetés] Mélyen beágyazódott a pszichénkbe. Beszéltem néhány embernek az anyagi függetlenségről, és azt válaszolták: „Rendben, akkor most milyen munkát fogsz csinálni?”

Olumide Ogunsanwo: [hisztérikus nevetés]

Achani Samon Biaou: Állítólag munkát kell végezned. Szinte soha nem szabad a saját dolgoddal foglalkoznod. Összefoglalva a közelmúltban szerzett tapasztalataimat, érettséget és büszkeséget éreztem a teljesítményemre. A múlttal ellentétben nem azért tettem, hogy lenyűgözzek másokat. Úgy éreztem, visszatértem a szabadság érzéseihez, ami gyerekkoromban volt. Emlékezz, gyerekkorom történetében említettem, hogy az egyik legkorábbi emlékem a szabadság érzése volt. Ahogy felnőttem, úgy éreztem, hogy ez a szabadság fokozatosan elveszett, miközben megpróbáltam megfelelni a társadalmi elvárásoknak, és az anyagi függetlenség volt az az eszköz, amellyel visszaszereztem a szabadságomat. Ezen kívül megtapasztaltam a súlytalanság vagy az "apesanteur" érzését, ami egy francia szó a gravitáció hiányára. Olyan érzés, mintha a világűrben lebegnél, és minden kiterjedt. Bármelyik irányba mehetsz, felszabadító, de egyben zavaró is. Ezek voltak az érzéseim.

Párizsba költöztem, és úgy döntöttem, hogy felfedezem a vállalkozói lehetőségeket, de aztán beütött a COVID-19, és minden leállt. Azonban váratlan lehetőség elé állítottam egy olyan intézmény irányvonalát az Egyesült Arab Emírségekben, amelyek megfeleltek az én hatásosságom vágyának. Én vezetném a projektet és felügyelném a megvalósítását, ami eltért a BCG-nél töltött korábbi szerepemtől, ahol egy projektet vezettem, majd minden ajánlást és megvalósítást átadok a cégnek.

Olumide Ogunsanwo: Igen, átadja az összes projekt leszállítását az ügyfeleknek, és sok szerencsét kíván nekik. [Nevetés]

Achani Samon Biaou: Néha, még ha szenvedélyesen is rajong egy ötletért, kétségei lehetnek annak lehetséges sikerét illetően, tudván, hogy valószínűleg csak néhány aspektusa valósul meg, míg a többit elfelejtik. Ettől függetlenül ez volt az első kísérletem. A második kísérletem az utazással foglalkozott. Mindig is élveztem az új kultúrák megismerését, így a párommal egy éves utazásra indultunk, ahol több hónapot töltöttünk minden egyes városban, ahol meglátogattunk. Míg néhány kollégám furcsának találta ezt a hosszú utazást, hat különböző országot sikerült felfedeznünk, elmerülve kultúrájukban és nyelvükben.

A harmadik célom a nyelvtanulás volt. Már hét nyelven folyékonyan beszéltem, ezért úgy döntöttem, hogy megtanulok még néhányat. Jelenleg kínaiul tanulok, és fejlesztem az arab nyelvtudásomat. Nem próbálok elhelyezkedni Kínában. Nem próbálok politikus lenni egyetlen arab országban sem. Szeretem a nyelveket, és szeretném kifejezni magam, és újságokat olvasni a világ minden tájáról anélkül, hogy kizárólag a médiára támaszkodnék.

Azonban nem minden volt egyszerű. Az Egyesült Arab Emírségekben folytatott projektem után fontolóra vettem saját cégem alapítását, és rájöttem, hogy a múlt bizonytalanságai újra felszínre kerülnek. Stanfordi diplomásként gyakran nehezedik a nyomás egy unikornis startup létrehozására, de az anyagi függetlenségem lehetővé tette számomra, hogy prioritásként kezeljem saját kiteljesedésemet, és csak olyan vállalkozásokat folytassak, amelyek valóban érdekelnek. Ahelyett, hogy nyomást éreznék, arra törekszem, hogy képes legyek a saját feltételeim szerint élni az életet.

Olumide Ogunsanwo: Igen. A motivációdnak belülről kell származnia.

Achani Samon Biaou: Majdnem hat hónapig küzdöttem ezzel. Ezalatt néhány hétre visszatértem a Szilícium-völgybe, hogy barátaimmal lógjak, és megpróbáljam feldolgozni a gondolataimat. Végül rájöttem, hogy egy másik formába (a mindenáron vállalkozói létbe) való behatolás előtt állok, ami a megszerzett szabadság elpazarlása lett volna. Ez volt a múlt. Ma a nyelvekre koncentrálok, mert fontosak számomra. A FIREDOM segítségével megvan a lehetőségem arra, hogy megválasszam, hol éljek, és kivel veszem körül magam. Az Egyesült Államokban élni azért fontos számomra, mert rengeteg ötletet és szabadságot kínál, amely a világon máshol nem található. Így olyan módon tölthetem az időmet, ami a legfontosabb számomra.

Olumide Ogunsanwo: Természetesen az amerikaiak szeretik a szabadságot. Ez része az ország szellemiségének.

Achani Samon Biaou: A FIREDOM és a Freedom nagyon jól illeszkedik az értékeimhez, de nem tervezem, hogy életem végéig Amerikában maradok. Utazni szeretnék, és a jövőben esetleg máshova költözni. Számomra az a fontos, hogy meg tudjam választani, hol éljek. Az anyagi függetlenség elérése érettség és felelősségérzetet adott bennem. Kihívom magam, hogy időről időre próbáljak ki új dolgokat, például megírjam ezt a FIREDOM-könyvet, dolgozzak startupokon és vállaljak új projekteket.

Az egyik legújabb projektem az informatika oktatása középiskolásoknak Afrikában. Reméljük, hogy az angol nyelv tantervbe való integrálásával lehetőséget adunk ezeknek a diákoknak arra, hogy kapcsolatba lépjenek a világ minden tájáról érkező emberekkel, és potenciálisan angol nyelvű országokban tanuljanak. Talán sikerül majd munkát találniuk a technológiai iparban, mielőtt egyetemre mennének, vagy egy gyakornoki modellben tanulnának. Végtelen lehetőségek állnak rendelkezésre a felfedezésre, de sajnos nem sok embernek van szabadsága vagy érdeke, hogy ezeket keresse.

Olumide Ogunsanwo: Az anyagi függetlenség szellemi teret, sávszélességet, időt és figyelmet biztosít Önnek, hogy mindenre összpontosítson, ami felkelti az érdeklődését. Ez az egésznek a szépsége. Az anyagi függetlenség megadja a szabadságot, hogy bármit folytathasson. Lehet, hogy Samon története nem érdekli, mert nem rajong az oktatásért vagy a nyelvért. Rendben van. A lényeg az, hogy az anyagi függetlenség lehetőséget ad arra, hogy azt csináljon, amit csak akar, legyen szó akár szenvedélyeinek gyakorlásáról, akár új lehetőségek felfedezéséről.

Achani Samon Biaou: Több okból is szeretem az anyagi függetlenséget. Először is nagyra értékelem a földrajzi rugalmasságot. Nem akarok még egy telet azzal tölteni, hogy a hóval és a vele járó gondokkal foglalkozzak, mert nem okoz örömet. Másodszor, élvezem a hálózatépítést, és olyan emberek közelében lenni, akik intellektuálisan ösztönözhetnek. Ezért döntöttem úgy, hogy San Franciscóban élek, a Bay Area-ban. Végül pedig szeretem a felfedezés és a trükközés szabadságát.

Íme a pénzügyi függetlenség transzverzális nézete. Életünk három szakaszra osztható, ha a szabadságról van szó. Kezdetben szabadnak születünk. Később, amikor nyugdíjba megyünk, visszanyerjük szabadságunkat, mivel a munka már nem korlátoz bennünket. Munkás éveink középső szakaszában azonban gyakran szembesülünk különféle kötelezettségekkel, korlátokkal, amelyek korlátozzák szabadságunkat.

Ez a FIREDOM esszenciája – az a képesség, hogy összenyomjuk a középső időszakot, és saját feltételeink szerint éljük az életet, követve szenvedélyeinket, maximalizálva a boldogságot és a célt produktív éveinkben. Röviden, az anyagi függetlenség lehetővé teszi számunkra, hogy megengedhessük magunknak, hogy azt tegyük, amiért a legjobban rajongunk, és találékonyságunkkal értelmes módon járuljunk hozzá a társadalomhoz.

Olumide Ogunsanwo: Huszon-harmincas éveiben pénzügyi függetlenség elérése hihetetlenül izgalmas lehet. Életednek ebben a szakaszában fiatal vagy, tele vagy energiával, és vágysz arra, hogy felfedezd a világot. Miért ne tehetne korábban lépéseket az anyagi függetlenség kivívása érdekében, hogy saját definíciója alapján céltudatosabb, élvezetesebb életet élhessen? Végül is nem arról van szó, hogy megfeleljen mások elvárásainak, legyen szó családjáról, főnökéről vagy menedzseréről. Arról szól, hogy a saját feltételeid szerint éld az életet, és meghatározd a saját utadat.

Pontosan ezért hoztuk létre ezt a könyvet – hogy segítsen átvenni az irányítást pénzügyi jövője felett, és olyan életet teremteni, amelyet szeretni fog. Azt üzenjük Önnek, hogy izguljon fel az élet iránt, és kezdjen el terveket készíteni, hogy lépéseket tegyen az igazán vágyott élet felé. Ne várjon 80 éves koráig, hogy elkezdje azt az életet élni, amit szeretne – kezdjen el lépéseket az anyagi függetlenség felé már most, hogy a legjobb életet élhesse.

Achani Samon Biaou: Van két példám, amely bemutatja, hogy mások hogyan értékelik a TŰZELÉST. Az első példa a 20%-os személyes projektidő koncepciója, amelyet a Google-hoz hasonló cégek kínálnak alkalmazottaiknak. Lényegében alkalmazottaiknak idejük 20%-át visszaadják arra, hogy olyan projekteken dolgozzanak, amelyek iránt szenvedélyesek. Ha a vállalat úgy gondolja, hogy a projektben potenciál van, azt akarják, hogy a vállalaton belül valósítsák meg, hogy igényt tarthassanak a teljesítményből. Ez csak egy példa arra, hogy a vállalatok hogyan ismerik fel annak értékét, hogy az embereknek szabadságot adnak szenvedélyeik gyakorlására.

A második példa az univerzális alapjövedelem (UBI) gondolata, amelyet sokan vitattak. Az UBI azt javasolja, hogy egy bizonyos szintű jövedelem biztosítása az embereknek, hogy ne kelljen aggódniuk olyan alapvető szükségleteik miatt, mint az élelem és a szállás, pozitív hatással lehet az emberiségre, mivel felszabadítja az embereket, hogy bármit csináljanak, amit csak akarnak. Ez azt mutatja, hogy az emberiség íve a nagyobb szabadság felé tol, hogy életünket alakíthassuk, ahelyett, hogy valaki más alakítaná helyettünk (pl. a kormány az UBI-val, vagy a 20%-os személyes idővel rendelkező cégek).

Végső soron ennek a könyvnek az értékajánlata az, hogyan gyorsítsd fel a FIREDOM felé vezető utat. Az utunk bizonyos mértékig a patkányversenyen való áteséssel járt, de ezt szándékosan. Optimalizáltuk költségeinket és maximalizáltuk bevételeinket bizonyos irányvonalak követésével, például a professzionális szolgáltatásokkal. Te is megteheted ugyanezt, és korán újrahasznosíthatod (ahelyett, hogy visszavonulsz) a patkányversenyből, és tüzet adhatsz a világnak.

Olumide Ogunsanwo: Gyönyörű volt a FIREDOM történeted. Megpróbálom összefoglalni a történeted tanulságait. Reméljük, hogy történetünk olvasása közben összeszedett néhány hasznos alapelvet, amelyeket az út során megtanultunk. Ezek közé tartozik az önbizalom fontossága, a független és kritikus gondolkodás, a mások másolásának elkerülése, szükség esetén agresszív kockázatvállalás, a lehetséges árnyoldalaktól való félelem és ezen szokások kialakítása. Emellett elengedhetetlen, hogy izguljon a jövő miatt, és kíméletlenül hajtson végre egy tervet az anyagi függetlenség elérésére.

Ha ezeket a dolgokat véghezvitted, a túloldalon a FIREDOM (FI + RE + Freedom) dicsőséges és varázslatos élete vár rád, ahol a saját feltételeid szerint élheted az életed.

Achani Samon Biaou: Olumide, most rajtad a sor. Izgatottan várom a gondolatait a FIREDOM óta eltelt életről. Mesélnél egy kicsit a közönségnek a környezetedről és arról, hogy hol voltál, amikor elkezdted FIREDOM-os életedet?

Olumide Ogunsanwo: 2020-ban 35 évesen lettem anyagilag független. Hihetetlen érzés volt. Elképesztően éreztem magam! felvidultam. Talán életem egyik legboldogabb napja volt. Évekig kitűztem egy célt, és a saját feltételeim szerint dolgoztam azon, és végül elértem. Hasonló volt ahhoz a pillanathoz, amikor megkaptam a felvételi levelemet Oxfordból, amikor izgatottan táncoltam a szobámban. Tudtam, hogy az életem soha többé nem lesz a régi.

Büszke voltam, mert tudtam, hogy az anyagi függetlenség elérése nem könnyű feladat. Felidéztem 2014 nyarán, amikor beleszerettem a FI ötletébe, és rájöttem, hogy ez lehetséges. Gyorsan előre 2020-ra, és megcsináltam. A rendkívüli boldogság hihetetlen érzése volt , és úgy éreztem, hogy valami figyelemre méltót tettem. Elégedett voltam magammal és a megtett úttal.

Achani Samon Biaou: Teljesen kötődöm ehhez az érzéshez, és ha hallom, hogy beszélsz róla, az örömet okoz. Valójában volt egy olyan tanács, amit az előző fejezetben adtál, és nagyon visszhangzott bennem. Említette, hogy az anyagi függetlenség elérése után is előnyös lehet még egy ideig dolgozni, mielőtt bármilyen nagy döntést hozna. Kíváncsi vagyok a személyes tapasztalataidra ezzel kapcsolatban. Tudsz beszélni arról, amit csináltál?

Olumide Ogunsanwo: Íme, mit csináltam, és mit csinálnék másként, ha újra meg kellene csinálnom. 2020 elején elindítottam az Afrobility podcastot Bankole-lal, mert szeretem a technológiai ipart, a vállalkozásokat elemezni, és úgy gondoltam, szórakoztató lenne vele együtt dolgozni egy projektben. Bár akkor még nem jutottam el FI-hez, a podcast elindítása megváltoztatta az identitásomat, és kényelmesebbé tette a vállalati szerepemen kívüli vállalkozói lehetőségek felfedezését. Elkezdtem úgy gondolni magamra, mint Google-munkásra és podcasterre.

Nem azért mondtam fel a Google-nál, mert élveztem ott dolgozni, és minden jól ment. 2021-re azonban az Afrobility podcast gyorsan népszerűvé vált, és elindítottam az Adamantium Fundot is. Ennek eredményeként az identitásom ismét megváltozott, és elkezdtem Google-munkásnak, podcasternek és befektetőnek tekinteni magam.

2021-re a podcast és az alap egyre nőtt, és egyre nehezebb volt egyensúlyt teremteni a vállalati szerepem és a személyes projektjeim között. Tehát 2021 negyedik negyedévében három hónapos szabadságot tartottam, hogy teszteljem, milyen lenne az élet, ha csak az alapra és a podcastra koncentrálnék. Szórakoztató és csodálatos volt. Egy kicsit sem hiányzott a szerepem, így amikor 2022-ben visszatértem, világos tervem volt a kilépésről, és végül 2022 végén otthagytam a Google-t.

Ha újra megcsinálhatnám, már korábban elkezdeném több vállalkozói lehetőség és személyes projekt feltárását. Szerencsém volt, hogy más vállalkozásokkal is foglalkozni kezdtem nagyjából ugyanabban az időben, amikor elértem az anyagi függetlenséget. Szeretem az Afrobility felvételeit és az afrikai induló vállalkozások támogatását az Adamantium Fundon keresztül.

Azt tanácsolom a fiataloknak, hogy a 20-as éveik elején kezdjenek el kísérletezni a melléküzletekkel és a mellékvállalkozásokkal, munkájuk mellett. Sokan napi négy órát töltenek tévézéssel, amit jobban el lehetne tölteni egy szenvedélyes projekt vagy vállalkozási lehetőség megvalósításával. Ez nem csak abban segít, hogy gyorsabban váljon anyagilag függetlenné, hanem egy izgalmas dologra is összpontosítson. Még ha jó a személyes pénzügyei, és van egy stabil munkahelye is, soha nem túl korán vagy túl későn elkezdeni más érdeklődési körök felfedezését. Valójában még jobb, ha korán kezdi, mert így hosszabb ideig élvezheti és töltheti az időt azokkal a dolgokkal, amelyeket szeret. Ne keressen parancsikonokat és gazdagodási sémákat, álljon készen a munkára.

Ne várjon addig, amíg anyagilag függetlenné válik vagy nyugdíjba vonul, hogy szenvedélyeinek űzze; kezdje el most, és élvezze az utazást. A pénzügyi függetlenség elérése után a vállalati állásból való kilépés késleltetése bölcs döntés pénzügyi puffer létrehozására. A jövőbeni szükségletek és kiadások becslése nem egzakt tudomány, így a puffer birtoklása több lehetőséget és rugalmasságot biztosít az új és potenciálisan költségesebb projektek megvalósításához, amelyeket nem vett figyelembe a pénzügyi függetlenség tervezése során.

Jobb, ha otthagyja a munkáját, ha más projektjei vannak, amelyekre az idejét és energiáját összpontosíthatja. Az én esetemben ez volt a tökéletes alkalom, hogy elhagyjam a Google-t, mert már dolgoznom kellett az Adamantium Fund and Afrobility podcaston. Ha azonban mindenféle terv nélkül távoztam volna, hogy mit csináljak tovább, akkor átélhettem volna a "nyugdíjas bluest". Ez az unalom vagy az üresség érzése, amely akkor jelentkezhet, amikor hirtelen áttér a teljes munkaidős munkáról arra, hogy sok szabadideje van napi nyolc órán át tévézni [Nevetés]. Ennek elkerülése érdekében fontos, hogy legyenek más tevékenységek vagy projektek, amelyek elköteleződnek és ösztönöznek. Az én esetemben nem tapasztaltam nyugdíjas blues-t, mert négy alapítóval hívtam fel az Adamantium Fundot, és a Google-tól való távozásom utáni napon készültem az Afrobility következő epizódjára. A hívásaim között táncoltam is a szobámban. Fantasztikus volt.

Végezetül fontolja meg, hogy néhány hónapos sabbatikus vagy mini nyugdíjba vonul, mielőtt felmondana, hogy tesztelje, milyen érzés nem dolgozni. Ezt magam csináltam, és három hónap szünetet tartottam, mielőtt otthagytam a Google-nál végzett munkámat. Ez lehetővé tette számomra, hogy meglássam, szívesen dolgozom-e teljes munkaidőben az alapomon, podcastomon és egyéb személyes projektjeimen, és lehetőséget adott arra is, hogy átgondoljam, hogyan szeretném felépíteni a napjaimat és eltölteni az időmet. Értékes tapasztalat volt, amely segített felkészülni az átmenetre, és a legtöbbet kihozni az időmből, miután elhagytam a munkámat.

Achani Samon Biaou: Ez olyan éleslátó. Visszatekintve a saját pályámra, rájöttem, hogy nem könnyítettem meg annyira az átmenetemet arra az életre, amelyet szerettem volna, mint te. Amikor Párizsba mentem azzal a homályos elképzeléssel, hogy az EdTech területén indítok startupot, nem készítettem eleget előzetesen. Nem koncentráltam eléggé arra, hogy kipróbáljam azt az életet, amit szerettem volna, ami a kelleténél nagyobb kihívást jelentett az átállásban. Ezért szeretném hangsúlyozni a közönségnek, mennyire fontos, hogy szárazon futtassák a terveit. Szerencsém volt, hogy a COVID-19 világjárvány rákényszerített egy kis önvizsgálatra. Ellenkező esetben az átállás sokkal nehezebb lett volna. Ha 21 éves, fedezze fel érdeklődési körét és hobbijait. Kezdjen el tenni valamit, és nézze meg, hogy valóban elbűvölnek-e. Mire eléri az anyagi függetlenséget, tartson még egy szabadnapot néhány hónapra, hogy olyan tevékenységekkel töltse az idejét, amelyeket a vállalati vagy üzleti életének elhagyása után szeretne végezni. Nézze meg, milyen érzéseket keltenek benned, és ismételd meg, amíg meg nem találod, mi a legjobb az Ön számára.

Olumide Ogunsanwo: Igen. Mindenkit arra biztatok, hogy kísérletezzen személyes projektekkel és mellékes mozgalmakkal, mert ez segíthet új készségek elsajátításában, új érdeklődési körök elsajátításában, új emberek megismerésében, valamint a szenvedély és életcél megtalálásában. Ha időt szán a szakmai életen kívüli hobbira és projektekre, olyan új területeken szerezhet ismereteket és tapasztalatokat, amelyek érdekesebbé teszik a beszélgetést. Ahelyett, hogy kizárólag a vállalati létezésére összpontosítana, sokféle téma áll rendelkezésére, amelyet megvitathat és megoszthat másokkal.

Ha őszinték vagyunk önmagunkhoz, sokunknak valóban sok ideje van a kezünkben, de gyakran nem használjuk fel hatékonyan. A 20-as éveimben a legtöbb napon videojátékokkal és TV-műsorokkal játszottam néhány órát, így meg tudom kötni a szabadidős tevékenységek vonzerejét. Visszatekintve azonban rájövök, hogy rengeteg más dolgot is felfedezhettem és kísérletezhettem volna, de még csak nem is gondoltam rájuk.

Bár ezek a személyes projektek végül bevételt generáló vállalkozásokká válhatnak, a felfedezésük fő célja nem a pénz, hanem az önmagunk jobb megértése kísérletezéssel, hogy megtalálja, mire szeret időt és energiát költeni, amíg még fiatal. . Mire eléri a harmincas-negyvenes éveit, évekig kísérletezik, és bármit kipróbálhat, ami érdekli, legyen szó YouTube-videók készítéséről, podcastolásról, írásról, blogírásról, pókerezésről vagy bármi másról, amire szíve vágyik. Végül megtalálja azokat a tevékenységeket vagy projekteket, amelyekre több időt és energiát szeretne fordítani.

Miután évekig kísérletezett ezekkel a projektekkel, akár bevételszerzési módokat is felfedezhet. Így még gyorsabban lehet könnyebben elérni az anyagi függetlenséget, szinergikus hatást keltve. Ahogy közeledik az anyagi függetlenséghez, tarthat egy szabadnapot, hogy tesztelje, milyen érzés több időt tölteni kedvenc projektjeivel.

Végső soron a különböző személyes projektekkel való kísérletezés egy teljesebb élethez vezethet. Amikor elindítottam az Afrobility podcastot, sokkal boldogabbnak éreztem magam. Ne várjon az anyagi függetlenségre, hogy új dolgokat próbáljon ki és élje életét. Próbáljon ki új dolgokat most!

Achani Samon Biaou: Teljesen egyetértek veled. Hadd tegyek hozzá még egy réteget. Számos előnnyel jár, ha huszonévesen elkezdi a kísérletezést. Először is, ez az az időszak az életedben, amikor a kísérletezés a legkevesebb költséggel jár. A megélhetési költségek alacsonyak, és a jövedelme is alacsony. Másodszor, ez egy olyan időszak, amikor a kísérletezés társadalmi vagy kulturális költségei alacsonyak. Ha nem sikerül a podcast, könnyen létrehozhat egy másikat. Harmadszor, mivel még nincs családod vagy gyereked, lehet, hogy most több időd lesz, mint később.

Most, hogy megbeszéltük az anyagi függetlenség elérésének alapelveit és folyamatát, szeretném tudni, hogyan változott az életed, amióta pénzügyileg függetlenné vált. Konkrétan tudna konkrét példákat mondani arra, hogyan

változott a napi rutinja vagy ütemterve? Például azon kapja magát, hogy
később ébred fel, vagy kevesebb órát dolgozik? Milyen kézzelfogható különb-
ségeket vett észre a mindennapi életében?

Olumide Ogunsanwo: Életem különböző mérföldkövein keresztül
fokozatos változás következett be. Az első mérföldkő a pénzügyi függetlenség
elérése volt 35 évesen, de ezen a ponton semmi sem változott sokat. Továbbra
is az elsődleges munkámat a Google-nál dolgoztam, miközben bővítettem a
podcastot.

35 és 37 között azonban sok minden megváltozott. Kényelmesebben
éreztem magam, mert anyagilag független voltam, és a saját feltételeim szerint
dolgozhattam. A jelentős változás akkor következett be, amikor elkezdtem
gondolkodni a munkahelyem elhagyásán. A podcast és az alap egyre nőtt,
és ez egy természetes átmenet volt, ahogy az identitásom úgy alakult, hogy
a Google és a vállalati életem hangsúlytalanná vált. Az identitásom lassan a
következőképpen változott:

Google-alkalmazottak (2014-2020) -> Google-alkalmazottak és pod-
casterek (2020-2021) -> Podcaster, befektető és Google-alkalmazottak
(2021-2022) -> Befektető és podcaster (2022-ma)

Nagyon alaposan megterveztem az átállást a Google-tól, így simán ment.
Miután elhagytam a Google-t, kicsit másképp strukturáltam az időmet, de
összességében hasonló volt az életem. A különbség az volt, hogy kényelme-
sebben éreztem magam, és több lehetőségem volt személyes projektekkel
kísérletezni. A Google-nál töltött időm vége felé, amikor podcasternek, be-
fektetőnek és Google-alkalmazottnak tekintettem magam, már nem volt elég
sávszélességem ahhoz, hogy mással foglalkozzam. De miután elhagytam a
Google-t, több időm volt a személyes projektjeimre összpontosítani,
beleértve ennek a FIREDOM-könyvnek a megírását.

Hogy közvetlenül válaszoljak kérdésére, hogy hogyan változott az
időbeosztásom, az utazásom során módosítottam az ütemtervemet és az élet-
módomat, így az életem nem sokat változott, miután elhagytam a Google-t.
Alig vártam, hogy elhagyjam a Google-t, hogy megteremtsem a kívánt életet.
Az élet túl rövid ahhoz, hogy várjon, mire megkapja, amit akar.

35 évesen teljesen eltávolodtam, ami lehetővé tette, hogy elköltözhessek
Miami gyönyörű városába. Ekkor indítottam el az Afrobility podcastot. Egy
évvel később, 36 éves koromban elindítottam az Adamantium alapot. Aztán

37 évesen otthagytam a vállalati állásomat a Google-nál. Inkább a kísérletezésen keresztüli fokozatos változtatásokat részesítem előnyben, semmint a hirtelen, drámai változásokat.

Sok pénzért visszatérnék a vállalati életbe? Nem. Nem tudom elképzelni, hogy valaki másnak dolgozzak, és megmondják, mit tegyek. A gondolat visszataszító. Bár csak két és fél éve (2020-ban) lettem anyagilag független, és csak tavaly (2022-ben) hagytam el a Google-t, mára már annyira hozzászoktam az életmódomhoz. Nehezen tudom elképzelni, hogy ne legyek anyagilag független. Szeretem az életem!

Achani Samon Biaou: [Mosolyog] Annyi meglátás van ma. Szeretném megkérdezni, hogy mit tanult meg önmagáról az anyagi függetlenségre való törekvése során. Számos kísérletet végzett, és kíváncsi vagyok, hogy úgy érzie, hogy egyre közelebb kerül önmaga és céljai megértéséhez, vagy a kísérletei új ajtókat nyitottak meg. Megosztaná velünk, hogyan fejlődik és virágzik a pénzügyi függetlenség ezen új fejezetében?

Olumide Ogunsanwo: Amikor 32 éves voltam, és körülbelül félúton voltam az anyagi függetlenség felé, szántam időt arra, hogy elképzeljem a jövőmet, és rájöttem, hogy a földrajzi függetlenség kulcsfontosságú az általános boldogságom szempontjából. Kezdetben azt hittem, hogy a földrajzi függetlenséget csak anyagi függetlenséggel lehet elérni, mivel úgy gondoltam, hogy el kell hagynom a vállalati világot, hogy ott éljek, ahol akarok. Azáltal, hogy korán felismertem a földrajzi függetlenség értékét, már a teljes anyagi függetlenség elérése előtt elkezdhettem dolgozni ennek érdekében. Ez lehetővé tette számomra, hogy a földrajzi függetlenség számos előnyét kihasználjam, miközben még mindig a pénzügyi szabadság felé vezető úton haladtam.

Végül a COVID-19 járvány kitörésével teljesen eltávolodtam, és felismertem a földrajzi függetlenség előnyeit. Annak ellenére, hogy még nem voltam teljesen anyagilag független, az, hogy bárhonnan távol dolgozhattam, az anyagi függetlenség előnyeinek 50-70%-át adta meg. Köszönjük COVID-19.

Erősen ajánlom, hogy ha van lehetősége távmunkára és földrajzilag függetlennek lenni, akkor mielőbb éljen vele. Számos olyan előnnyel rendelkezik, amelyekre talán nem is gondolt, még akkor is, ha még nem vagy pénzügyileg független.

Hadd illusztráljam egy konkrét példával: bár soha nem csináltam, rájöttem, hogy elmehettem volna négy hétre Guatemalába, és onnan dolgozhattam volna a Google-nál. Én is mehettem volna Spanyolországba egy hónapra, és ugyanezt csinálhattam volna. Ezek olyan dolgok voltak, amelyekről a harmincas éveim elején sosem gondoltam, hogy lehetségesek, de a földrajzi függetlenség és a távmunkával ez valósággá vált. Mindenkit arra biztatok, hogy találja meg a módját, hogyan tapasztalhatja meg a pénzügyi függetlenség előnyeit, mielőtt elérné azt. A földrajzi függetlenség és a távmunka csak néhány példa. Ne várj. Kísérletezzen és nézze meg, mi működik az Ön számára!

Végül megtanultam, hogy a földrajzi függetlenség egy önfelfedező úthoz vezetett, amely a mai napig tart. Bár már évek óta független vagyok anyagilag, a Google elhagyása nem vezetett drasztikus életmódbeli változásokhoz, mert már évek óta folyamatosan változtattam rajta.

Achani Samon Biaou: Értem. Találkoztál-e új alapelvekkel, vagy jobban megértetted a meglévő alapelveket az élettel kapcsolatban, amióta elérted az anyagi függetlenséget?

Olumide Ogunsanwo: Úgy gondolom, hogy mindenkinek arra kell törekednie, hogy a lehető leggyorsabban pénzügyileg függetlenné váljon. Végtelen lehetőségeket nyit meg, lehetővé téve olyan dolgok elvégzését, amelyek valaha lehetetlennek tűntek. Nagyon szórakoztató az életem. Szabadságom van bármit megtenni, amit akarok. Ma (szerdán) vehetek jegyet, hogy Spanyolországba utazhassak, és keddig visszaérjek. A lehetőségek végtelenek. Mindig is azt hittem, hogy egy anyagilag független életmód csodálatos lenne, de felülmúlta az elvárásaimat.

Őszintén ezt kívánom mindenkinek, ezért szenvedélyesen felhívom a figyelmet és motiválok másokat az anyagi függetlenség elérésére. Célom, hogy az embereket arra késztessem, hogy kíváncsiak és izgatottak legyenek a pénzügyi szabadság iránt, és megtegyék a szükséges lépéseket annak eléréséhez. A pénzügyi függetlenség nem csupán arról szól, hogy dollármilliókat halmozunk fel a bankban; olyan életről van szó, amely összhangban van az Ön értékeivel és törekvéseivel. Ez azt jelenti, hogy elegendő erőforrással kell rendelkeznie szenvedélyeinek folytatásához anélkül, hogy számlák vagy adósságok miatt aggódna. Ez azt jelenti, hogy szabadon választhatja meg saját útját anélkül, hogy munkához vagy helyhez kötődne. Szabadságot adott az utazáshoz, új készségek elsajátítására, izgalmas projektek kezdeményezésére, valamint a családommal és a barátaimmal töltött minőségi idő eltöltésére. Lehetőségem nyílt arra is, hogy megosszam a történetemet, és segítsek másoknak saját pénzügyi szabadságuk elérésében.

A nigériai Lagosban nőttem fel, szerény családban. Sok kihívást leküzdöttem, beleértve az üzleti iskolai adósságot 27 évesen. Azonban kitartottam, és 35 évesen elértem az anyagi függetlenséget azáltal, hogy értékalapú életet éltem. Imádtam az utazást, és hálás vagyok a szabadságért, amelyet az anyagi függetlenség hozott számomra. Bárcsak mindenki átélhetné ugyanezt.

Neked is megvan a képességed, hogy elérd. A FOMO a sötét anyag legnagyobb akadálya, amely összetörheti álmait. Ha vágyakozik mások iránt, eltérít valódi vágyaitól, akadályozva az önfelfedezést és a felfedezést. Túlköltekezéshez vezethet, amikor megpróbál lépést tartani valakivel, akinek az anyagi körülményeit és céljait esetleg nem teljesen érti. Például lehet, hogy a barátod BMW-t vesz, de lehet milliomos, vagy adósságba fullad. Kihívást jelent valaki más költési stratégiáját utánozni anélkül, hogy megértené értékeit, bevételeit, kiadásait és törekvéseit. A FOMO kiadások eredendően problematikusak, mert hiányos információkra támaszkodnak.

Achani Samon Biaou: Az adósság gondolatát az Egyesült Államokban dicsőítették, és elhitetik az emberekkel, hogy az adósságot fel lehet használni, és fel is kell használniuk olyan dolgok megvásárlására, amelyekre nincs szükségük vagy szükségük van, de amelyeket a társadalom vagy a szomszédaik értékelnek. Olyan ez, mintha egy nagy díszfát vennénk, amikor nem is ünnepeljük a karácsonyt. Végigvezetne minket egy átlagos héten, hogy az emberek elképzelhessék, hogyan néz ki egy anyagilag független ember élete?

Olumide Ogunsanwo: Érdekes. Nem vagyok biztos abban, hogy a kérdés megválaszolása helyénvaló lenne, mert elfogulhatná az olvasókat. Ehelyett hadd osszam meg filozófiámat személyes időgazdálkodásommal kapcsolatban. Hiszem, hogy az időm az enyém, és szabadságom van, hogy bármit megtegyek vele. Sok anyagilag független személy nem tölti egész napját szabadidős tevékenységekkel. Ennek az az oka, hogy az embereknek szükségük van a céltudatosságra, az elégedettségre és az örömre, amit a szabadidő önmagában nem tud biztosítani. Például dönthetek úgy, hogy holnap megnézek 12 Star Wars-filmet, de a közhiedelemmel ellentétben a napom nem tele van szabadidős tevékenységekkel, és nem töltöm <u>az idő</u> nagy részét műsorok nézésével vagy a strandon [Smile].

Miután az elmúlt néhány évben rengeteg könyvet olvastam a boldogságról, az önkielégülésről és az élettel való elégedettségről, rájöttem, hogy a boldog élet összetevői közé tartozik a közösség, a barátok, a jó egészség, az autonómia és a folyamatos személyes fejlődés. A napom ezek körül forog. Introvertált hajlamom ellenére igyekszem kommunikálni másokkal. Körülbelül havonta rendezvényeket szervezek, hogy összehozzam az embereket. Múlt héten (2023-januárban) láttam Samont, mert rendezvényt szerveztem San Franciscóban. Felveszem az Afrobility podcastot Bankole barátommal, hogy többet tudjunk meg az afrikai technológiai ökoszisztémáról, és hozzájáruljunk ahhoz. Támogatom az alapítókat abban, hogy az Adamantium alap részeként segítsék cégeik növekedését és termékeket hozzanak létre az ügyfelek számára.

A napom személyes projektek kombinációjából áll, amelyek célja a fenti elemek elérése, amelyek nagyobb valószínűséggel tesznek boldoggá. Megvan az idő luxusa, hogy olyan dolgokkal foglalkozzak, amelyek fontosak és értelmesek számomra. Nagyon elégedett vagyok a napi beosztásommal, mert szórakoztató és minden nap egy kaland.

Ez az én FIREDOM-os életem összefoglalása. Mit mondhatnék még? Csodálatos és imádom!

Ez az utolsó fejezet, adjunk egy összefoglalót olvasóink számára. Samon, van-e olyan vonatkozása a történetének – gyermekkorától, üzleti iskolájától, oktatásától, karrierjétől és az anyagi függetlenség felé vezető úttól –, amelyet szeretne a közönség számára kiemelni?

Achani Samon Biaou: Igen. Megbeszéltük azokat az alapelveket, amelyek növelik a pénzügyi függetlenség elérésének valószínűségét. Olumide és én nem egyszerre tapasztaltuk ezeket az elveket. Ezeket az elveket az anyagi függetlenséget elért emberek megtanulták, megtestesítették és életük egy pontján alkalmazták.

Sok tényezőt kell figyelembe venni, gyermekkortól kezdve. Számomra az apám könyvelési munkájának való kitettség és az, hogy saját pénzügyeimet egy másik városban kellett intéznem, megtanított az önbizalomra és az önellátásra. Ez a tapasztalat normalizálta azt a képességet, hogy önállóan gondolkodjak, magamra hagyatkozzam, és elhiggyem, hogy képes vagyok elérni dolgokat. Ez volt az első jelentős pillanat.

Egyetemi éveim tovább erősítették önbizalmam és abban a hitemben, hogy addig gyakoroltam, amíg a szüleimtől távol éltem Cotonouban. Az, hogy Franciaországban vagyok, több ezer mérföldre a szüleimtől, növelte az önellátás és az önbizalom fontosságát. Ezalatt a kíváncsiságomat és a mások megismerését az önálló gondolkodás fenntartásával egyensúlyoztam. Tisztában voltam a személyazonosságommal, és készen álltam a kreatív megoldásokra, miközben teljes felelősséget és elszámoltathatóságot vállaltam.

Pályafutásom elején elég szerencsés voltam, hogy olyan állást kaphattam, amely megfelelt az utazási szenvedélyemnek, ami ösztönözte más kultúrák felfedezését és növelte a bátorságomat. Ambícióim szakmailag és anyagilag is magasabbak lettek, mert a legjobb szakmai szolgáltató cégek munkatársaival léptem kapcsolatba, és magas fizetést kaptam, mint belépő szintű elemző. Ha például Párizsban más munkát vállaltam volna, lehet, hogy nem lettek volna olyan magasak az ambícióim, és nem folytattam volna üzleti egyetemet.

Olumide Ogunsanwo: Igen. Az expozíció alapján is.

Achani Samon Biaou: Pontosan. Mire idáig eljutottam, már közel 20 országban jártam, miközben három-ötszörösét kerestem annak, amit Németországban tudtam volna. Így nem a fokozatos fizetésemelésre összpontosítottam, vagy arra, hogy minden évben több országot meglátogassam. A vezetési tanácsadásban, a magántőke- és a fedezeti alapokban dolgozó emberekkel való találkozás azonban segített abban, hogy magas ambíciókat tűzzek ki magam elé.

Olumide Ogunsanwo: Ezért kell kitennie magát új ötleteknek, koncepcióknak és embereknek. Ellenkező esetben ambíciói szintjét korlátozza a jelenlegi környezetében már jelenlévők átlaga.

Achani Samon Biaou: A legtöbb francia barátom csak azután ismerte fel, milyen előnyökkel jár az MBA tanulmányozása vagy a külföldi élet. Közeli barátaim közül öten végeztek executive MBA-képzést az INSEAD-nél, és azt mondták nekem: "Te inspiráltál, hogy MBA-t szerezzek." Sokan most az Egyesült Arab Emírségekben vagy az Egyesült Államokban kínált munkalehetőségekről kérdeznek. Összefoglalva, a kitettség kritikus szerepet játszik ambícióinak alakításában. Még ha a jelenlegi környezetedben nem is volt sok lehetőséged, próbáld meg egy nagyobb körrel körülvenni magad, ami segít magasabb célokat kitűzni. Szerencsére sok mindennek voltam kitéve, és az ambícióim az egekig terjedtek. Csak a 10 legjobb MBA iskolába jelentkeztem.

Olumide Ogunsanwo: Igen, természetesen. Már a Deutsche Telekomnál voltál.

Achani Samon Biaou: Pontosan. Amikor úgy döntöttem, hogy MBA képzést folytatok, nem csak a fizetésemelés miatt. Már expatként is elég sokat kerestem, közel 10 000 dollárt kerestem havonta. Az MBA után havi 12 000 dollárra akartam emelni a BCG-nél. Nem a fizetésemelés volt a legnagyobb motiváció számomra. Ambícióimat az üzleti egyetemre vittem, és új célokat tűztem ki magam elé. Szerettem volna túllépni a technológián vagy a tanácsadáson, hogy elindítsak valami olyan hatást, amely képes megváltoztatni a világot. Amikor a Deutsche Telekomnál dolgoztam, nem volt érettségem ilyen ambiciózus célokat kitűzni és követni. De miután világot láttam, oktatást szereztem és hálózatot építettem, tudtam, hogy nagyot kell álmodnom.

Eleinte azon gondolkodtam, hogy milyen hatást érhetek el, de végül a globális hatáson kezdtem el gondolkodni. Ez egy gyönyörű pillanat volt számomra, amikor valami nagyobbra léptem át. Tudtam, hogy nagyobb ambícióim megvalósítása közben az anyagi függetlenséget kell célul kitűznem magam elé.

Olumide Ogunsanwo: Milyen szerepet játszott a történetedben a váratlan agyműtét?

Achani Samon Biaou: Bár ez egy szerencsétlen és ijesztő pillanat volt, az agyműtét sok tisztánlátást adott számomra. Amíg a műtőasztalon ültem, rájöttem, hogy meg is halhattam volna, vagy funkcionálisan gyengülve kerülhettem ki. Amikor ilyen eseményekkel szembesülsz, gondolkodásod tisztábbá válik. Abban a pillanatban csak az járt a fejemben, hogy milyen hatást akartam gyakorolni a világra és a családomra. Az idő értéke sokkal felértékelődött.

Olumide Ogunsanwo: Ez a harmincas éveid közepén történt, amikor azt hitted, még 50-60 év van hátra. Még belegondolni is olyan ijesztő.

Achani Samon Biaou: El tudod képzelni? Amíg a műtőasztalon ültem, annyira tiszta volt az agyam, hogy nem is gondoltam a BCG-nél végzett munkámra vagy az ügyfeleim előadásaira. Ehelyett két kérdés merült fel bennem: Hogyan találhatok több boldogságot olyan egyszerű dolgokban, mint a szüleim meglátogatása, a barátokkal való időtöltés és a nevetés? Hogyan tudok a nagy céljaimra összpontosítani anélkül, hogy a világ zaja elterelné a figyelmemet?

Amikor felébredtem a műtétből, minden világossá vált. A tanácsadás csak eszköz volt a cél eléréséhez. Kísérletezni akartam azokon a fájdalompontokon, amelyeket mélyen éreztem, és az anyagi szabadság volt az, ami lehetővé tette ennek elérését. Bár korábban az anyagi szabadságot tartottam szem előtt, ez nem volt olyan határozott, mint a műtét után. Most az Excelmodellnek át kellett váltania a „mennyi pénzt kereshetek? ", hogy "mennyi időt tölthetek a szükséges pénz megszerzésére?"

Olumide Ogunsanwo: Optimalizálás az időre, ami értékesebb valuta, mint a pénz.

Achani Samon Biaou: Újrahuzaloztam a pénzügyi modellt, hozzáadva egy legördülő opciót, amely lehetővé tette, hogy ide-oda mozgassam az utolsó napomat a BCG-nél. Ez segített meghatározni olyan paramétereket, mint például, hogy mennyit kell megtakarítanom, és mekkora legyen a bónuszom, ami elvezetett az anyagi függetlenség elérésére irányuló küldetésem felé. A BCG tekintélyes Ambassador programjára való jelentkezés nemcsak nagyszerű lehetőség volt, hanem arra is, hogy majdnem megduplázzam a bevételemet, felgyorsítva ezzel az anyagi függetlenség felé vezető utat. Az agyműtét pillanata sikerem nagy részének katalizátora volt. Olvasóinknak nem tudom eléggé hangsúlyozni annak fontosságát, hogy olyan zavaró FTE-t találjunk, amely segít a tisztánlátásban, és ha szükséges, saját maga is megtervezi. Ha már a zónában vagy, tartsd meg és hajtsd végre. A kísértések és a zavaró tényezők visszaverődnek rólad.

Végül, ha gyermekei vannak, tegye őket olyan élményeknek, amelyek erősítik az önbizalmat és az önellátást. Tedd őket az első helyre, és vedd észre, hogy a tőled távol lévő idő felgyorsítja növekedésüket. Adj nekik lehetőséget a tanulásra és a gyors hibázásra. Vidd el őket más országokba, és mutasd meg nekik, hogyan működik a világ.

Olumide Ogunsanwo: Így megtanulhatják, hogyan lehetnek sikeresek új környezetben?

Achani Samon Biaou: Pontosan. Kíváncsi. Nemrég az írországi dublini utam során beszélgettem Uber-sofőrömmel arról, hogyan boldogulnak az emberek Dublinban. Megvitattuk a magas adózású környezetet és a rendelkezésre álló jövedelmező műszaki állásokat. Fontos, hogy minél több emberrel beszélgessünk, de ne csak másoljuk, amit csinálnak. Inkább kapcsolja össze tapasztalataikat saját erősségeivel és képességeivel.

Karrierje kezdeti szakaszában ne elégedjen meg kényelmes állásokkal. Legyen rendkívül ambiciózus, és célozzon magasra. Tedd fel magadnak a kérdést: „Hogyan léphetek át elemzőből igazgatói pozícióba?" vagy „Mi kell ahhoz, hogy vezérigazgató legyél?" vagy akár „Mi kell egy ekkora cég alapításához?"

Növelje ambícióit, legyen bátor, és ne elégedjen meg azzal, hogy félévente előléptetést vagy bónuszt kap a jó munkája jutalmaként.

Olumide Ogunsanwo: A cégek morzsákat etetnek, ha hagyod. Tekintse túl kortárscsoportját, ha befolyásuk csökkenti ambícióit. A kortárscsoportod lehet a legnagyobb dolog, ami most visszatart. Történeteink elolvasásával reméljük, hogy ösztönözzük Önt arra, hogy az esetleg érezhető korlátokon túl gondolkodjon, és valami nagyobbra törekedjen. Ne elégedj meg azzal, ahol vagy, csak azért, mert a barátaid elégedettek az életükkel. Ne feledje, mindenkinek mások a céljai és vágyai.

Feszegesd annak a határait, amit lehetségesnek hiszel, és ne elégedj meg a középszerű élettel. Az elégedetlenség érzése több elérésére ösztönözhet. Ezért írjuk ezt a könyvet. Nem kell a pénz, anyagilag már függetlenek vagyunk. De szeretnénk másokon segíteni, és magunk is tovább fejlődni. Továbbra is kíváncsiak és elkötelezettek vagyunk a személyes fejlődés iránt, annak ellenére, hogy elértük az anyagi függetlenséget. Az emberi lények növekedése során érzik a beteljesülés szintjét.

Achani Samon Biaou: Gyönyörű. Teljes mértékben egyetértek veled. Hagyományos, 9-től 5-ig terjedő munkaköre úgy van beállítva, hogy addig dolgozzon, amíg a teste el nem gyengül, és 70 évesen nyugdíjba nem megy. Azonban az anyagi függetlenség birtokában összenyomhatja ezt az idővonalat, és akár 10-20 éven belül kiléphet a patkányversenyből. . Így élvezheti legjobb éveit, miközben anyagilag is biztonságban van. A pénzügyi függetlenség egy egyszerű egyenlet – keressen sok pénzt racionális módon, és ne költsön túl. A megmaradt pénz összekeveredik, és végül anyagilag függetlenné tesz. Az esszencializmus kritikus. Koncentráljon arra, amit lényegesnek tart a költségek csökkentése és a bevételek növelése érdekében. Ez fegyelmet és végrehajtást igényel, de a végén megéri.

Ma szeretem az életem. Szeretem, ha olyan dolgokat csinálhatok, amiket élvezek, például utazhatok, új nyelveket tanulhatok, új projekteket fedezhetek fel és bütykölhetek.

Olumide Ogunsanwo: Kiálts a FIREDOM családnak!

Achani Samon Biaou: Az Olumiddal való találkozás kiemelkedő volt számomra. Jegyzeteket cseréltünk és történeteket meséltünk az életünkről. Nagyon szép volt, mert nagyszerű olyan emberekkel beszélgetni, akik kiterjesztik a gondolkodásmódodat. Szeretem ezt az élményt, amikor veled dolgozhatok ezen a könyvön. [Mosoly]

Olumide Ogunsanwo: Én is szerettem veled dolgozni. [Smile] Gyengébbek voltunk, és sikerült. Hihetetlen! Íme az eddigi életem története.

A nigériai Lagosban nőttem fel, és nagy szabadságban nevelkedtem. Kialakult bennem az önbizalmam és az önbizalmam, hogy egyedül is rá tudok jönni a dolgokra, mert tanulmányilag kitűnő voltam. Ennek eredményeként olyan szerencsés voltam, hogy lehetőségem volt Amerikába költözni, mert a középiskolámban folyamatosan a legmagasabb osztályzatokat kaptam. Bár a szerencse szerepet játszott abban, hogy szüleim megengedhették maguknak, nyilvánvaló volt, hogy az osztályzataim valami nagyobb lehetőségre utaltak.

17 évesen Amerikába költöztem, és gyorsan megtanultam magamra hagyatkozni, mert tudtam, hogy senki más nem fog rólam gondoskodni. Bevándorlóként nem volt támogató hálózatom, így önellátónak kellett lennem. Bár a szerencse szerepet játszott a sikeremben, minden tőlem telhetőt megpróbáltam a magam javára billenteni. Ha ismered és hiszel magadban, keményen dolgozol a megfelelő dolgokon, új dolgokkal kísérletezel, és a megfelelő emberekkel veszed körül magad, növeled az esélyeidet a szerencsére. Ne becsülje alá a szerencse erejét az életben, de ne hagyatkozzon rá, mint a siker egyetlen forrására. Ehelyett összpontosítson önmaga és készségeinek fejlesztésére, hogy növelje a siker valószínűségét, és készüljön fel a lehetőségekre, amikor azok felmerülnek.

A következő lépés a személyes fejlődés volt. Már kiskoromtól kezdve a személyes fejlődésre összpontosítottam, mert tudtam, hogy elengedhetetlen a kereseti lehetőségem növelése. Ezért tanultam vegyészmérnököt, és felsőfokú végzettséget szereztem Oxfordban és az MIT-ben is. Továbbra is fontosnak tartom a személyes fejlődésemet, minden nap szánok időt arra, hogy új dolgokat tanuljak. 2023 májusától a napi fókuszaim a következők: kapcsolatok és termékmenedzsment szombaton, egészségügy és értékesítés vasárnap, mesterséges intelligencia hétfőnként, felhő és autonóm autók kedden, blokklánc, web3 és kriptográfia szerdán, valamint a China Tech és India. Csütörtökön a Tech, pénteken pedig az Africa Tech.

A személyes fejlődés szinte az alaprétege a humántőke fejlesztésének. Ezért vásároltad meg ezt a könyvet. Ez a könyv az anyagi függetlenségről szól, de még inkább a személyes fejlődésről.

Világos elképzelésem volt arról, hogy pénzügyileg függetlenné váljak, mert nem akartam kiszolgálni egy munkáltatónak. Az első munkahelyem elvesztése 21 évesen fordulópont volt. Azonnal tudtam, hogy egyetlen cég sem foglalkozott velem. Ez az esemény, amelyet MJ DeMarco "FTE"-nek vagy "bassza meg ezt az eseményt" nevezi, ébresztő volt számomra. Megértette velem, hogy irányítanom kell az életemet. Ha ezt a könyvet olvassa, olyan körülményt vagy helyzetet kell teremtenie, amelyben elég kétségbeesettnek érzi magát ahhoz, hogy megértse az anyagi függetlenség fontosságát. Meg kell szerveznie saját FTE-eseményét, mint amilyet fiatalabb koromban tapasztaltam, hogy világossá tegye, hogy az anyagi függetlenség kulcsfontosságú.

Achani Samon Biaou: Amit most mondtál, az egy újabb betekintési réteg számomra. Ez az FTE az a híd, amely elválasztja az akaró embereket azoktól, akik akarnak. Az FTE egy olyan esemény, amely annak felismerésében csúcsosodik ki, hogy változtatnia kell az életén. Az FTE a tanácsadói pályafutásom során történt, amikor megműtöttek. Rájöttem, hogy tanulmányi és szakmai eredményeim ellenére még mindig sebezhető és törékeny vagyok. Megértettem, hogy az eredményeim külső tényezők, amelyek nem határoznak meg engem, mint személyt. Sajnos nem mindenkinek van szerencséje FTE-vel rendelkezni.

Olumide Ogunsanwo: MJ DeMarco úgy véli, hogy ha nem biztos abban, hogy tapasztalt-e FTE eseményt, akkor valószínűleg nem. Ha ezt megtapasztalod, az egy tiszta és átalakuló pillanat lesz, amely megváltoztatja életed pályáját, és megváltoztatja értékeidet és jövőbeli céljaidat. Más szóval, egy FTE esemény olyan dolog, ami jelentős hatással van az életedre, és kétségtelen, hogy megtapasztaltad.

Achani Samon Biaou: Néhány gondolat különböző korosztályoknak:

Gyermekei számára: Ha fel szeretné készíteni gyermekét az anyagi függetlenségre, kezdje azzal, hogy még ma rá bízza háztartása pénzügyeit. Hagyja, hogy kezeljék a háztartás költségvetését, még akkor is, ha úgy gondolja, hogy túl fiatalok. Az ember végtelenül képes. 7 éves koromban többet kezeltem, mint egy háztartási költségvetést; Egy középvállalkozás P&L-jét kezeltem. Bánjon gyermekeivel felnőttként, és bízza rájuk a felelősséget. Lehet, hogy sikerül nekik, vagy kudarcot vallanak, de tanulnak a tapasztalatokból.

Diákoknak: Hagyja el hazáját, hogy egy évet külföldön tanuljon vagy tanuljon, elmerüljön a helyi kultúrában és megtanulja a nyelvet. Például, ha Ön egyetemi hallgató az MIT-n, vegyen egy év szünetet, és tanuljon Koreában vagy Dél-Afrikában. Ez a tapasztalat kiszélesíti a perspektíváját, és mélyebben megérti a világot.

Felnőtteknek: Vegyen egy szabadnapot, hogy elgondolkozzon és jobban megismerje magát, vagy próbáljon ki egy új tevékenységet, amely kiemeli a komfortzónájából. A rutinból való kilépés segíthet új érdeklődési körök és készségek felfedezésében.

Olumide Ogunsanwo: Fontolja meg, hogy olyan országokba utazzon, mint Guatemala vagy Uganda, hogy jobban megértse az emberek életét és kultúráját. A különböző kultúrákban való elmélyülés új távlatokat nyithat és új ötleteket ébreszthet.

Achani Samon Biaou: Az új környezetben tűzd ki magad elé azt a célt, hogy ne otthon kérj segítséget. Gyakorold az önellátást, és vállalj helyi munkát, hogy megéld, ha kell. Ennek a válságnak a létrehozása bizonyos lépéseket tesz az úton. Tanulni fogsz belőle dolgokat. Ha visszatér hazájába, és úgy dönt, hogy visszamegy, jobb lesz az élete. Azt javaslom, hogy hozzon létre FTE-t az életében, hogy felgyorsítsa a személyes növekedést azáltal, hogy segít felfedezni valódi énjét. Ez a kulcsa az anyagi függetlenség elérésének.

Olumide Ogunsanwo: Miután 21 évesen megtapasztaltam az FTE-t a munkahely elvesztésével, arra a felismerésre jutottam, hogy nincs másra támaszkodnom, csak magamra. Ennek eredményeként elindultam az anyagi függetlenség felé, hogy megfordítsam az életemet. Innentől kezdve a tervem végrehajtása volt. Tudtam, mit kell tennem, és hálás vagyok, hogy cselekedtem. Ugyanezt kívánom mindenkinek a világon. Samon valami igazán éleslátást mondott, amikor azt mondta, hogy azt akarjuk, hogy pénzügyi függetlenséged legyen, hogy tüzet adhass a világnak. Ezt kívánom mindenkinek. Ezért írtuk ezt a könyvet, abban a reményben, hogy történeteink inspirálhatnak és elvezethetnek másokat az anyagi függetlenség eléréséhez és a legjobb életükhöz.

Remélem, átvettél néhány olyan alapelvet, amelyeket alkalmazni tudsz az életedben: önmagadba vetett hit, önbizalom, kíváncsiság, önálló gondolkodás, ambíció, bátorság, célmeghatározás, személyes fejlődés és szándékos élet, hogy maximalizáld bevételeidet és költéseidet. az Ön értékeit. Ezek az általunk megvitatott alapelvek univerzálisak, de az életedben való alkalmazásuk egyedi lesz. Keresse meg a saját módját annak érdekében, hogy az elvek működjenek az Ön számára.

Tedd meg, ami tőled telik. A legrosszabb megbánás az, ha tudod, hogy nem próbáltad a legjobb életedet élni. Tudom, hogy mindent megtettem. Igyekeztem fejleszteni magam, és mindent megtanulni, amit csak tudtam a körülöttem lévő körülmények alapján. Ezért vásárolta meg ezt a könyvet, mert tudja, hogy ki akarja próbálni. Kényelmes életet élhetsz, de meg kell próbálnod a kényelmen túlra tekinteni, hogy erőltesse magát. Sokféle csodálatos dologra képes vagy, ha mindent megtesz. Nem érheti el a nagyság személyes meghatározását, és nem élheti a legjobb életet úgy, hogy egész nap tévét néz. Ezért írjuk ezt a könyvet, nem csak az anyagi függetlenség érdekében, hanem azért is, mert azt akarjuk, hogy olyan életet éljen, amelyre büszke lehet.

Ez volt az egyik kedvenc fejezetem, amit felvettem, mert több szálat egyesít, és összefűzi az olvasók számára. Elképesztő!

Achani Samon Biaou: Imádom. Csodálatos. Köszönöm és örülök, hogy ezen az úton lehetek.

Olumide Ogunsanwo: Milyen hihetetlen utazáson mentünk keresztül együtt! Nehéz elhinni, hogy a könyv véget ért. Reméljük, hogy történeteink arra inspiráltak, hogy pozitív változásokat hajtson végre az életében az anyagi függetlenség elérése érdekében.

Szeretném megragadni az alkalmat, hogy kifejezzem hálámat két embernek. Először is nagy köszönet Samonnak. Nagyon szerettem Samonnal dolgozni. Nagy öröm volt együtt részt venni ezen a projekten. Egy könyv létrehozása nem könnyű feladat, de Samon nagyszerű partner volt az út során. Hálás vagyok a lehetőségért, hogy mellette dolgozhattam.

Ezúton is szeretném kifejezni szívből jövő köszönetemet Önnek, e könyv olvasójának. Köszönjük, hogy időt szakított arra, hogy csatlakozzon hozzánk ezen az úton, miközben megosztottuk tapasztalatainkat és meglátásainkat az anyagi függetlenségről. Ön csatlakozott hozzánk, hogy felidézze múltunkat, és köszönöm az idejét. Reméljük, hogy olyan könyvet hoztunk létre, amely lebilincselő, érdekes és hasznos az Ön pénzügyi függetlenségére való törekvésében. Köszönöm a tamogatásod!

Forduljon hozzánk a hello@myfiredom.com címen, és csatlakozzon a firedom.substack.com [1]címen megjelenő substack hírlevelünkhöz, ahol a FI-ről szóló beszélgetés folytatásához közzétesszük a bejegyzéseket. Várom, hogy lássam mindannyiótokat egy napon, amikor eléri az anyagi függetlenséget, és álmai életét élheti. Köszönjük mindenkinek, hogy velünk voltatok ezen az úton!

Achani Samon Biaou: Teljesen egyetértek mindennel, amit mondtál, Olumide. Köszönöm a csodálatos élményt. Valahányszor felvételt terveztünk, nagy izgalommal vártam, mert tudtam, hogy nagyszerű beszélgetés lesz. Őszintén reméljük, hogy könyvünk hasznos lesz minden olvasónk számára, amikor elindul saját útjára. Még valami, ahogy korábban mondtam, szeretem a jókedv...

Olumide Ogunsanwo: [Hisztérikus nevetés] Ezt mondtad az első fejezetben. Most ismét elmondod a hetedik fejezetben.

Achani Samon Biaou: Boldogabb leszek, ha több ember éri el anyagi függetlenségét. Ne feledje, hogy egy másik személy anyagi függetlensége nem korlátozza saját lehetőségeit ennek elérésére.

Olumide Ogunsanwo: Egyetértek. Valójában nagyobb valószínűséggel hiszi el, hogy lehetséges az Ön számára az anyagi függetlenség, ha példaképeket lát.

Achani Samon Biaou: Személyes életfilozófiám az, hogy segítsek másoknak, hogy jobban teljesítsenek, mint amit én elértem. Használhatja alapjaként azt, amit tettem, hogy valami újat alkosson? Örülök, hogy azok, akiket érdekel ez a téma, mélyebbre áshatnak és felfedezhetik történeteinket, megoszthatják tippjeinket, és ami a legfontosabb, azokat az elveket, amelyeket az anyagi függetlenség elérése érdekében alkalmazhatnak. Óriási

---

1. http://firedom.substack.com

örömmel töltene el, ha tudnám, hogy szavaink a legkisebb mértékben is in-
spiráltak téged, és segítettek elérni az anyagi függetlenséget. És ahogy Olu-
mide mondta, ha valaha is fel akarja venni a kapcsolatot, írhat nekünk e-
mailt, vagy folytathatja a FIREDOM-beszélgetést, ha csatlakozik alcsomag
hírlevelünkhöz. A közösség jobbá teszi a dolgokat, így növeld tovább a
pénzügyi függetlenséged közösségét!

Olumide Ogunsanwo: Milyen csodálatos utazás! Köszönöm Samon.
Köszönöm mindenkinek! **Bocsáss meg magadnak és másoknak, akik bán-
tanak, higgy magadban, légy hiteles önmagad, alkoss meggyőző
jövőképet az életedről, tűzz ki ambiciózus, értékek által vezérelt célokat,
és fejleszd magad minden nap céljaid elérése érdekében.** Menj a TÜZED
felé, és győzz!